LA INTELIGENCIA EMOCIONAL
DE LOS NIÑOS

Lawrence E. Shapiro

La Inteligencia EMOCIONAL de los Niños

Javier Vergara Editor

Buenos Aires / Madrid / Quito
México / Santiago de Chile
Bogotá / Caracas / Montevideo

Título original
HOW TO RAISE A CHILD WITH A HIGH EQ

Edición original
Harper Collins

Traducción
Alejandro Tiscornia

Diseño de tapa
Verónica López

© 1997 Lawrence E. Shapiro
© 1997 Javier Vergara Editor S.A.
Paseo Colón 221 - 6° - Buenos Aires - Argentina

ISBN 950-15-1755-1

Impreso por Panamericana Formas e Impresos S.A.
Impreso en Colombia - Printed in Colombia.

*A mi madre, Frances Shapiro, fuente inagotable
de apoyo emocional.*

Indice

Agradecimientos

Después de haber escrito un libro sobre la inteligencia emocional, lo más adecuado es comenzar agradeciendo a aquellas personas que me han brindado el apoyo emocional que necesitaba para completar el proyecto. Me siento muy agradecido por el constante apoyo, interés y aliento que me brindó mi esposa, Beth Shapiro. Su colaboración como experta psicóloga infantil ha sido especialmente valioso. Mi madre, Frances Shapiro, me ha respaldado en todo durante tantos años que a veces pienso que tal vez no sé valorarla como se merece. Pero no es así. Mi hija, Jessica, ha sido un verdadero motivo de inspiración para este libro, porque su elevado cociente emocional ha enriquecido mi vida y la de los demás. También me gustaría agradecer la constante ayuda de dos amigos y colegas, Beth Ann Marcozzi y Gary Lynch, que me han apoyado liberándome de muchas de las responsabilidades diarias de mi profesión.

En segundo lugar, deseo expresar mi agradecimiento a los diversos investigadores y autores cuyas obras se mencionan en este libro, y en particular al Dr. Daniel Goleman, autor de *La inteligencia emocional*, que ha popularizado este importante concepto y lo ha convertido en parte del lenguaje corriente. También quiero agradecer la influencia de la obra de William Damon, Stephanie Thornton, Jerome Kagan, Paul McGhee, John March, Paul Ekman y Nancy Eisenberg, así como la de otros autores e investigadores citados en este libro.

Finalmente, me gustaría dar las gracias a aquellas personas que han colaborado en la publicación de este libro: mi editor en HarperCollins, Joëlle Delbourgo y su asistente, Leigh Ann Sackrider; mi agente, Robert Tabian; mis correctoras y lectoras, Susan Golat y Hennie Shore, y mi investigadora, Tanya Freeman.

Prefacio

LAS COSAS PEQUEÑAS PUEDEN SER
MUY IMPORTANTES

En un suburbio de Detroit, dos muchachos que normalmente podrían estar golpeándose con los puños en el patio están sentados frente a una mesa en el fondo de su aula poniéndose de acuerdo para resolver sus problemas a través de la mediación de uno de sus pares, otro compañero de clase. Los tres niños tienen siete años. En un hospital de Florida, una niña de diez años se ríe histéricamente mientras espera su quimioterapia al haber sido sorprendida en medio de una batalla de pistolas de agua entre su enfermera y un médico residente vestido como un extraño payaso. En Los Angeles, un padre juega a la mancha con sus tres hijos, un juego prescripto por su asesor psicopedagógico. En las dos semanas que han estado jugando juntos, las reyertas familiares han sido virtualmente eliminadas.

Estos niños se están beneficiando con lo que algunos ya denominan una revolución en la psicología infantil: la formación de capacidades emocionales y sociales. Cientos de escuelas de todo el país están utilizando la capacitación en la mediación de pares y la misma está reduciendo considerablemente las llamadas a los padres, las expulsiones e incluso la violencia en las escuelas. En los pabellones de los hospitales suelen verse con regularidad, payasos que blanden extraños cojines y pollos de goma, porque sabemos que el humor no sólo ayuda a los niños a enfrentar mejor el estrés que supone estar en el hospital, sino que puede realmente estimular su sistema inmunológico y acelerar su recuperación. Se ha demostrado que los juegos cooperativos, donde todos ganan o todos pierden, han logrado construir cierta cohesión familiar y disminuir significativamente la ira y la agresión entre los niños.

Este libro aborda la forma de enseñarles a nuestros hijos actividades y juegos similares a fin de mejorar sus capacidades emocionales y sociales, lo que los psicólogos llaman ahora inteligencia emocional o CE. Aunque el término inteligencia emocional es relativamente nuevo, otros terapeutas infantiles de todo el país y yo, hemos recomendado estas actividades para ayudar a los niños a resolver sus problemas durante más de veinte años. Ahora estamos comenzando a ver que todos los niños pueden beneficiarse con el aprendizaje de las capacidades de la inteligencia emocional, no sólo los niños derivados por mostrar problemas específicos. Hemos llegado a la conclusión de que tener un CE elevado es por lo menos tan importante como tener un CI elevado. Un estudio tras otro demuestra que los niños con capacidades en el campo de la inteligencia emocional son más felices, más confiados y tienen más éxito en la escuela. Igualmente importante es el hecho de que estas capacidades se convierten en la base para que nuestros hijos se vuelvan adultos responsables, atentos y productivos.

POR QUE DEBEN ENSEÑARSE LAS CAPACIDADES EMOCIONALES

Los escépticos se preguntan por qué es necesario enseñar a los niños capacidades relacionadas con las emociones. Preguntan: "¿Acaso las emociones no surgen en ellos de una manera natural?". La respuesta es "no", ya no.

Muchos científicos creen que nuestras emociones humanas han evolucionado fundamentalmente como un mecanismo de supervivencia. El miedo nos ayuda a protegernos del daño y nos indica que debemos evitar el peligro. La ira nos ayuda a superar barreras para obtener lo que necesitamos. Encontramos alegría y felicidad en la compañía de otros. Al buscar el contacto humano encontramos protección dentro de un grupo así como la oportunidad de encontrar una pareja y asegurar la supervivencia de la especie. La tristeza respecto de la pérdida de una persona importante envía señales para que dicha persona regrese, o una actitud de desamparo puede ayudar a atraer una nueva persona que puede actuar como substituto de la persona que se ha ido.

Pero mientras que para nuestros ancestros primitivos las emociones se adaptaban a las circunstancias, la vida industrial moderna nos ha enfrentado a desafíos emocionales que la naturaleza no ha anticipado. Por ejemplo, aunque la ira sigue desempeñando una función importante en nuestra estructura emocional, la naturaleza no anticipó que podía ser tan fácilmente provocada en medio de un embotellamiento de tránsito, mirando televisión, o jugando con videojuegos. Sin duda nuestro desarrollo evolutivo no pudo tomar en cuenta la facilidad con la que un niño de diez años podría encontrar un arma y dispararle a un compañero de clase frente a un insulto.

El psiquiatra Michael Norden, residente en Seattle, presenta una argumentación vehemente para que reconozcamos de qué manera los tiempos modernos han perjudicado nuestras emociones y en cierta medida han bloqueado su intento evolutivo. Escribe lo siguiente:

> La mayoría de nosotros ya no vive en aldeas de unos pocos cientos de habitantes o menos, tal como lo hacían los hombres de la Edad de Piedra, sino más bien en ciudades atestadas que forman una aldea global de casi seis mil millones de personas. Estas tensiones acumulativas de la vida moderna han desatado una avalancha de depresión, angustia e insomnio. Otros problemas resultan menos obvios, como por ejemplo el sobrepeso y el cáncer. La mayoría (de nosotros) se automedica (para controlar nuestras emociones) usando cualquier cosa entre la cafeína y la cocaína; prácticamente nadie permanece ajeno a esta situación.

Las capacidades emocionales y sociales presentadas en este libro fueron concebidas para ayudarlo a proseguir aquello que la naturaleza ha dejado de hacer con relación a la educación de los niños para que sean más capaces de manejar el estrés emocional de los tiempos modernos. Si una vida agitada y apresurada ha vuelto a sus niños propensos a la irritabilidad y la ira, usted puede enseñarles a reconocer y controlar estos sentimientos. Si el temor al delito o a las mudanzas frecuentes ha alejado a sus hijos de los beneficios de vivir en una comunidad abierta y cohesiva, puede enseñarles las capacidades sociales para hacer y conservar amistades íntimas. Si su hijo se siente perturbado por un divorcio o un nuevo matrimonio, angustiado cuando enfrenta nuevas situaciones, o displicente respecto de sus tareas escolares, puede enseñarle capacidades específicas del CE para ayudarlo a enfrentar y superar estos problemas normales del crecimiento.

CAMBIAR EL CEREBRO DE SU HIJO

Tal vez lo más interesante del hecho de asumir un papel determinado en la educación emocional de sus hijos es que usted está cambiando literalmente la química de sus cerebros o, más exactamente, les está enseñando formas de controlar ellos mismos el funcionamiento de sus cerebros. Tal como lo veremos más adelante, las emociones no son ideas abstractas que los psicólogos nos ayudan a nombrar, sino que son muy reales. Adquieren la forma de elementos bioquímicos específicos producidos por el cerebro y ante los cuales el cuerpo reacciona.

Aunque la mayoría de nosotros no nos sentimos inclinados a pensar en las emociones como reacciones químicas, uno no tiene más que pensar en lo que ocurre cuando bebe una bebida alcohólica o varias tazas de café. Quizás uno no se dé cuenta de ello, pero los alimentos que come también interactúan químicamente con sus emociones. Los alimentos "que hacen sentirse bien" como el chocolate y el helado hacen que el cerebro libere serotonina y endorfinas, sustancias bioquímicas que el cerebro asocia al sentido de bienestar. Es por eso que solemos apetecer estos alimentos cuando nos sentimos tristes.

Pero no tenemos que ingerir nada para producir los equivalentes bioquímicos de las emociones. La premisa más importante de este libro es que uno puede enseñar a sus hijos formas de modificar la bioquímica de sus emociones, ayudándolos a adaptarse mejor, a mantener un mayor control y a ser simplemente más felices.

QUE UNA SONRISA LE SIRVA DE PARAGUAS

La serotonina es sólo una de las sustancias químicas, denominadas neurotransmisores, que producen nuestras reacciones emocionales, al transmitir mensajes emocionales del cerebro a las distintas partes del cuerpo. La serotonina ha concentrado una atención especial en los últimos diez años debido al papel que desempeña para enfrentar el estrés y su importancia (a través de la droga Prozac) en el tratamiento de la depresión, los trastornos obsesivo-compulsivos y otros desórdenes psiquiátricos. Pero el psiquiatra Michael Norden sostiene en su libro *Beyond Prozac* (Más allá del Prozac) que podemos entrenar nuestros cerebros para producir naturalmente serotonina a través de un medio tan simple como una dieta más saludable, el ejercicio físico más frecuente y la cantidad apropiada de sueño (se estima que la mitad de los adultos norteamericanos no duermen las ocho horas de sueño requeridas para que el cuerpo funcione en forma adecuada).

La serotonina es sin duda importante para la vida emocional de un niño ya que influye en muchos sistemas corporales (temperatura corporal, presión sanguínea, digestión y sueño, sólo para nombrar algunos). Puede ayudar a los niños a enfrentar todo tipo de estrés inhibiendo una sobrecarga de energía para el cerebro. Los elevados niveles de serotonina se asocian a una disminución de la agresión y la impulsividad. Y sin embargo la producción de serotonina puede depender a veces de una simple sonrisa. Robert Zajonc y sus colegas señalan que cuando uno sonríe sus músculos faciales se contraen, disminuyendo el flujo sanguíneo de los vasos cercanos. Esto enfría la sangre, lo cual disminuye la temperatura de la corteza cerebral, provocando la producción de serotonina. Cuando decimos a nuestros niños "sonrían" y las cosas irán mejor, tenemos toda la razón. Las cosas pequeñas pueden ser realmente importantes.

TRUCOS, CAPACIDADES, HABITOS Y JUEGOS: LA RECETA PARA UN CE ELEVADO

Nuestra nueva comprensión de la neuroanatomía y la psicología del desarrollo brindan a los padres muchas oportunidades de ayudar a sus hijos a desarrollar un CE elevado; esperemos que descubran decenas de ideas útiles para ayudar a sus hijos a medida que lean estas páginas. Algunas de las ideas que presento las he denominado "trucos", maneras simples de producir un efecto instantáneo para cambiar el comportamiento de sus hijos. Por ejemplo, cuando trabajo con niños inclinados a pelearse con otros, les enseño la "técnica de la tortuga". Una vez trabajé con Sam, un niño de siete años que se peleaba diariamente en el patio de recreo. Le dije a Sam que cuando sintiera que estaba a punto de pelearse, debía imaginar que era una tortuga que se retiraba dentro de su caparazón. Debía mantener los brazos a los costados del cuerpo, los pies juntos, y bajar la barbilla hasta el cuello. Debía hacer esto mientras contaba lentamente hasta diez, respirando profundamente en cada número.

Una técnica como esta puede ser simple y divertida para que los niños pequeños la aprendan, pero en realidad se trata de un truco psicológico. Al mantener juntos los brazos y las piernas, Sam no podía ni golpear ni patear. Cuando contaba hasta diez respirando profundamente a medida que lo hacía, le estaba enviando un mensaje al cerebro para que moderara la producción de sustancias bioquímicas (denominadas catecolaminas) que hubiesen aumentado su excitación asociada a la agresión y la probabilidad de pelear. Al bajar la barbilla hasta el cuello, interrumpía el contacto visual con su presunto adversario. Al hacerlo, perdía la voluntad de pelear (es prácticamente imposible pelear con alguien a quien uno no ve).

Otras actividades que aprenderá en este libro son realmente capacidades emocionales y sociales que usted le puede enseñar a su niño. Las capacidades necesitan mayor tiempo de aprendizaje y comprenden cierto grado de práctica, pero una vez adquiridas, se vuelven una segunda naturaleza. Por ejemplo, la interpretación de señales no verbales —como las expresiones faciales, los gestos y las posturas— es una capacidad que los niños pueden adquirir con facilidad. Dado que los estudios nos indican que casi el 90 por ciento de la comunicación emocional se transmite en forma no verbal, esta aptitud puede mejorar mucho la capacidad de su hijo de comprender los sentimientos de los demás y reaccionar en forma apropiada.

También encontrará sugerencias para guiar a su hijo hacia el desarrollo de hábitos que aumentarán su inteligencia emocional. Por ejemplo, la enseñanza de técnicas de relajación y lenguaje figurado como una forma de manejar el dolor y el estrés psicológico es un hábito que puede producir efectos positivos para toda la vida. Estas técnicas no sólo distraen a los niños del dolor físico, sino que estimulan realmente sus cuerpos a producir un analgésico natural. También disminuyen la presión sanguínea y estimulan los centros cerebrales que activan el sistema inmunológico del organismo.

Muchos de los trucos, capacidades y hábitos que pueden encontrarse en este libro se presentan en forma de juegos y otras actividades divertidas. Anna Freud, hija de Sigmund Freud y célebre terapeuta infantil por derecho propio, fue la que explicó que "jugar es el trabajo de los niños". A través de toda mi carrera, me he tomado particularmente a pecho este adagio, enseñándoles a los niños nuevas capacidades emocionales y sociales a través de la diversión y de juegos estimulantes. Los juegos son una forma particularmente buena de enseñar capacidades relacionadas con el CE, porque a los niños les gusta jugarlos una y otra vez. A través de los juegos, podemos brindar a los niños las oportunidades de aprender y practicar nuevas formas de pensar, sentir y actuar, y al participar en estos juegos, podemos convertirnos en parte integral del proceso del aprendizaje emocional.

Cuando usted lea este libro y pruebe los juegos y las actividades con sus hijos, sólo necesitará tres cosas: tiempo, interés y deseo de disfrutar los desafíos de educar a los niños. Estos son los ingredientes esenciales para educar a un niño con un CE elevado. ¡Buena suerte!

A menos que se indique lo contrario, los niños y las familias descritos en este libro son ficticios; se trata de situaciones constituidas por una combinación de casos de niños que he conocido y tratado a lo largo de los últimos veinte años. Las excepciones son los niños entrevistados para periódicos o mencionados en libros como ejemplos excepcionales de inteligencia emocional.

Primera Parte

INTRODUCCION

1

La inteligencia emocional: una nueva forma de educar a los hijos

Para los niños de la clase de jardín de infantes de la señorita Ansel era un día muy especial. Esto no significa que cada día no fuera especial en el aula pintada de colores brillantes con una enorme locomotora de juguete utilizada como área de lectura y cubículos llenos de libros y juguetes. Pero hoy, la clase recibiría a un importante visitante que jugaría con los niños un juego divertido en el que cada uno tendría su turno.

Barry, un niño de cuatro años, fue el primero en ser seleccionado para este juego que estaba intencionalmente concebido para ser demasiado difícil para los niños. El visitante, un investigador en el desarrollo infantil, le mostró a Barry una bola de metal brillante que estaba sobre una plataforma unida a una torre.

—Es como un pequeño ascensor —le dijo—. Debes levantar la plataforma hasta la punta de la torre sin que caiga la bolita.

Al primer intento de Barry, la bola cayó casi de inmediato. La segunda vez, volvió a caer y rodó por la mesa, luego por el piso hasta el rincón. Al tercer intento, Barry logró levantar la bola hasta una cuarta parte del camino hacia la punta de la torre antes de que volviera a caer. Su cuarto intento no fue mejor que el primero.

—¿*Crees que podrás hacer esto?* —*preguntó el visitante en un tono neutro.*

—¡*Oh sí!* —*respondió Barry con entusiasmo y volvió a intentarlo.*

Barry era representativo del resto de los niños de su clase de jardín de infantes que participaron en este experimento sobre automotivación. Aunque los niños trataron varias veces de levantar la bolita sin éxito, cada uno de ellos señaló que, a la larga, lograría llevar a cabo la tarea.

Los niños pequeños tienen naturalmente confianza en sí mismos, inclusive frente a desventajas insuperables y fracasos repetidos. Como creadora del experimento de la torre, Deborah Stipek señala: "Hasta la edad de seis o siete años, los niños mantienen expectativas elevadas de éxito a pesar de un desempeño deficiente en intentos anteriores... esperan casi invariablemente poder colocar la plataforma en la cima, aun cuando la bolita hubiese caído en los cuatro intentos anteriores".

La cualidades demostradas por los niños de la clase de jardín de infantes de la señorita Ansel —persistencia, optimismo, automotivación y entusiasmo amistoso— forman parte de lo que se denomina inteligencia emocional. La inteligencia emocional, o CE, no se basa en el grado de inteligencia de un niño, sino más bien en lo que alguna vez llamamos características de la personalidad o simplemente "carácter". Ciertos estudios están descubriendo ahora que estas capacidades sociales y emocionales pueden ser aun más fundamentales para el éxito en la vida que la capacidad intelectual. En otras palabras, tener un CE elevado puede ser más importante para tener éxito en la vida que tener un CI elevado medido por un test estandarizado de inteligencia cognoscitiva verbal y no verbal.

¿QUE ES LA INTELIGENCIA EMOCIONAL?

El término "inteligencia emocional" fue utilizado por primera vez en 1990 por los psicólogos Peter Salovey de la Universidad de Harvard y John Mayer de la Universidad de New Hampshire. Se lo empleó para describir las cualidades emocionales que parecen tener importancia para el éxito. Estas pueden incluir:

- La empatía.
- La expresión y comprensión de los sentimientos.
- El control de nuestro genio.
- La independencia.

- La capacidad de adaptación.
- La simpatía.
- La capacidad de resolver los problemas en forma interpersonal.
- La persistencia.
- La cordialidad.
- La amabilidad.
- El respeto.

El bestseller de 1995, *Emotional Intelligence* de Daniel Goleman fue el que impulsó este concepto en la conciencia pública, colocándolo en la tapa de la revista *Time* y convirtiéndolo en un tema de conversación desde las aulas hasta las salas de sesiones de las empresas. Las consecuencias y el significado del CE llegaron inclusive hasta la Casa Blanca. "Yo les diré cuál es un gran libro", dijo el Presidente Clinton ante los periodistas en el Tattered Cover Bookstore de Denver, Colorado, en el curso de una pausa imprevista de su campaña, "este *Emotional Intelligence*. Es un libro muy interesante. Me encanta. Hillary me lo regaló".

El entusiasmo respecto del concepto de inteligencia emocional comienza a partir de sus consecuencias para la crianza y educación de los niños, pero se extiende al lugar de trabajo y prácticamente a todas las relaciones y los emprendimientos humanos. Los estudios muestran que las mismas capacidades del CE que dan como resultado que su niño sea considerado como un estudiante entusiasta por su maestra o sea apreciado por sus amigos en el patio de recreo, también lo ayudarán dentro de veinte años en su trabajo o matrimonio.

En muchos estudios efectuados en el ámbito empresarial de los Estados Unidos los adultos no parecen ser muy diferentes de aquellos niños que fueron alguna vez, y las tareas sociales del trabajo recuerdan la política del patio de recreo. Esto no constituye sorpresa alguna para los consultores en materia de recursos humanos que han dicho durante años que las "capacidades de la gente" son importantes en cada nivel de las operaciones de una empresa, desde el sector de ventas hasta la sala del directorio. Pero el grado en que las capacidades del CE pueden llegar a afectar al lugar de trabajo resulta aún sorprendente. Por ejemplo, Alan Farnham señaló en un artículo de la revista *Fortune* un estudio efectuado en Bell Labs para descubrir la razón por la que algunos científicos se estaban desempeñando en forma deficiente en sus trabajos a pesar de una habilidad intelectual y antecedentes académicos similares a los de sus colegas de mejor desempeño. Los investigadores estudiaron las pautas del correo electrónico de todos los científicos y descubrieron que los empleados que no eran apreciados por tener capacidades emocionales y sociales deficientes eran dejados de lado e ignorados por parte de sus colegas, de la misma manera en que "el traga" o "el mandaparte" son dejados al margen de los juegos en el patio de recreo. En Bell Labs, sin embargo, el patio de recreo eran las salas de charla electrónica, que eran utilizadas, en parte, para el chisme pero también como un lugar donde la gente intercambiaba importante información profesional y buscaba consejos cuando quedaba atascada en algún proyecto. El estudio concluyó que el aislamiento social, debido probablemente a un bajo CE, era el que conducía a un desempeño laboral deficiente.

Aun cuando el término inteligencia emocional ha comenzado a utilizarse comúnmente en forma reciente, la investigación en esta área no es un fenómeno nuevo. En los últimos cincuenta años se han llevado a cabo miles de estudios relacionados con el desarrollo de las capacidades del CE en los niños. Lamentablemente, sólo unos pocos lograron encontrar una aplicación concreta debido en general a un cisma entre el mundo académico de paradigmas estadísticos cuidadosamente planificados y el mundo del docente y el profesional de la salud mental directamente enfrentados a los problemas cotidianos. Pero ya no nos podemos permitir el lujo de criar y educar a nuestros hijos basándonos meramente en la intuición o en "la aplicación correcta de una política". Tal como ocurre en medicina o en otras ciencias "difíciles" debemos recurrir a un cuerpo de conocimientos para tomar decisiones bien informadas que afectarán el bienestar cotidiano de nuestros hijos. El profesor William Damon de la Brown University explica esto con energía en el prefacio de su libro, *The Moral Child* (El niño moral):

> "La investigación científica sobre la moralidad de los niños tiene un gran potencial para ayudarnos en nuestro deseo apremiante de mejorar los valores morales de los niños. Sin embargo, se trata de una potencialidad que aún no ha sido aprovechada porque gran parte de dicha investigación resulta desconocida para el público, es ignorada como algo ajeno a la cuestión, o es desprestigiada al considerársela un disparate sin contacto con la realidad... En parte el trabajo erudito sobre la moralidad de los niños resulta oscuro porque ha quedado limitado a publicaciones académicas y se ha difundido en una serie de escritos profesionales desiguales."

También podemos recurrir a las escuelas para obtener una información práctica acerca de la efectividad de la enseñanza relacionada con temas de inteligencia social y emocional. Aunque existe una controversia entre los educadores en cuanto al valor de introducir temas de salud mental en la educación pública, durante los últimos veinte años se han gastado cientos de millones de dólares en la enseñanza de conocimientos sociales y emocionales. Podemos descubrir el origen de la legitimación de la enseñanza de estos conocimientos en las escuelas en una ley del Congreso, la

Nº 94-142 sobre la educación de todos los niños discapacitados. Esta legislación innovadora declara que todos los niños de los Estados Unidos tienen el derecho a una educación pública prescindiendo de cualquier tipo de discapacidad y cualquier problema que obstaculice la capacidad del niño de aprender debe ser abordado por el sistema educativo. Los psicólogos escolares y los docentes en educación especial que trabajaron para poner en práctica esta ley fueron unos de los primeros profesionales en relacionar lo que denominamos ahora CE con el desempeño académico y el éxito escolar. Como resultado de sus esfuerzos uno puede observar ahora la amplia variedad de técnicas y la miríada de programas que se han desarrollados para los niños con necesidades especiales, y aplicarlos a su propio hijo en casa.

CE FRENTE A CI

Los científicos sociales siguen discutiendo sobre qué es lo que compone con exactitud el CI de una persona, pero la mayoría de los profesionales convienen en que puede medirse mediante tests de inteligencia estandarizados, tales como el de las Escalas de Inteligencia de Wechsler, que mide tanto la capacidad verbal como no verbal, incluyendo la memoria, el vocabulario, la comprensión, la solución de problemas, el razonamiento abstracto, la percepción, el procesamiento de la información y las capacidades visuales y motoras. Se considera que el "factor de inteligencia general" derivado de estas escalas —lo que se denomina CI— es extremadamente estable después de que un niño cumple los seis años y suele relacionarse con los otros tests de aptitud tales como las pruebas de admisión universitaria.

El significado del CE resulta más confuso. Salovey y Mayer fueron los primeros en definir la inteligencia emocional como "un subconjunto de la inteligencia social que comprende la capacidad de controlar los sentimientos y emociones propios así como los de los demás, de discriminar entre ellos y utilizar esta información para guiar nuestro pensamiento y nuestras acciones". Se oponen al uso del término CE como sinónimo de inteligencia emocional, temiendo que lleve a la gente a pensar erróneamente que existe un test preciso para medir el CE o, incluso, que puede llegar a medirse de alguna manera. De todos modos, subsiste el hecho de que, aunque el CE no resulte nunca medible, emerge de todos modos como un concepto significativo. Aunque no podemos medir con facilidad gran parte de los rasgos sociales y de la personalidad, tales como la amabilidad, la confianza en sí mismo o el respeto por los demás, lo que sí podemos es reconocerlos en los niños y ponernos de acuerdo sobre su importancia. La popularidad del libro de Goleman y la atención que despertó en los medios prueba que la gente comprende en forma intuitiva el significado y la importancia de la inteligencia emocional, y reconoce al CE como un sinónimo abreviado de este concepto, de la misma forma en que reconoce que el CI es un sinónimo de la inteligencia cognoscitiva.

Las capacidades del CE no se oponen al CI o a las capacidades cognoscitivas sino que interactúan en forma dinámica en un nivel conceptual y en el mundo real. Idealmente, una persona puede destacarse tanto en las capacidades cognoscitivas como en las sociales y emocionales, como fue el caso de algunos de nuestros mayores líderes. De acuerdo con el experto en ciencias políticas de la Universidad de Duke, James David Barber, Thomas Jefferson poseía una mezcla casi perfecta de personalidad e intelecto. Era conocido como un gran comunicador empático, y como un verdadero genio. Para otros grandes líderes, un elevado CE parece haber bastado. Muchas personas consideran la personalidad dinámica y el optimismo desenfrenado de Franklin Delano Roosevelt como uno de los factores más importantes que le permitieron liderar al país en medio de la Depresión y la Segunda Guerra Mundial. Oliver Wendell Holmes, sin embargo, describió a Roosevelt como una persona que tenía "un intelecto de segundo orden, pero un temperamento de primer orden". Lo mismo se ha dicho de John F. Kennedy quien, de acuerdo con muchos historiadores, gobernó la nación tanto con su corazón como con su cabeza.

Tal vez la distinción más importante entre el CI y el CE es que el CE no lleva una carga genética tan marcada, lo cual permite que padres y educadores partan del punto en el que la naturaleza ya no incide para determinar las oportunidades de éxito de un niño.

UN CI ELEVADO, PERO UN CE BAJO

Durante la segunda mitad del siglo xx se ha suscitado un interés sin precedentes en el bienestar de los niños y nosotros como padres hemos reconocido que nuestras interacciones diarias pueden ejercer una influencia profunda en la vida de nuestros hijos. La mayoría de nosotros buscamos ofrecerles oportunidades de enriquecimiento, suponiendo que el hecho de hacerlos más inteligentes hará que tengan más probabilidades de tener éxito. Comenzamos a explicar el mundo a nuestros hijos cuando apenas tienen unos días de vida, empezamos a leerles cuando sólo tienen unos pocos meses, y en los tiempos que corren ni siquiera es raro ver a los niños sentarse frente a un teclado de computadora mucho antes de que sepan hablar formando oraciones completas.

En estudios recientes se indica que nuestra tarea orientada a volver más inteligentes a nuestros niños ha obtenido resultados sin precedentes, o por lo menos se observa que se desempeñan mejor en los tests de CI estandarizados. De acuerdo con James R. Flynn, un académico en filosofía política de la Universidad de Otago, Nueva Zelanda, el CI ha aumentado veinte puntos desde que fue medido por primera vez a principios de este siglo, un descubrimiento que va en contra de todo lo que conocemos acerca de las pautas evolutivas. Aunque las razones precisas para este incremento (conocido ahora como el Efecto Flynn) no son claras, y en cierta medida pueden explicarse a través de un mejor cuidado neonatal y una mayor conciencia sanitaria general, Flynn observa que por lo menos parte de este aumento ha dado como resultado ciertos cambios en la forma de ser padres desde la Segunda Guerra Mundial.

Sin embargo, y en forma paradójica, mientras que cada generación de niños parece volverse más inteligente, sus capacidades emocionales y sociales parecen estar disminuyendo vertiginosamente. Si medimos el CE a través de la salud mental y otras estadísticas sociológicas, podemos observar que, de muchas maneras, los niños de hoy están mucho peor que los de las generaciones anteriores. El Children's Defense Fund (Fondo de defensa para los niños), un grupo sin fines de lucro para la defensa de los niños, ofrece el siguiente perfil de un día en la vida de la juventud estadounidense.

Cada día:

- 3 menores de veinticinco años mueren por infección del HIV y 25 resultan infectados.
- 6 niños cometen suicidio.
- 342 menores de dieciocho años son arrestados por delitos violentos.
- 1407 bebés nacen de madres adolescentes.
- 2833 niños abandonan la escuela.
- 6042 niños son arrestados.
- 135.000 niños llevan armas a la escuela.

Estas estadísticas se basan en lo que podemos ver, pero las estadísticas sobre los problemas emocionales de los niños, que pueden no emerger en los próximos años, resultan igualmente perturbadoras. En su libro, *The Optimistic Child* (El niño optimista), el psicólogo Martin Seligman escribe sobre lo que describe como una epidemia de depresión que ha aumentado casi diez veces entre los niños y adolescentes en los últimos cincuenta años y que se está produciendo ahora a edades más tempranas. Conforme a la National Mental Health Association, se estima que casi el 7 por ciento de los niños norteamericanos presenta un importante problema de salud mental, aunque sólo el 20 por ciento de dichos niños recibe alguna forma de tratamiento.

UNA NUEVA FORMA DE CRIAR A LOS NIÑOS

Muchos profesionales en ciencias sociales creen que los problemas de los niños de hoy pueden explicarse por los cambios complejos que se han producido en las pautas sociales en los últimos cuarenta años, incluyendo el aumento del porcentaje de divorcios, la influencia penetrante y negativa de la televisión y los medios de comunicación, la falta de respeto hacia las escuelas como fuente de autoridad, y el tiempo cada vez más reducido que los padres le dedican a sus hijos. Aceptando por un momento que los cambios sociales resultan inevitables, se plantea entonces la siguiente pregunta: ¿qué puede usted hacer para criar a niños felices, saludables y productivos?

La respuesta puede sorprenderlo. Tiene que cambiar la forma en que se desarrolla el cerebro de su hijo.

LA NEUROANATOMIA DE LAS EMOCIONES

Para comprender plenamente de qué manera los nuevos descubrimientos sobre la inteligencia emocional pueden afectar su forma de ser padre, debemos seguir antes que nada un breve curso sobre la neuroanatomía de las emociones.

Los científicos hablan a menudo de la parte pensante del cerebro —la corteza (a veces llamada neocorteza)— como algo distinto de la parte emocional del cerebro —el sistema límbico— pero en realidad, lo que define la inteligencia emocional es la relación entre estas dos áreas.

La corteza es una lámina plegada de tejido de unos tres milímetros de espesor que envuelve los grandes hemisferios cerebrales. Mientras que los hemisferios cerebrales controlan la mayoría de las funciones básicas del cuerpo, como el movimiento muscular y la percepción, la corteza es la que le da sentido a lo que hacemos y percibimos.

La corteza, literalmente la "capa pensante del cerebro", nos ha colocado en la cima de la escala evolutiva. Aunque los primates inferiores como los gatos, perros y ratones poseen una corteza y son capaces de aprender de la experiencia, de comunicarse e inclusive de tomar decisiones simples, sus cortezas tienen sólo una función mínima comparada con la nuestra. Estos animales no pueden planificar, pensar de manera abstracta, o preocuparse por el futuro.

Debido a que nuestra gran corteza constituye la característica que diferencia a los seres humanos de los demás, es la parte del cerebro que ha sido examinada con mayor detenimiento. La comunidad médica ha adquirido fundamentalmente sus conocimientos sobre el cerebro humano a través del estudio de distintos daños o enfermedades. La corteza posee cuatro lóbulos y el daño a un lóbulo específico dará como resultado un problema específico. El lóbulo occipital, por ejemplo, ubicado en la parte posterior de la cabeza, contiene el área visual primaria del cerebro. Una lesión sobre dicha área puede destruir parte del campo visual de una persona y, según la extensión del daño, puede inclusive provocar ceguera. Por otra parte, un daño al lóbulo temporal, ubicado justo detrás del oído del otro lado de la cabeza, causará problemas en la memoria de largo plazo. La comprensión de la corteza y su desarrollo nos ayuda a comprender por qué algunos niños son dotados mientras que otros muestran incapacidad de aprendizaje, por qué algunos niños se destacan en geometría y otros apenas pueden deletrear la palabra.

Aunque se considera que la corteza constituye la parte pensante del cerebro, desempeña también un papel importante para comprender la inteligencia emocional. La corteza nos permite *tener sentimientos sobre nuestros sentimientos*. Nos permite tener discernimiento ("insight"), analizar por qué sentimos de determinada manera y luego hacer algo al respecto.

Tomemos el ejemplo de lo que le ocurrió a Phyllis cuando seis de las muchachas más populares de la escuela se sentaron con ella frente a la mesa del comedor. Se trataba de un acontecimiento muy poco frecuente, ya que la mayoría de estas muchachas nunca antes le habían dirigido la palabra, y mucho menos se habían sentado junto a ella para comer. Charlaron sobre las cosas de que suelen hablar las niñas de once años —ropa nueva, muchachos, programas de televisión— y Phyllis se limitaba a escuchar. Entonces Nance, una de las niñas más descaradas se volvió hacia ella y le dijo:

—Phyllis, ayer estábamos tratando de decidir cuál de todas las niñas de nuestro grado era la más fea. ¿Quién crees que puede ser?

Phyllis recorrió el comedor lentamente con la mirada, pensando que su respuesta tenía que ser muy buena. Sus ojos se fijaron en Rosa. Su cabello era pelirrojo, largo y desgreñado. La nariz era larga y puntiaguda, el rostro delgado y los dientes sobresalían, dándole un aspecto de conejo.

—Creo que es Rosa —le dijo Phyllis al grupo, tal vez con excesiva vehemencia—. Tiene un aspecto horrible, ¿verdad?

—Nooo —dijo Nance—, no es lo que decidimos. Decidimos que eres tú, que tú eres la más fea.

Dijo esto en tono casual como si estuviera haciendo un comentario sobre el clima.

Phyllis sintió un nudo en el estómago, como si alguien le hubiese retorcido las entrañas. Empalideció y por un momento pensó que podría llegar a sentirse mal. Pero ese momento pasó. "De modo que era un truco", pensó, "sólo un truco para hacerme sentir mal". Se dio cuenta de que la ira había reemplazado su sensación de náusea. Sintió tensión en los brazos y observó que se le cerraban los puños.

Phyllis levantó la vista de su bandeja de almuerzo, observando que las niñas habían retomado su conversación pero manteniéndose al mismo tiempo atentas a su reacción. Miró directamente hacia Nance y le dijo con la mayor seguridad que pudo:

—Supongo que todo el mundo comete errores —tomó entonces su bandeja y se alejó.

La corteza de Phyllis, la porción de su cerebro que se ocupa del discernimiento, la ayudó a analizar la situación y dar una respuesta. Su rapidez para recobrarse y su decisión de alejarse con la dignidad intacta indican una victoria de su cerebro pensante sobre su cerebro emocional. Su capacidad para controlar su reacción, para comprender que le estaban tendiendo una trampa y salvar las apariencias permitió que este incidente, en lugar de convertirse en un trauma que habría podido dejar cicatrices permanentes, no fuera más que un momento de turbación que sería rápidamente olvidado.

La parte emocional y la parte lógica del cerebro cubren a menudo diferentes funciones al determinar nuestros comportamientos y sin embargo son completamente independientes. La parte emocional del cerebro responde más rápidamente y con más fuerza. Nos alerta cuando nuestros hijos pueden estar en peligro aun antes de que podamos determinar con exactitud de qué tipo de peligro se trata. La corteza, por otra parte, específicamente los lóbulos prefrontales, pueden actuar como un freno, dándole sentido a una situación emocional antes de que respondamos a ella. Cuando Phyllis se enfrentó a la burla cruel de sus compañeras de clase, logró dar un paso atrás y observar lo que había ocurrido, controlando su ira y su humillación.

No hace mucho tiempo, los neurocirujanos pensaban que podían tratar la enfermedad mental extirpando quirúrgicamente la corteza de una persona, sin darse cuenta de las formas sutiles en las que coexisten el cerebro pensante y el emocional. Según Judith Hooper y Dick Teresi, autores de *The 3-Pound Universe*, en los años cuarenta y cincuenta se llevaron a cabo más de 40.000 lobotomías prefrontales solamente en los Estados Unidos. Lo que se intentaba con estas lobotomías era tratar la agresión y los estados hiperemocionales pero, en muchos casos, el hecho de taladrar la corteza frontal de un paciente con un pico y una maza quirúrgicos y cortar las fibras nerviosas hacia el resto del cerebro no hacían más que convertir a los pacientes en zombis emocionales. "Sin una corteza frontal intacta —señalan— un ser humano puede parecer normal a primera vista, pero si uno se queda un momento con él observará que es emocionalmente superficial, distraído, indiferente, apático y tan insensible a los contextos sociales que puede muy bien eructar con desenfreno durante alguna cena".

El sistema límbico, frecuentemente mencionado como la parte emocional del cerebro, se encuentra alojado profundamente dentro de los hemisferios cerebrales y tiene la responsabilidad primaria de regular nuestras emociones e impulsos. El sistema límbico incluye el hipocampo, donde se produce el aprendizaje emocional y donde se almacenan los recuerdos emocionales, la amígdala, considerada el centro de control emocional del cerebro, y varias otras estructuras.

Aunque los neurólogos han logrado asignar funciones emocionales específicas a partes específicas del cerebro, lo que realmente define la inteligencia emocional es la interacción de las diversas partes. Por ejemplo, imaginemos por un momento que una noche usted se encuentra en su casa, lavándose antes de ir a acostarse y de repente suena el timbre. Inmediatamente recibe un flujo de adrenalina, que alerta a su amígdala ante un posible peligro. Abre la puerta con precaución y ve que su estrella cinematográfica preferida (o su autor, político, celebridad deportiva, etc.) se encuentra frente a usted y le explica que se le pinchó un neumático frente a su casa y que necesita ayuda. El hipocampo es el que reconocería a esta persona como alguien que le puede provocar cierta agitación, haciendo que la amígdala intervenga precipitadamente con la mezcla apropiada de sorpresa, deleite, asombro y quizá lujuria. Pero la corteza le recordará que este objeto de su afecto tiene un nombre y una razón para estar allí, que probablemente no sea la de fijarse en usted. También sería la corteza la que le permitiría decir algo que no suene estúpido. Pensando en el futuro, a la corteza se le ocurriría la idea de obtener un autógrafo y una foto con su nuevo amigo.

El tercer componente del sistema neurológico que se relaciona con la inteligencia emocional es, en muchos sentidos, el más interesante dado que comprende la forma en que las emociones se transmiten bioquímicamente a las diversas partes del cuerpo. En este campo se está llevando a cabo una investigación realmente innovadora. En los últimos quince años, los científicos han logrado identificar una serie de aminoácidos, llamados neuropéptidos, a los que consideran elementos bioquímicos correlativos de las emociones. Los neuropéptidos están almacenados en el cerebro emocional y son enviados a través de todo el cuerpo cuando se siente una emoción, indicándole al cuerpo la manera de reaccionar. Estos elementos químicos cerebrales, también denominados neurotransmisores, fueron los que hicieron sentir a Phyllis esa sensación de malestar cuando Nance y sus amigas la insultaron. Durante la visita de la celebridad, esos mismos neurotransmisores también harán que su boca se seque, su rostro se sonroje y su abdomen se tensione por la excitación. Con cada reacción emocional, el cerebro envía estos elementos químicos hacia un sistema complejo de receptores que se encuentran distribuidos en todo el cuerpo. Tal como lo veremos en el Capítulo 23, además de actuar como mensajeros emocionales, estos mismos neuropéptidos también pueden desempeñar un papel significativo en la protección del cuerpo de su hijo contra los virus e inclusive contra las enfermedades que amenacen su vida.

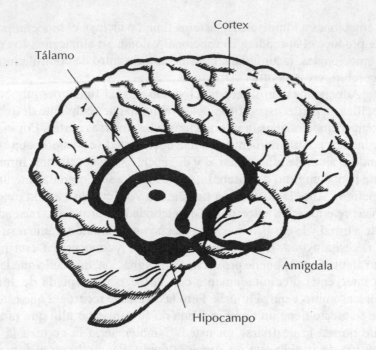

Tálamo

Cortex

Amígdala

Hipocampo

El cortex es la parte pensante del cerebro, y ayuda a controlar las emociones a través de la resolución de problemas, el lenguaje, las imágenes y otros procesos cognitivos. Al sistema límbico se lo considera la parte emocional del cerebro, e incluye el tálamo, que envía mensajes al cortex; el hipocampo, que se cree que juega un papel en la memoria y en el desciframiento del sentido de lo que percibimos; y la amígdala, el centro de control emocional.

LA NEUROANATOMIA Y LA FUNCION PATERNA

Para comprender exactamente lo que implica todo esto respecto de la forma en que actuamos como padres, observemos a dos compañeros de clase, Matthew y Micky, ambos de seis años. Matthew es tímido y reservado. Casi todos los días regresa de la escuela llorando. Su madre lo describe como alguien "temeroso de su propia sombra" y afirma que ha sido así desde su nacimiento. Micky, por otra parte, es conversador y simpático. Aunque sus maestros lo describen como líder nato, sus padres afirman que de ninguna manera nació así. Según ellos, cuando era un bebé y hasta dar sus primeros pasos en realidad se parecía más a Matthew. Lloraba cada vez que lo dejaban con una niñera, no le gustaban la gente o los lugares nuevos, y se sentaba a observar mientras los otros niños retozaban en el patio de recreo.

Como niños, tanto Matthew como Micky serían descritos por el psicólogo de Harvard Jerome Kagan como "inhibidos en su comportamiento" o tímidos, uno de los cuatro temperamentos que según Kagan caracterizan a los seres humanos al nacer. Según las teorías de Kagan, el temperamento de un niño refleja un sistema de circuitos emocionales innatos específicos en el cerebro, un esquema de su expresión emocional presente y futura, y de su comportamiento.

Según Kagan, un niño tímido nace con una amígdala fácilmente excitable, posiblemente debido a una predisposición heredada para tener niveles elevados de norepinefrina u otras sustancias químicas que sobreestimulan este centro de control del cerebro emocional. A través de años de investigación, descubrió que, cuando crecen, dos tercios de los niños nacidos tímidos son como Matthew: tímidos y reservados, y propensos a volverse ansiosos, fóbicos y socialmente inhibidos a medida que maduren. Estos niños aparentemente no desarrollan los caminos neurales entre la amígdala y la corteza que permiten que la parte pensante del cerebro ayude a la parte emocional a calmarse.

Pero cerca de un tercio de los niños estudiados por Kagan parecían haber domado sus cerebros emocionales sobreexcitables y, como Micky, en la época en que estaban en el jardín de infantes eran tan expansivos y sociables como cualquier otro niño. La diferencia en estos niños era la forma en que sus padres habían respondido a su timidez desde que eran pequeños, una diferencia que, en opinión de Kagan, *modificó literalmente el desarrollo de sus cerebros.*

Las madres de los niños que seguían siendo tímidos adoptaron una postura protectora respecto de sus pequeños; los protegieron de cosas que los perturbaban y los calmaron cuando lloraban. Pero las madres de los niños que perdieron la timidez con el tiempo, pensaron que sus hijos debían aprender a enfrentar lo que los perturbaba. Al tiempo que mostraron su empatía hacia ellos, no reforzaron sus llantos y preocupaciones. En lugar de ello, establecieron límites firmes e insistieron en la obediencia. Kagan sostuvo la hipótesis de que la neuroquímica de los niños que habían superado la timidez cambió porque sus padres los expusieron continuamente a nuevos obstáculos y desafíos, mientras que los niños que no habían enfrentado desafíos mantuvieron los mismos circuitos cerebrales y por lo tanto siguieron reaccionando en exceso desde el punto de vista emocional.

IR A CONTRAPELO

El estudio de Kagan y otros similares muestran que aunque nuestros hijos nacen con predisposiciones emocionales específicas, su sistema de circuitos cerebrales retiene por lo menos cierto grado de plasticidad. Pueden aprender nuevas capacidades emocionales y sociales que crearán nuevas vías nerviosas y pautas bioquímicas más adaptables. Sin embargo, para efectuar estos cambios, usted podría verse en la obligación de cuestionar algunos de sus instintos paternos naturales y actuar en formas que pueden oponerse a los hábitos normales o a su estilo de vida. Los siguientes son sólo algunos ejemplos sobre la forma en que los padres, así como los docentes y profesionales de la salud mental, están aprendiendo a cuestionar sus respuestas intuitivas:

- Los psicólogos a menudo recomiendan ayudar a los niños a hablar acerca de sus emociones como una forma de comprender los sentimientos de otros. Pero las palabras sólo dan cuenta de una pequeña parte (menos del 10 por ciento) del significado que le damos a la comunicación emocional. Los seres humanos interpretan mensajes emocionales desde una porción mucho más primitiva de su cerebro y, tal como lo veremos en el Capítulo 21, enseñarles a los niños a comprender el significado de la postura, las expresiones faciales, el tono de voz y otro tipo de lenguaje corporal, resultará un medio mucho más efectivo para mejorar la comprensión de sus emociones y las de los demás.

- Los niños que están traumatizados suelen ser tratados como pequeños extremadamente vulnerables y la sabiduría convencional se inclina a darles tiempo para enfrentar sus emociones dentro de un ambiente de apoyo. Pero avances recientes en la psicología cognoscitiva y de conducta sugieren que un enfoque más inmediato y directo para desensibilizar el efecto del trauma, que comprende la estimulación de los centros de tranquilización en el cerebro, resultará más efectivo para prevenir síntomas psicológicos tales como las pesadillas y las reacciones de angustia. Se analiza esta técnica en el Capítulo 23.

- Desarrollar la autoestima de un niño a través de un elogio y un refuerzo constantes, tal como lo han sostenido durante más de veinticinco años los partidarios del movimiento de la psicología humanista, puede en realidad hacer más daño que bien. Tal como lo veremos en el Capítulo 7, ayudar a los niños a sentirse bien con ellos mismos sólo tiene sentido si estos sentimientos están relacionados con logros específicos y el dominio de nuevos conocimientos.

- El estrés ha sido calificado como un subproducto perjudicial de nuestra apresurada sociedad tecnológica, un enemigo natural de la niñez. Pero proteger a los niños del estrés puede ser una de las peores cosas que podemos hacer. Tal como lo vimos en los estudios de Kagan sobre los niños tímidos (y retomaré este tema en el Capítulo 18, donde se recomienda enseñarles a los niños a ser

Muchos aspectos de la enseñanza de las capacidades vinculadas al CE van en un sentido contrario a la intuición. Por ejemplo, la mayoría de los padres sienten que su primera obligación es proteger a sus hijos del estrés, pero proteger a los niños cuando no lo necesitan, hace más mal que bien.

persistentes), aprender a enfrentar las dificultades de la vida permite que los niños desarrollen nuevos caminos neurales, lo cual puede tornarlos más adaptables e ingeniosos.

UNA COMPRENSION DEL CE QUE TIENE EN CUENTA EL DESARROLLO

El cerebro en desarrollo resulta observable en la medida en que nuestros niños cambian con la edad desde el punto de vista físico, cognoscitivo y emocional. El desarrollo neurológico de nuestros pequeños crea un período durante el cual están preprogramados para ingresar en una etapa específica y dominarla. Habitualmente tenemos plena conciencia del reloj físico de nuestros hijos, registrando ansiosamente cómo aprenden a sentarse a los seis meses, y su uso del orinal entre la edad de dos años y medio y tres años. Si nuestros hijos no alcanzan estos hitos físicos dentro del tiempo previsto, nos preocupamos legítimamente y solemos consultar a nuestros pediatras.

Asimismo, tenemos conocimiento de los hitos principales en el desarrollo cognoscitivo de nuestros niños. La mayoría de los pequeños dicen varias palabras cuando tienen alrededor de dieciocho meses y hablan con oraciones simples a los dos años. Los que están en edad preescolar aprenden las letras y números entre los cinco y seis años, y saben leer oraciones simples y hacer sumas y restas simples a los siete. Entre los ocho y nueve años, nuestros niños desarrollan la capacidad de memorizar las temidas tablas de multiplicar, pero se reserva la geometría y el álgebra para los últimos grados de la escuela primaria porque la capacidad para pensar de manera abstracta se desarrolla cuando los niños tienen entre once y trece años.

Pero la mayoría de nosotros tenemos menos conocimiento de las etapas creadas por el desarrollo del cerebro emocional, un tema que será la principal preocupación de este libro. Cada capacidad del CE examinada tiene su propio esquema temporal previsto para el desarrollo y aunque este varía mucho más que el desarrollo físico o cognoscitivo, en la mayoría de los casos resulta igualmente predecible.

El hecho de que muchos de nosotros no anticipamos los cambios en el desarrollo emocional de nuestros hijos de la misma forma en que esperamos los cambios en su desarrollo físico y cognoscitivo puede contribuir al surgimiento de numerosos problemas que en realidad pueden prevenirse.

Tomemos por ejemplo la clase del ciclo preescolar de la señorita Ansel mencionada al principio de este capítulo. Recuérdese que, aunque los niños de cuatro años fallaron en cada intento de equilibrar una bolita sobre una plataforma ascendente, mantenían el optimismo y la confianza de que podrían llevar a cabo esta tarea a pesar de sus fracasos. Tal como lo veremos en el Capítulo 17, los niños están preprogramados desde el punto de vista de su desarrollo para tener confianza en sus capacidades, por lo menos hasta los siete años. Hasta esta edad, los niños no distinguen el esfuerzo de la capacidad, y mientras lo intentan, la mayoría cree que finalmente tendrá éxito. Sin embargo, cuando ingresan a tercer grado, la madurez cognoscitiva de los niños les permite efectuar una evaluación más realista acerca de lo que pueden o no llevar a cabo. Comienzan a darse cuenta de que algunos niños tienen más o menos capacidad que ellos. Se dan cuenta de que si quieren tener el mismo éxito que sus compañeros más aptos, tendrán que realizar un esfuerzo mayor.

La comprensión de que el esfuerzo puede compensar la capacidad se vuelve un factor crítico en los niños entre la edad de ocho y doce años, y puede ser uno de los ingredientes claves en la crianza de los niños capaces de persistir frente a las dificultades. Si anticipamos este cambio en el desarrollo y recompensamos los esfuerzos de los pequeños, además de sus logros, desde el momento en que ingresan por primera vez a la escuela, tendrán más probabilidades de adquirir buenos hábitos de estudio y otras capacidades relacionadas con el trabajo.

COMO PUEDE AYUDARLO ESTE LIBRO

Aunque existe amplio consenso en cuanto a la importancia de enseñar a los niños capacidades del CE, este es el primer libro que examina en forma sistemática cómo se desarrollan dichas capacidades durante la niñez y explica, de manera práctica, qué puede hacer usted para criar a sus hijos con un grado más elevado de inteligencia social y emocional. A diferencia de muchos otros libros relacionados con la función paterna, este volumen no se limita a reflejar mi opinión como psicólogo sobre las cosas que pueden ayudar a su hijo. Se trata en realidad de una obra que se basa en la investigación realizada en las universidades, los hospitales y las clínicas de todo el país. A pesar del hecho de que esta investigación proviene de diversos campos tales como la neuroanatomía, el desarrollo de los niños, la antropología social, la educación y la psicología, los resultados combinados resultan inequívocos: es posible enseñar las capacidades del CE tales como la capacidad de resolver problemas interpersonales, la persistencia, la cordialidad y la empatía, y, en el futuro, dichas capacidades pueden ser fundamentales para la calidad de vida de su hijo.

He organizado los componentes de la inteligencia emocional en seis áreas: las capacidades relacionadas con la conducta moral, el pensamiento, la resolución de problemas, la interacción social, el éxito académico y laboral, y las emociones. Cada área general se subdivide luego en capacidades específicas del CE tales como la automotivación, la capacidad de trabar amistad, la empatía, el pensamiento realista, y así sucesivamente. Cuando termine de leer este libro, tendrá una idea clara de lo que es el CE de su hijo y sobre la forma en que usted puede ayudarlo a desarrollarlo.

EL "PADRE SUFICIENTEMENTE BUENO"

Al leer este libro, encontrará muchas sugerencias sobre maneras de actuar en forma diferente con su hijo... quizá demasiadas. No es mi intención insinuar que usted está haciendo todo mal; tampoco pretendo sobrecargarlo con una manera idealizada de educar a sus hijos. Doy por sentado que, en tanto que padre preocupado, usted leerá este libro, tomará lo que le parece pertinente, y quizá cambie una o dos cosas en la forma en que cría a sus hijos.

El padre perfecto no existe, pero muchos psicólogos utilizan la expresión "padre suficientemente bueno" para describir a aquellos que proporcionan los ingredientes suficientes para que sus niños cuenten con los elementos básicos del crecimiento social y emocional, y brindan las oportunidades para que sus hijos continúen su desarrollo fuera de la familia.

Otra perspectiva importante que hay que tener en cuenta es que aun un único cambio puede producir un efecto profundo en la vida de su hijo. En un libro de esta naturaleza resulta fácil hablar acerca de las capacidades del CE como si fueran algo inconexo, como andar en bicicleta o aprender a patinar, pero este de ningún modo es el caso. Casi todas las capacidades del CE que presento están interrelacionadas, y enseñarle a su hijo una capacidad engendrará un cambio en las otras áreas del CE. Por ejemplo, en la Parte VI, examino las capacidades del CE que son importantes para el desempeño escolar y sugiero actividades de cooperación para eliminar la presión que sienten sus hijos para tener éxito. Pero el hecho de enseñar a sus hijos actividades cooperativas también puede ayudarlos a que aprendan a controlar su ira o a llevarse mejor con las figuras de autoridad, y estas mismas capacidades cooperativas serán particularmente útiles para que sus niños logren desarrollar amistades. En otras palabras, el solo hecho de poner el acento en un aspecto de la inteligencia emocional en su casa producirá un efecto "bola de nieve". Una vez que usted comienza, las cosas no dejan de cambiar para mejor.

2

COMO CONVERTIRSE EN UN PADRE CON UN CE ELEVADO

Los investigadores que estudian cómo reaccionan los padres con sus hijos han descubierto que existen tres estilos generales de ser padres: el autoritario, el permisivo y el autorizado. Los padres autoritarios establecen normas estrictas y esperan que sean obedecidas. Creen que los niños deberían ser "mantenidos en su lugar", y los desalientan a expresar sus opiniones. Los padres autoritarios tratan de dirigir un hogar sobre la base de la estructura y la tradición, aunque en muchos casos su énfasis en el orden y el control se vuelve una carga para el niño. En su libro, *Raising a Responsible Child* (Educando a un niño responsable), Elizabeth Ellis escribe: "Según muchos estudios, los niños de familias autoritarias que ejercen un control rígido no la pasan muy bien. (...) Tienden a ser infelices y reservados, y tienen dificultades para confiar en los demás. Presentan los niveles más bajos de autoestima (comparados con los niños educados por padres que no ejercen un control tan marcado)".

El padre permisivo, por otra parte, busca mostrar la mayor aceptación y transmitir el mayor aliento posible, pero tiende a ser muy pasivo cuando se trata de fijar límites o de responder a la desobediencia. Los padres permisivos no imponen exigencias fuertes y ni siquiera tienen metas muy claras para sus hijos, creyendo que se les debería permitir un desarrollo conforme a sus inclinaciones naturales.

Los padres autorizados, contrariamente a los padres autoritarios y a los permisivos, logran equilibrar límites claros con un ambiente estimulante en el hogar. Ofrecen una orientación, pero no ejercen control; dan explicaciones para lo que hacen permitiendo al mismo tiempo que los niños contribuyan en la toma de decisiones importantes. Los padres autorizados valoran la independencia de sus hijos pero los comprometen con criterios elevados de responsabilidad hacia la familia, los pares y la comunidad. El comportamiento dependiente e infantil es desalentado. Se alienta y elogia la competencia. Tal como podría esperarse, numerosos estudios consideran que los padres autorizados tienen el estilo que puede permitir el crecimiento de niños con confianza en sí mismos, independientes, imaginativos, adaptables y simpáticos con grados elevados de inteligencia emocional.

Aunque estas definiciones amplias pueden resultar útiles para las investigaciones, de muchas maneras son también demasiado simplistas. En realidad, frecuentemente se encuentran familias donde hay un padre autoritario y otro permisivo. Estos padres pueden en realidad equilibrarse entre sí en la forma en que educan a sus hijos. En otras familias, vemos padres autoritarios en algunos aspectos de la crianza de sus hijos, pero demasiado permisivos en otras áreas. Pueden describirse más como padres demasiado indulgentes que como padres permisivos aunque, según Elizabeth Ellis, el efecto neto es el mismo. Según Ellis, los padres norteamericanos promedio pueden amar a sus hijos en forma algo excesiva para su propio bien, resultándoles muy difícil negar a estos cualquier cosa que quieran.

COMO DESARROLLAR UNA ATENCION POSITIVA

Preocuparse por los niños y consentir cualquiera de sus caprichos son dos cosas muy diferentes. Atención positiva significa brindar a los niños aliento y apoyo emocional en forma tal que resulten claramente reconocidos por el niño. Este tipo de cuidado es algo más que un elogio por una buena calificación obtenida en una prueba, o un abrazo y un beso de buenas noches. Implica una participación activa en la vida emocional de su hijo. Tal como lo veremos, esto significa jugar con sus niños más pequeños o participar en actividades con sus hijos mayores en una forma que no resulta muy diferente de la que experimentan los niños en un asesoramiento profesional.

De la investigación surge también que una relación abierta y solícita con su hijo producirá a largo plazo el efecto de hacer crecer en él la imagen de sí mismo y sus capacidades de decisión, y posiblemente incluso mejorará su salud. Un estudio presentado por los psicólogos Linda Russek y Gary Schwartz en el curso de la reunión de marzo de 1996 de la American Psychosomatic Society muestra la importancia que puede tener para el futuro de sus hijos la edificación de una relación positiva. Estos investigadores informaron acerca de un estudio iniciado hace treinta y cinco años cuando se solicitó a ochenta y siete hombres del Harvard College, todos de alrededor de veinte años, que ofrecieran evaluaciones escritas sobre el cuidado y el apoyo recibido por parte de sus padres.

Después de examinar a estos mismos participantes treinta y cinco años después, con una edad de más de cincuenta años, se descubrió que los sujetos que como estudiantes secundarios habían descrito a sus padres como más cariñosos, tuvieron una menor cantidad de enfermedades graves en su edad madura, incluyendo enfermedades del corazón e hipertensión, independientemente de los factores claves de riesgo como la historia familiar, la edad, y el cigarrillo. Tal como podía esperarse, los jóvenes que habían calificado a sus padres de injustos se convirtieron en hombres de edad madura con las enfermedades físicas más graves.

Estudios como estos subrayan el importante papel que desempeñamos para la salud mental y física de nuestros niños. Una tendencia creciente entre los terapeutas infantiles es entrenar a los padres a participar en la terapia de juego de sus hijos, poniendo el acento en la aceptación y la consideración positiva. En los años sesenta, Bernard Guerney, entonces profesor en la Universidad de Rutgers, creó técnicas de formación para que los padres actuaran como terapeutas substitutos de sus hijos con dificultades, concluyendo que muchos niños tenían problemas no porque sus padres fueran maliciosos o perturbados, sino porque sus padres carecían de las capacidades inherentes para desarrollar una relación positiva con ellos.

Más recientemente, el Dr. Russell Barkley, uno de los principales expertos del país en trastornos por déficit de atención en los niños, sugiere en su libro *Taking Charge of ADHD* (hacerse cargo de los trastornos por déficit de atención), que los padres de niños "difíciles" les dediquen veinte minutos diarios de "tiempo especial" a sus hijos como una forma de asegurar que reciban los beneficios de la atención positiva. Aunque esto resulta particularmente importante para los niños que experimentan trastornos por déficit de atención —que suelen recibir demasiada atención negativa y crítica por parte de los docentes, pares y miembros de la familia— es una buena receta para todos los niños (aunque en la mayoría de los casos, dedicarle un "tiempo especial" dos o tres veces por semana sería algo más realista).

Para los niños de menos de nueve años, Barkley sugiere que los padres fijen un período particular para participar con su hijo en una actividad lúdica. Durante este período, los padres deberían crear una atmósfera carente de juicios, en la que pueda translucirse interés, entusiasmo y aceptación. Según Barkley, los principios generales del "tiempo especial" incluyen:

1.   Elogie a su hijo por las conductas adecuadas (por ejemplo, "¡Qué torre enorme estás construyendo!") pero sea preciso, sincero y evite la adulación excesiva.
2.   Demuestre interés por lo que su hijo está haciendo, participando en la actividad, describiendo lo que ve y reflejando sus sentimien-

tos cuando sea posible (por ejemplo, "Parece que realmente te gusta que esos dos tipos luchen entre sí. Pero no pareces enojado, por lo que supongo que te diviertes luchando").

3. No haga preguntas ni dé órdenes. Su trabajo es observar y reflejar lo que usted ve, no controlar o guiar.

Si sus hijos tienen entre cuatro y nueve años, trate de programar un período de juego en una hora determinada varios días a la semana, asegurándose de que esa hora sea respetada y coherente. Para los niños de más de nueve años, sería demasiado difícil programar horas de juego rígidas; debería más bien buscar oportunidades para pasar un tiempo similar con sus hijos desarrollando actividades apropiadas según la edad, sin emitir juicios.

LA DISCIPLINA POSITIVA

Muy pocos padres tienen problemas en aprender los principios de la atención positiva, pero la disciplina positiva es otra historia. Cuando hablo de disciplina positiva me refiero simplemente al hecho de que usted necesita contar con formas bien pensadas, previsibles y apropiadas según la edad de responder a la mala conducta de sus hijos.

¿Qué haría en la situación siguiente?

Las vendedoras de la pequeña joyería quedaron de una pieza, como la mayoría de los clientes. En el medio de la tienda, durante el día más concurrido de las vacaciones, un niño de cinco años tenía un berrinche completo, sacudiendo los brazos y pateando, gritando con toda la capacidad de los pulmones, peligrosamente cerca de una vitrina con joyas finas. Su madre, aparentemente tan despreocupada por lo que la rodeaba como su hijo, se sentó junto a él con las piernas cruzadas en posición de loto y comenzó una conversación.

—Vamos Benji, debes hablarme sobre lo que ocurre en lugar de llorar. No puedo comprender cuál es el problema si lloras. Sé que estás enfadado, pero debes decirme qué te molesta si quieres que haga algo al respecto.

—Yo te diré lo que me molesta —musitó la propietaria de la joyería, preguntándose si tendría el coraje o la fuerza de echar tanto a la madre como al hijo de la tienda. En lugar de ello, se limitó a observar y esperar, preguntándose qué pensaría la madre con respecto al efecto que este incidente le estaba produciendo a su hijo.

La madre de la joyería tenía la creencia errónea de que siempre hay que razonar con los niños y ofrecerles opciones, aun cuando se comporten mal más allá de los límites sociales aceptados. Tal como lo escribe William Damon en su libro *Greater Expectations: Overcoming the Culture of Indulgence in Our Homes and Schools* (Mayores expectativas: sobreponerse a la cultura de la indulgencia en nuestros hogares y en la escuela). "Todos los jóvenes necesitan disciplina en un sentido positivo y restringido. Si los niños pretenden aprender capacidades productivas, necesitan desarrollar la disciplina a fin de aprovechar al máximo sus talentos innatos. También deben encontrar una disciplina firme y coherente cada vez que ponen a prueba los límites de las normas sociales (como lo hacen todos los niños de vez en cuando)". En realidad, es imposible desarrollar un estilo de padre que apunte a mejorar el CE de sus hijos sin mostrar también una forma coherente y efectiva de disciplinarlos. Pero tal como se lo dirán los docentes y asesores psicopedagógicos, se trata de un área en la que muchos padres norteamericanos experimentan grandes dificultades. Aunque existen cientos de libros sobre la manera de disciplinar mejor a sus hijos, la disciplina efectiva se reduce realmente a unos pocos principios y estrategias:

1. Establezca reglas y límites claros y aténgase a ellos. Si puede, escríbalos y fíjelos sobre la pared.
2. Déle a su hijo advertencias y señales cuando comienza a comportarse mal. Es la mejor manera de enseñarle el autocontrol.
3. Defina el comportamiento positivo reforzando la buena conducta con elogios y afecto e ignorando la conducta que sólo apunta a llamar la atención.
4. Eduque a su hijo conforme a sus expectativas. En general, los padres no emplean el tiempo suficiente para hablar con sus hijos acerca de los valores y las normas, y por qué estos son importantes.
5. Prevenga los problemas antes de que se produzcan. Según la psicología de la conducta, la mayoría de los problemas se producen como resultado de un estímulo o una señal específica. La comprensión y eliminación de dichas señales lo ayudarán a evitar situaciones que dan lugar a una mala conducta.
6. Cuando se viola una norma o un límite claramente establecido, en forma intencional o de otro modo, aplique de inmediato un castigo adecuado. Sea coherente y haga exactamente lo que dijo que haría.
7. Cuando un castigo es necesario, asegúrese de que guarde relación con la infracción a la regla o la mala conducta (que el castigo se ajuste al delito).

8. Siéntase cómodo con un conjunto de técnicas disciplinarias. Las que se recomiendan con mayor frecuencia incluyen:

A *Las reprimendas:* es lo primero que deben hacer los padres, y se utiliza con suficiente frecuencia. Véase el Capítulo 7 para un análisis sobre la forma de reprender a sus hijos para que su conducta cambie sin que desarrollen resentimiento hacia usted o una autoimagen negativa.

B. *Las consecuencias naturales:* esta estrategia se refiere a dejar que sus hijos experimenten las consecuencias lógicas de su mala conducta a fin de que perciban por qué una norma en particular es importante. Por ejemplo, a un niño que pierde el tiempo cuando su madre está tratando de apurarlo para que tome el ómnibus escolar, se lo podría hacer caminar hasta la escuela y hacer que le explique al director la razón por la que llega tarde. (Sin embargo, las consecuencias naturales pueden a veces ser poco realistas o incluso peligrosas, como cuando usted quiere enseñarle a su pequeño que no debe correr en la calle, o por qué no debe jugar con fuego.)

C. *El rincón:* tal vez la técnica disciplinaria más comúnmente in-dicada. La medida del rincón consiste en ubicar a su hijo en un rincón neutro y poco estimulante durante un período breve (un minuto por cada año de la edad del niño). Esto también puede resultar efectivo cuando los niños se conducen mal en lugares públicos.

D. *Quitar un privilegio:* cuando los niños son demasiado grandes para ir al rincón, los padres suelen eliminar un privilegio. La televisión, el tiempo para jugar con el videojuego y el tiempo para utilizar el teléfono parecen funcionar bien. Evite quitar un privilegio que eliminaría al mismo tiempo una experiencia importante para el desarrollo de su hijo. Por ejemplo, sería mejor establecer para un adolescente una hora de regreso al hogar más temprana durante un mes que impedirle hacer un viaje escolar de una sola noche.

E. *La sobrecorrección:* esta técnica se recomienda a menudo para conseguir un cambio rápido en la conducta. Cuando su hijo se conduce mal, debe repetir la conducta correcta por lo menos diez veces o durante veinte minutos. Por ejemplo, si su hijo regresó a casa de la escuela, arrojó su chaqueta y sus libros al piso, e ignoró su saludo, usted le pediría que vuelva a salir y a entrar a la casa diez veces en forma adecuada, con un saludo cordial, guardando sus libros y colgando su chaqueta.

F. *Un sistema de puntaje:* para problemas crónicos, la mayoría de los psicólogos recomiendan un sistema en el que los niños ganan puntos por conductas positivas claramente definidas. Dichos puntos pueden aprovecharse para recompensas inmediatas o a largo plazo. Las malas conductas dan como resultados la resta de puntos.

Tal como lo veremos a lo largo de este libro, surge claramente de las investigaciones que si usted quiere educar a un niño con un CE elevado, es mejor que sea excesivamente estricto y no excesivamente indulgente. En un estudio estadístico de *USA Today,* de los 101 ex mejores estudiantes secundarios seleccionados anualmente por su elevado desempeño académico, su talento y servicio a la comunidad, el 49 por ciento describió a sus padres como más estrictos que otros padres.

EL MAYOR OBSTACULO PARA EDUCAR A UN NIÑO CON UN CE ELEVADO

El problema que tenemos para fijar límites a nuestros hijos se vuelve muy claro cuando examinamos sus hábitos televisivos. En mi opinión, los televisores, como los cigarrillos, deberían venir con una etiqueta de advertencia del Cirujano Mayor de los Estados Unidos. Aunque mirar televisión no da como resultado un daño fisiológico inmediato como ocurre con los cigarrillos, uno podría afirmar que es un factor importante en el aumento de la obesidad en la niñez actualmente estimada en un 14 por ciento, y la obesidad sin duda contribuye a contraer enfermedades importantes y a acortar la vida.

Aunque la televisión puede no ser físicamente adictiva, su capacidad para formar una adicción psicológica está siendo ampliamente debatida. En una estadística llevada a cabo por *Peoplepedia*, una enciclopedia de hechos sobre los hábitos norteamericanos, se le preguntó a más de 1.000 personas qué los induciría a dejar de ver televisión. Un sorprendente 46 por ciento señaló que no lo haría por menos de un millón de dólares, y el 25 por ciento de las personas encuestadas afirmó que no dejaría de ver televisión ni siquiera por esa suma.

Aunque la televisión en sí misma no es mala, lo que impide el crecimiento de las capacidades del CE es el tiempo pasivo frente al aparato. El niño norteamericano promedio mira veinticuatro horas de televisión semanales: ¡un día por semana! En realidad nuestros hijos pasan más tiempo mirando televisión que desarrollando cualquier otra actividad, excepto el sueño. Un niño promedio de cinco años, ¡ha pasado la misma cantidad de tiempo mirando televisión que el tiempo que un estudiante secundario promedio asiste a clase a lo largo de un período de cuatro años!

¿Cómo quiere que su hijo aprenda acerca del mundo: mirando o haciendo? La televisión puede ser lo que más desalienta el desarrollo de las capacidades sociales y emocionales.

Aunque los expertos han sostenido durante mucho tiempo que mirar televisión en exceso no es bueno para los niños, la propia adicción a la televisión de muchos padres es parcialmente responsable de su incapacidad para controlar el tiempo de sus hijos frente al televisor; es como si se le pidiera a un alcohólico que hiciera respetar la sobriedad. Muchos padres han descubierto que la televisión es una niñera muy económica. Pero si usted aborda con seriedad el tema de criar a los niños con una inteligencia emocional elevada, debe fijar límites estrictos para sus hijos con respecto a la televisión.

Mi consejo es someter a su familia a una dieta de televisión de quizá dos horas diarias (esto debería incluir los vídeos alquilados y los videojuegos). Debe aplicarse a todos los miembros de la familia, no solamente a los niños. Siéntese con sus hijos con una programación televisiva en la mano y oriéntelos en la selección de los programas que quieren ver (aprobados por usted). Mucha televisión no hace más que hacer pasar el tiempo y, tal como lo verá, no hay mucho en ella con lo que los niños se entusiasmen.

Aunque al principio puede necesitar estructurar el tiempo libre de la televisión de su hijo, este finalmente llegará a ser creativo al respecto, una vez que se pierda el hábito de la televisión. El paso siguiente es planificar las actividades que reemplazan mirar televisión. Desempolve los juegos de mesa, vaya a la biblioteca y consiga algunos libros, haga una lista de proyectos artísticos y hobbys en los que se puede trabajar, inscriba a sus hijos en programas deportivos. Tal como lo verá en la Parte VIII, no considero que el tiempo empleado frente a una computadora sea equivalente al tiempo frente a la televisión, porque es activo en lugar de pasivo y tiene un gran potencial para enseñar capacidades del CE. De todos modos, las computadoras sólo ofrecen un mundo de realidad virtual y no pueden darle al niño la sensación de un abrazo o el olor de un campo de deportes, de manera que el tiempo con la computadora también debería limitarse.

POR DONDE COMENZAR

Si usted es como la mayoría de los lectores de libros de orientación para padres, es probable que comience buscando información de interés particular para sus hijos en lugar de leer el libro desde el comienzo hasta el fin. La siguiente lista de verificación fue concebida para ayudarlo a ver lo que usted ya está haciendo para criar a un niño emocionalmente inteligente y qué cosas nuevas pueden hacerse. El propósito de esta lista no es el de verificar qué puntaje obtiene, sino orientarlo hacia las partes del libro que lo ayudarán más a educar a sus niños con un CE elevado.

La lista de verificación del CE para padres

¿Le oculta usted los problemas graves a su hijo?
___Sí   ___No
No.
La mayoría de los psicólogos piensan que los padres no deberían ocultar los problemas graves a sus hijos muy pequeños. Los niños son mucho más flexibles de lo que piensa la mayoría de la gente y se benefician con las explicaciones realistas de los problemas (véase el Capítulo 6).

¿Discute usted abiertamente sus errores?
___Sí   ___No
Sí.
Para volverse realistas en su pensamiento y sus expectativas, los niños deben aprender a aceptar tanto los atributos positivos como los defectos de sus padres (véase el Capítulo 9).

¿Mira su hijo más de doce horas de televisión semanales?
___Sí   ___No
No.
El niño promedio norteamericano mira en realidad veinticuatro horas de televisión

semanales, y esto es demasiado. Esta actividad pasiva hace muy poco para promover las capacidades del CE. Los programas violentos de televisión son particularmente problemáticos para los niños que tienen dificultades para controlar su ira.

¿Tiene usted una computadora en el hogar?
___Sí ___No
Sí.

Hace un tiempo, tanto los psicólogos como los sociólogos pensaban que las computadoras y los juegos para computadoras ejercían una influencia perjudicial sobre el desarrollo social del niño, pero parece ser que lo opuesto es la verdad. Los niños (y los adultos) están encontrando nuevas maneras de utilizar las computadoras y los servicios on-line que en realidad aumentan las capacidades del CE (véanse los Capítulos 24 y 25).

¿Se considera usted una persona optimista?
___Sí ___No
Sí.

Los estudios muestran que los niños que son optimistas son más felices, tienen más éxito en la escuela y son realmente más saludables desde el punto de vista físico. La forma fundamental en la que sus hijos desarrollan una actitud optimista o pesimista es observándolo y escuchándolo a usted (véase el Capítulo 7).

¿Ayuda usted a su hijo a cultivar amistades?
___Sí ___No
Sí.

Los investigadores en el campo del desarrollo infantil creen que tener un "mejor amigo", particularmente entre los nueve y los doce años, constituye un hito de desarrollo crítico en el aprendizaje para tener relaciones íntimas. La enseñanza de las capacidades para cultivar amistades debería comenzar apenas su hijo empieza a caminar (véase el Capítulo 14).

¿Controla usted el contenido violento de los programas de televisión y los videojuegos de su hijo?
___Sí ___No
Sí.

Aunque no existe una prueba clara de que mirar programas violentos de televisión o jugar con juegos violentos para computadoras conduzca a los niños hacia la agresividad, sí puede decirse que los desensibiliza en cuanto a los sentimientos y las preocupaciones de los demás (véase el Capítulo 2).

¿Pasa usted quince minutos por día o más con su hijo en juegos o actividades no estructurados?
___Sí ___No

Sí.

Lamentablemente, los padres de hoy pasan cada vez menos tiempo con sus hijos. Dedicar un tiempo determinado para jugar con los niños más pequeños y en actividades no estructuradas con los hijos mayores, mejora su imagen propia y su confianza en sí mismos (véase el Capítulo 2).

¿Tiene usted formas claras y coherentes de disciplinar a su hijo y de hacer respetar las normas?

___Sí ___No

Sí.

Los padres autorizados podrían prevenir un número significativo de problemas experimentados actualmente por los niños. Ser padres en forma autorizada combina el estímulo con la disciplina coherente y apropiada. Muchos expertos creen que los padres totalmente permisivos son la causa de un número creciente de problemas de la niñez, incluyendo la conducta provocativa y antisocial (véase el Capítulo 2).

¿Participa usted en forma regular en actividades de servicio a la comunidad con su hijo?

___Sí ___No

Sí.

Los niños aprenden a preocuparse de los demás haciendo, no simplemente hablando. Las actividades de servicio a la comunidad también les enseñan a los niños muchas capacidades sociales y los ayudan a mantenerse alejados de los inconvenientes (véase el Capítulo 3).

¿Es usted veraz y sincero con su hijo, incluso con respecto a temas dolorosos como una enfermedad o la pérdida de un empleo?

___Sí ___No

Sí.

Muchos padres tratan de proteger a los niños del estrés, de preservar la inocencia de su niñez, pero en realidad esto produce más daño que bien. Los niños que no han aprendido a enfrentar efectivamente al estrés se tornan vulnerables a problemas más graves cuando crecen, en particular en sus relaciones (véase el Capítulo 4).

¿Le enseña usted a su hijo a relajarse como una forma de enfrentar el estrés, el dolor o la ansiedad?

___Sí ___No

Sí.

Usted puede enseñarles formas de relajación incluso a los niños de cuatro o cinco años. Esto no los ayudará a enfrentar los problemas inmediatos, pero puede ayudarlos a vivir más tiempo y de manera más saludable (véase el Capítulo 22).

¿Interviene usted cuando su hijo experimenta dificultades para resolver un problema?

___Sí ___No

No.

Surge de las investigaciones, que los niños pueden resolver problemas mucho antes de lo que solía pensarse. Cuando sus hijos aprenden a resolver sus propios problemas, adquieren confianza en sí mismos y aprenden capacidades sociales importantes (véanse los Capítulos 10 y 11).

¿Celebran reuniones familiares regulares?

___Sí ___No

Sí.

Los niños utilizan los modelos como la forma individual más importante para aprender capacidades emocionales y sociales. Las reuniones familiares son una forma ideal de enseñarles a los niños a resolver problemas y a funcionar en un grupo (véase el Capítulo 15).

¿Insiste usted en que su hijo siempre exhiba buenos modales con los demás?

___Sí ___No

Sí.

Los buenos modales son fáciles de enseñar y extremadamente importantes para la escuela y el éxito social (véase el Capítulo 16).

¿Se toma usted su tiempo para enseñarles a sus hijos a percibir el aspecto humorístico de la vida cotidiana, inclusive en sus problemas?

___Sí ___No

Sí.

Un número creciente de estudios muestran que el sentido del humor no sólo constituye una capacidad social importante, sino que representa también un factor significativo para la salud mental y física de un niño (véase el Capítulo 13).

¿Es usted flexible con los hábitos de estudio y la necesidad de organización de su hijo?

___Sí ___No

No.

Es necesario ser flexible en muchos aspectos, pero no en cuanto los hábitos de estudio y las capacidades de trabajo. Para tener éxito en la escuela y más tarde en el trabajo, sus hijos necesitan aprender autodisciplina, manejo del tiempo y capacidades de organización (véase el Capítulo 18).

¿Alienta usted a su hijo a seguir tratando aun cuando se queje de que algo es demasiado difícil o inclusive cuando fracasa?

___Sí ___No

Sí.

Uno de los ingredientes más importantes para convertirse en un gran realizador es la capacidad de superar la frustración y mantener un esfuerzo persistente frente al fracaso. En general, los padres norteamericanos no les exigen un esfuerzo suficiente a sus hijos (véase el Capítulo 18).

¿Insiste usted en que su hijo mantenga una dieta saludable y un ejercicio diario?
___Sí ___No
Sí.

Además de los beneficios físicos obvios de una buena dieta y del ejercicio, un estilo de vida saludable desempeña un papel importante en la bioquímica del cerebro en desarrollo de su hijo (véase el Capítulo 23).

¿Confronta usted a su hijo cuando sabe que no dice la verdad aun en una cuestión menor?
___Sí ___No
Sí.

La comprensión de la sinceridad se modifica en los niños a medida que crecen, pero en el marco familiar, se debería poner siempre el acento en el hecho de ser veraces (véase el Capítulo 4).

¿Respeta usted la intimidad de su hijo, aun cuando sospecha que está haciendo algo perjudicial para sí mismo y los demás?
___Sí ___No
No.

Cuando uno educa a los niños, la intimidad y la confianza van de la mano. A cualquier edad, los niños deberían comprender la diferencia entre lo que puede mantenerse privado y lo que usted debe saber (véase el Capítulo 4).

¿Deja usted que el profesor de su hijo maneje problemas de motivación en la escuela sin su participación?
___Sí ___No
No.

La motivación empieza por casa. De los estudios de otras culturas surge que cuanto más participen los padres en la educación de sus hijos, tanto más probabilidades tendrán los niños de tener éxito (véase el Capítulo 17).

¿Cree usted que debería ser más tolerante con los problemas de sus hijos porque usted tiene los mismos (o similares) problemas?
___Sí ___No
No.

No resulta sorprendente que los niños tengan a menudo los mismos problemas que sus padres. Si usted está luchando contra temas serios como la depresión o el mal carácter, debería buscar formas de cambiar tanto su propio comportamiento como el de su hijo (véase el Capítulo 7).

¿Deja usted tranquilo a su hijo si no quiere hablar de algo que lo irrita o lo perturba?
___Sí ___No
No.

A muy pocos niños les gusta hablar de lo que los perturba, pero desde la perspectiva de la inteligencia emocional, usted debería alentar a sus hijos para que hablen de sus sentimientos. Hablar de los problemas y utilizar palabras para los sentimientos puede cambiar la forma en que el cerebro de un niño se desarrolla, formando vínculos entre la parte emocional y la parte pensante del cerebro (véase el Capítulo 20).

¿Cree usted que todo problema tiene una solución?
___Sí ___No
Sí.

Se les puede enseñar a los niños, así como a los adolescentes y adultos, a buscar soluciones en lugar de dilatar los problemas. Esta forma positiva de ver el mundo puede mejorar la confianza en sí mismo y las relaciones de su hijo (véase el Capítulo 11).

Segunda Parte

Las emociones morales

Durante las últimas cuatro décadas, todos, desde los directores de las escuelas primarias, pasando por los predicadores hasta los presidentes se han retorcido las manos ante la crisis en el desarrollo moral de nuestros hijos, pero las cosas no parecen mejorar. Por más perturbadoras que puedan ser las estadísticas, las historias que las sustentan son aun peores.

Por ejemplo, la del adolescente de catorce años que golpeó brutalmente a un compañero de clase hasta matarlo con un bate de béisbol y luego fue a la casa de un amigo para jugar con bolas de nieve, ofreciéndole más tarde ir a mostrarle el cuerpo ensangrentado. También está la historia del niño de nueve años en Kissimmee, Florida, que empujó a su vecino de tres años a una piscina y observó cómo este se ahogaba. Otro niño de nueve años de Florida puso a su madre un cuchillo en la garganta, amenazándola de muerte si no regresaban al Burger King local para cambiar el muñeco que había recibido con su almuerzo.

Estas estadísticas y titulares de periódicos sólo reflejan los problemas más graves. El desarrollo moral inadecuado de los niños —uno podría decir la falta de una conciencia plenamente desarrollada— afecta cada aspecto de nuestra sociedad: la armonía de nuestros hogares, la capacidad de enseñanza de nuestras escuelas, la seguridad de nuestras calles y la integridad de nuestros valores sociales.

Un desarrollo moral satisfactorio significa tener emociones y conductas que reflejan preocupación por los demás: compartir, ayudar, estimular, mostrar una conducta altruista, tolerancia hacia los demás y voluntad de respetar las normas sociales. El profesor William Damon de la Universidad de Brown, considerado uno de los expertos más importantes de los Estados Unidos en el campo del desarrollo moral de niños y adolescentes, sugiere que para que los niños se conviertan en personas morales deben adquirir las siguientes capacidades emocionales y sociales:

- Deberían adoptar y comprender lo que distingue una conducta "buena" de una "mala" y desarrollar los hábitos de conducta compatibles con lo que perciben como "bueno".
- Deberían desarrollar interés, consideración y un sentido de responsabilidad por el bienestar y los derechos de los demás. Deberían expresar este interés a través de actos de atención, benevolencia, amabilidad y caridad.
- Deberían experimentar una reacción emocional negativa, incluyendo vergüenza, culpa, indignación, temor y desprecio ante la violación de normas morales.

El deseo de preocuparse por los demás, llegando incluso al altruismo, sin duda forma parte de nuestro código genético. Podemos observar incontables ejemplos de conducta moral no sólo en los primates, sino en animales mucho menos desarrollados. Las hormigas soldados y termitas se exponen con frecuencia al peligro para atraer la atención de los demás cuando sus colonias son atacadas. Se ha observado que las aves simulan estar lastimadas alejándose de sus nidos en un intento por distraer la atención del enemigo de sus pichones. Numerosas especies adoptan animales de otras especies y los crían como propios.

Según los científicos, la rata, tan poco estimada y frecuentemente denostada en el cine y la literatura como un animal sucio y malvado, es en realidad uno de los animales más solidarios. En una prueba de adopción entre especies distintas, un investigador descubrió que las ratas adoptaron de inmediato crías de ratones y conejos. Trataron de adoptar pequeños gatos y lucharon con los investigadores cuando estos trataron de quitarles los gatitos de sus nidos. A pesar de sus intentos vigorosos, las ratas no lograron amamantar a los gatitos.

Tanto la historia como la experiencia cotidiana revelan numerosos casos en que los seres humanos se preocupan por los demás. Pero a pesar de nuestra predisposición genética a interesarnos por los demás, estudios de diferentes culturas muestran que el desarrollo moral puede verse directamente influido por prácticas y valores educativos. En su libro, *The Caring Child* (El niño humanitario), la profesora Nancy Eisenberg de la Universidad del Estado de Arizona describe al pueblo Ik de Uganda como un "pueblo sin amor", donde toda forma de atención y generosidad era considerada como una debilidad. El único valor real de la sociedad Ik se centraba en la comida, o "ngag", que era sinónimo de "bondad". Una persona buena era, por lo tanto, una persona que tenía el estómago lleno. La búsqueda de comida era tan importante para el pueblo Ik que estaba incluso por encima de la preocupación por los familiares más cercanos. Era común que los hijos les robaran alimentos a los padres ancianos y enfermos, aun cuando esto significara que los mismos morirían de hambre.

Otras culturas tales como la de los indios Hopi tradicionales de Arizona muestran ejemplos de niveles extraordinariamente elevados de desarrollo moral. A los Hopi se les enseñaba que la cooperación entre los miembros de la tribu resultaba esencial para la supervivencia, dado que todos los aspectos del universo son interdependientes. Desde el nacimiento, los niños Hopi aprendían que no había nada más importante en la vida que tener un "buen corazón", algo que se lograba centrándose en el bienestar y la felicidad de los demás.

Una variedad de emociones negativas motivan a los niños a aprender y practicar conductas prosociales, incluyendo:

- El miedo al castigo.
- La angustia respecto de la desaprobación social.
- La culpa por no cumplir sus propias expectativas.
- La vergüenza y turbación al ser descubiertos mientras hacen algo que resulta inaceptable para los demás.

Las dos emociones principales que modelan el desarrollo moral de un niño son la empatía y lo que uno podría llamar instinto de atención, que incluye nuestra capacidad de amar. Tomaremos en consideración en primer lugar las fuerzas positivas que dan forma a la conciencia de nuestro hijo porque el hecho de ser padres positivos es más compatible con nuestra cultura occidental centrada en el niño. Sin embargo, sería un error que los padres ignoren el hecho de que las emociones negativas, particularmente la vergüenza y la culpa, constituyen también aspectos importantes en la edificación del carácter de su hijo. Tomaremos en consideración el significado de las emociones morales negativas en el Capítulo 5.

3

COMO ALENTAR LA EMPATIA
Y LA ATENCION

Dwaina Brooks estaba estudiando en su clase de cuarto grado el fenómeno de las personas sin hogar. Como para la mayoría de los niños de su edad, se trataba de un tema que revestía más interés que otro que afectara su vida. Un día, mientras volvía de la escuela a su casa, se detuvo para hablarle a una de estas personas y le hizo la simple pregunta siguiente:

—¿Qué necesita?

—Necesito un trabajo y una casa —respondió concretamente. Dwaina sabía que no podía darle esas cosas de modo que le preguntó:

—¿Hay alguna otra cosa que necesite?

—Me encantaría una comida realmente buena —respondió, y Dwaina pensó que eso era algo en lo que podría contribuir.

Después de tres días de hacer compras y planes, Dwaina, su madre y sus dos hermanas, prepararon más de cien comidas que llevaron a un refugio cercano para desamparados. Casi todos los viernes por la noche, durante un año, Dwaina y su familia hicieron lo mismo. Solicitando donaciones de la comunidad y la ayuda de sus compañeros de clase, Dwaina preparó miles de comidas para los desamparados de Dallas.

Explicó su filosofía a un periodista de USA Today: "Cada uno de nosotros debería tener algún tipo de preocupación por los demás. (...) Y se los debemos. No hay nadie que no haya sido ayudado alguna vez por otro. Deberíamos estar siempre preparados para devolver lo que la gente nos ha dado".

Dwaina ejemplifica lo que significa mostrar empatía: fue capaz de colocarse en los zapatos de otro. En realidad, mostró algo más que empatía, porque una vez que reconoció lo que su vecino desamparado sentía, se mostró dispuesta a actuar en su nombre. Como resultado de ello, ayudó a cientos de personas.

La recompensa de enseñarles a los niños a mostrar más empatía es enorme. Aquellos que tienen fuertes capacidades empáticas tienden a ser menos agresivos y participan en una mayor cantidad de acciones prosociales, tales como ayudar y compartir. Como resultado de ello, los niños empáticos son más apreciados por pares y adultos y tienen más éxito en la escuela y en el trabajo. No resulta sorprendente que los niños empáticos crezcan con una mayor capacidad de lograr un contacto íntimo en sus relaciones con sus cónyuges, amigos e hijos.

LAS ETAPAS DE LA EMPATIA

Los psicólogos del desarrollo señalan que existen en realidad dos componentes para la empatía: una reacción emocional hacia los demás, que normalmente se desarrolla en los primeros seis años de la vida de un niño, y una reacción cognoscitiva, que determina el grado en el que los niños de más edad son capaces de percibir el punto de vista o la perspectiva de otra persona.

Podemos observar una empatía emocional en la mayoría de los niños pequeños a lo largo de su primer año de vida. Los bebés suelen darse vuelta para observar a otro niño llorar y frecuentemente se pondrán a llorar también. El psicólogo del desarrollo Martin Hoffman la denomina "empatía global" debido a la incapacidad del niño para distinguir entre él mismo y su mundo, interpretando la aflicción de cualquier otro bebé como propia.

Entre la edad de uno y dos años, los niños ingresan en una segunda etapa de empatía en la que pueden ver claramente que la congoja de otra persona no es la propia. La mayoría de los niños de esa edad tratan en forma intuitiva de reducir la congoja del otro. Sin embargo, debido a su desarrollo cognoscitivo inmaduro, no están seguros de lo que deberían hacer exactamente, adquiriendo un estado de confusión empática, tal como se ilustra en el siguiente ejemplo:

Sara mostró esta confusión empática cuando su compañera de juego, Melanie, comenzó a llorar repentinamente. Al principio, pareció que Sara comenzaría a llorar también, pero luego se puso de pie, dejó los bloques con los que había estado jugando, y comenzó a acariciar a Melanie.

Cuando la madre de Melanie entró en la habitación y levantó a Melanie en sus brazos para ver qué estaba ocurriendo, su hija no hizo más que sollozar más fuerte. Al ver que Melanie seguía acongojada, pero al tener que hacerse cargo también de otra persona, Sara comenzó a acariciar suavemente el brazo de la madre de Melanie. Al decidir que Melanie estaba mojada, su madre se la llevó de la habitación, dejando a Sara sola y aparentemente insatisfecha con los resultados de su intercesión. Sara se acercó entonces a un oso de peluche y comenzó a acariciarlo, acariciando también, de vez en cuando, su propio brazo.

Algunos niños parecen nacer con más empatía que otros. Los psicólogos M. Radke-Yarrow y A. Zahn-Waxler señalan en un estudio sobre niños de uno a dos años, que algunos respondieron a la congoja de otros niños con una expresión de sentimientos empáticos e intentos directos por ayudar, mientras que otros se limitaron a observar y expresar más interés que preocupación. Un tercer grupo mostró una reacción negativa ante el dolor de otros niños, algunos se retiraron de los que estaban llorando y otros incluso regañaron o golpearon al niño que se lamentaba.

A medida que sus capacidades perceptivas y cognoscitivas maduran, los niños aprenden cada vez más a reconocer los diferentes signos de la congoja emocional del otro, y son capaces de combinar su preocupación con conductas adecuadas.

A los seis años comienza la etapa de la empatía cognoscitiva: la capacidad de ver cosas desde la perspectiva de otra persona y actuar en consecuencia. Las capacidades relacionadas con la adopción de una perspectiva le permiten a un niño saber cuándo acercarse a un amigo desdichado y cuándo dejarlo tranquilo. La empatía cognoscitiva no requiere de comunicación emocional (tal como el llanto), porque un niño ya ha desarrollado entonces un punto de referencia o modelo interno respecto de cómo puede sentirse una persona en una situación de congoja, ya sea que lo demuestre o no.

Por ejemplo, Kevin, de ocho años, decidió quedarse afuera del mercado de la esquina mientras su madre hacía compras para la cena. Vio a una mujer, aproximadamente de la edad de su abuela, cargada de bolsas de compras que se dirigía hacia la puerta. En forma instintiva, él la abrió.

—Gracias, jovencito, ¡qué dulce! —respondió la anciana a su gesto considerado.

Momentos después, una joven madre se acercó a la puerta, llevando una bolsa de compras y cargando un bebé arropado en los brazos. Kevin volvió a abrir rápidamente la puerta y recibió el debido agradecimiento.

Luego se acercó un hombre con un gorro de pintor sosteniendo una taza de café, otra mujer mayor, y dos adolescentes charlando. Kevin le abrió la puerta a cada una de las personas, y recibió el agradecimiento de cada una de ellas. Kevin estaba en condiciones de imaginar la forma de sentir de estos individuos, aun cuando no dijeran nada, y actuó en forma correspondiente. Estaba usando sus capacidades de empatía cognoscitiva.

Hacia el final de la niñez, entre los diez y los doce años, los niños expanden su empatía más allá de aquellos a los que conocen u observan directamente, para incluir a grupos de gente que no conocieron nunca. En esta etapa, denominada empatía abstracta, los niños expresan su preocupación por gente que tiene menos ventajas que ellos, ya sea que vivan en otra manzana o en otro país. Cuando los niños hacen algo acerca de estas diferencias percibidas a través de actos caritativos y altruistas, podemos suponer que han adquirido en forma completa la capacidad de empatía del CE.

¿COMO CONTRIBUIR A QUE SU HIJO MUESTRE MAYOR EMPATIA HACIA LOS DEMAS?

Tal como lo hemos visto, la empatía —la base de todas las capacidades sociales— surge naturalmente en la gran mayoría de los niños. Puede resultarle sorprendente que la mayoría de los estudios no muestren dife-

La amabilidad y la consideración son parte del código genético de su hijo, pero si estos rasgos no son alimentados, desaparecerán.

rencias significativas en las conductas empáticas de niños y niñas. En general, los varones son tan serviciales como las niñas pero tienden a llevar a cabo actividades físicamente serviciales o de "rescate" (como ayudar a otro niño a aprender a andar en bicicleta), mientras que las niñas son aptas para ser más solidarias desde el punto de vista psicológico (como consolar a otro niño que está perturbado). Ni la clase social ni el tamaño de la familia parecen estar relacionados con los comportamiento empáticos, aunque los hermanos mayores parecen ser en general más serviciales que sus contrapartes más jóvenes. Tiende a producirse una conducta más servicial entre hermanos cuando existen más diferencias de edades.

Dada esta situación y el impulso natural de nuestros niños a mostrarse serviciales y considerados, podríamos esperar encontrar una conducta empática mucho más frecuente y coherente de lo que en realidad ocurre. En la mayoría de los casos en que los niños se muestran poco amables, desconsiderados e incluso crueles, podemos encontrar en el hogar una explicación para esta conducta "poco natural". Si usted quiere criar a un hijo que se preocupe por los demás y cuyas conductas sean coherentes con estos sentimientos, esto es lo que puede hacer.

"LEVANTE LA MEDIDA" DE SUS EXPECTATIVAS RESPECTO DE UNA CONDUCTA CONSIDERADA Y RESPONSABLE EN SUS HIJOS

En algunas familias, la religión desempeña un papel importante en el desarrollo moral de los niños. Aunque la mayoría de las religiones requieren que los niños memoricen una lista de normas morales, como los Diez Mandamientos, esta simple memorización y recitado no parece producir mayores efectos en su conducta. Lo que resulta efectivo como influencia en los niños es la forma en que los padres ponen en práctica el sistema de valores de su religión en sus vidas cotidianas. Algunas comunidades religiosas enseñan a los niños a preocuparse por los demás en forma particularmente efectiva.

Por ejemplo, en su libro *Raising Your Child to Be a Mensch* (Educar a su hijo para que sea un *mensch*), el rabino Neil Kurshan define el énfasis judío en la preocupación por los demás. Escribe al respecto: "(La palabra) *menschlichkeit* (significa) responsabilidad fusionada con compasión, la sensación de que nuestras propias necesidades y deseos personales están limitados por las necesidades y los deseos de los demás. Un *mensch* actúa con moderación y humildad, mostrando siempre sensibilidad hacia los sentimientos y pensamientos de los demás. En tanto que *menschen* sentimos una pasión genuina por aliviar el dolor y el sufrimiento de quienes nos rodean".

El rabino Kurshan se lamenta de que la palabra "mensch" haya prácticamente desaparecido de la cultura judeo-norteamericana. Describe un incidente en el que le solicitó a una clase de adolescentes que definieran el término, recibiendo como única respuesta una serie de miradas intrigadas de confusión. Luego un muchacho, levantando su mano vigorosamente explicó que se trata de una "mujer bonita a la que le gusta coquetear con los hombres".

—No —explicó el rabino confusamente— no es eso. Luego ofreció una explicación adecuada. Sólo más tarde se le ocurrió que ese muchacho le había dado en realidad una definición de la palabra "wench" (antigua palabra inglesa para prostituta).

Kurshan atribuye la desaparición de la *menschlichkeit* de todos los niveles de la sociedad a la disminución de las expectativas de los padres, incluso hasta el extremo de que estos temen en realidad la desaprobación y el rechazo de sus hijos. Explica: "a lo largo de los años he conocido parejas que suelen ocultar cinco o diez dólares en sus cómodas para que sus hijos los encuentren porque temen que, de lo contrario, les roben mucho más de sus billeteras. Conozco a algunos padres que no establecen ningún tipo de horario límite por temor a que sus hijos los ignoren, y padres que se muerden la lengua cuando sus hijos los llaman 'imbéciles' o 'idiotas'".

Si usted quiere que sus hijos se tornen más empáticos, atentos y responsables, entonces debe *esperarlo* de ellos. Debe establecer normas familiares claras y coherentes y no renunciar a ellas. Debe *requerirles* que sean responsables. Ya desde los tres años, debería esperarse que los niños se limpien a sí mismos e inclusive ayuden en tareas simples, como poner la mesa. Las tareas domésticas y otras responsabilidades deberían aumentar con la edad, y no deberían estar atadas a recompensas, ni siquiera a un estipendio. Debería esperarse que los niños ayuden en la casa porque ayudar a los demás es lo correcto. Recibir una mensualidad y aprender a manejar dinero es un asunto totalmente distinto.

Si usted quiere que su hijo sea atento, considerado y responsable, debe hacer algo simple: levante la medida de sus expectativas. Ser un padre permisivo es fácil. Es fácil hacer la cama de su hijo o sus deberes escolares. Pero para criar niños más responsables, los padres deben tornarse ellos mismos más responsables y pueden comenzar a hacerlo dejando de lado la idea de que malcriar a sus hijos no los perjudicará. Sí lo hará.

ENSÉÑELES A SUS HIJOS A PRACTICAR "ACTOS ALEATORIOS DE BONDAD"

El estadista romano Cicerón escribió una vez: "En nada se acercan más los hombres a los dioses que al hacer el bien para sus semejantes".

Una de las formas más simples y efectivas para enseñarles a los niños la empatía es la práctica de "actos aleatorios de bondad". Este movimiento nacional fue iniciado por el libro *Random Acts of Kindness* (Actos fortuitos de bondad) que contiene anécdotas sobre la forma en que actos simples de consideración y solicitud afectan la vida de las personas. Un estudiante universitario recibió tarjetas postales anónimas y misteriosas por parte de la madre de un amigo que tornó sus primeros meses fuera de casa más llevaderos. Una mujer dejó una lámpara rota en el ómnibus, y el conductor se apartó de su camino y se la devolvió reparada. Una viuda reciente salió de su coche y sollozó al costado de la ruta, porque el viaje de Navidad con sus hijos adolescentes era una gran decepción. Un extraño detuvo su automóvil, sostuvo y consoló a la mujer e invitó a su familia a beber un té y a recorrer la ciudad para ver las luces navideñas.

Lo que les resultó curioso a los editores de *Random Acts of Kindness* de Conari Press, que seguían recibiendo innumerables historias de bondad, era hasta qué punto los actos buenos más simples podían modificar la vida de la gente. Escriben lo siguiente en el prefacio al segundo volumen de cartas: "Desde la posición ventajosa de haber leído tantas historias de personas diferentes... la bondad emerge como una de las herramientas más poderosas a nuestra disposición a medida que avanzamos en nuestras vidas. Su poder no sólo resulta fácilmente accesible para cualquiera que se preocupe por usarla, sino que no puede disminuir nunca; por el contrario, se expande con cada acción".

Hoy es un día tan bueno como cualquier otro para convertir a la bondad en un proyecto familiar. Compre un diario "en blanco" en la librería y registre cada día un acto de bondad para cada persona de la familia. Un acto de bondad puede ser algo tan simple como sostenerle la puerta a alguien o llamar por teléfono a un amigo enfermo. A medida que la bondad se vuelve un hábito, usted se dará cuenta de que los niños no quedarán nunca conformes. Se esmerarán más de lo habitual para llevar a cabo actos altruistas.

COMPROMETA A SU HIJO CON EL SERVICIO COMUNITARIO

Muchas escuelas en todo el país están comenzando a requerir el servicio comunitario como una condición para la graduación del colegio secundario. Según un estudio de 1994 efectuado por el Educational Research Service, más del 30 por ciento de las escuelas públicas y privadas estadounidenses disponen actualmente —o planean hacerlo en un futuro cercano— la realización de un servicio comunitario como requisito para la graduación. Dicho requisito varía de 40 horas en Laguna Beach, California, a 240 horas en St. Louis, Missouri. Pero el hecho de que las escuelas deben ordenar un servicio comunitario a fin de cumplir su obligación de graduar a ciudadanos responsables es un triste indicador del fracaso familiar. Aunque algunos grupos religiosos practican el servicio comunitario como parte de su compromiso religioso, la gran mayoría de los niños no experimentan la pertenencia y el significado que surgen cuando la gente está regularmente comprometida con esfuerzos organizados para ayudar a los menos aventajados. Aunque muchos padres transmiten este valor a sus hijos, sólo los actos producen un impacto real.

Comprometerse usted y su familia a ayudar regularmente a los demás en proyectos organizados no sólo les enseñará a sus hijos a preocuparse más por los demás sino que les enseñará también aptitudes sociales, la importancia de la cooperación, y el valor de la perseverancia para el logro de los objetivos. Son todas capacidades que contribuyen a un CE elevado.

Si usted no es miembro de un grupo religioso o de servicio a la comunidad donde los niños participan por lo menos dos veces por semana, existen varios buenos recursos para impulsarlo a comenzar. Estos incluyen las obras *The Kids' Guide to Social Responsibility* (La guía para niños hacia la responsabilidad social) y *The Helping Hands Handbook* (El manual de las manos que ayudan). En estas obras y en libros similares se sugieren actividades como las siguientes:

- Trabajar en un comedor de beneficencia.
- Formar parte de una organización para salvar las especies en extinción.
- Trabajar arduamente en proyectos de limpieza del vecindario.
- Leerles a los ancianos en un geriátrico.
- Ser el tutor de niños pequeños.
- Fabricar muñecas para los niños enfermos.

Si usted se pone en contacto con su periódico local, puede enterarse de decenas de proyectos valiosos que se están llevando a cabo en su comunidad. Seguramente habrá uno que resultará atractivo a usted y a su hijo. Los factores claves para recordar cuando uno hace que el servicio comunitario forme parte de la vida de sus hijos son:

- Elegir algo significativo para usted y sus hijos.
- Lograr que su compromiso sea una prioridad en su vida. No permitir que el interés decaiga.
- Participar en el proyecto con sus hijos en la mayor medida posible.

CAPACIDADES DEL CE PARA RECORDAR

- Al enseñarles a los niños a preocuparse por los demás, no hay nada que reemplace la experiencia; hablar no es suficiente. Tal como lo veremos a lo largo de este libro, algunas capacidades del CE, particularmente aquellas que están ligadas a las relaciones de su hijo con los demás, sólo pueden enseñarse en forma efectiva al cerebro emocional.

- Aunque el lenguaje y la lógica del cerebro pensante son importantes cuando le enseña valores a su hijo, no modelarán su conducta como los sentimientos de orgullo y pertenencia que acompañan los actos de atención y ayuda a los demás.

4

Sinceridad e integridad

Tal como lo saben todos los padres, los niños dicen mentiras casi desde que comienzan a hablar, incluso antes.

Lara, de dos años y medio, por ejemplo, derramó su bol de cereales cuando su madre dejó la habitación para responder el teléfono. Cuando la madre regresó, preguntó molesta.

—¡Lara! ¿Tú derramaste los cereales?

A pesar de que no había otras personas en la habitación, Lara meneó vigorosamente la cabeza y respondió:

—No.

Cuando los niños pequeños mienten suele ser tan obvio que a los padres les resulta difícil no reír. Cuando el padre de Mark observó que un conejo de Pascuas se quedó repentinamente sin cabeza trató de que su hijo de tres años le explicara este misterio. Aunque el rostro y las manos de Mark estaban cubiertos de chocolate —a la siete de la mañana— le dijo a su padre que no tenía la menor idea de quién se había comido la golosina.

Lara y Mark sabían que lo que habían hecho estaba mal y que sus padres se enojarían, pero no comprendían totalmente que mentir también era algo malo. A los dos y tres años, los niños no tienen el desarrollo cognoscitivo ni lingüístico para percibir que existe un vínculo directo entre lo que dicen y lo que hacen. Para los niños pequeños, las conductas son mucho más importantes que las palabras, que muchas veces tienen significados imprecisos y múltiples.

Pero a los cuatro años, los niños comienzan a comprender que mentir con la intención de engañar es malo. En realidad, la mayoría de los niños de esa edad o un poco más grandes se vuelven fanáticos respecto de la verdad, reaccionando con indignación moral si perciben que sus padres, hermanos, hermanas o amigos los han engañado de alguna manera. Las intenciones de una persona no son tan importantes como la verdad o falsedad de una declaración particular, como en el caso de Michael y su padre Jeff.

Jeff: ¡Oh! Parece que está lloviendo. Me temo que no podremos ir al partido.
Michael: (de 5 años) ¡Dijiste que iríamos hoy!
Jeff: Sí, lo sé, pero está lloviendo, y el partido será suspendido.
Michael: (con los ojos llenos de lágrimas) ¡Pero dijiste que iríamos! ¡Lo dijiste! ¡Si no vamos, eso es mentir!
Jeff: No, no es mentir. No puedo hacer nada si no hay partido. Quiero ir, pero no hay partido adonde ir.
Michael: (comenzando ahora a llorar) Pero eso es mentir. Dijiste que iríamos, y ahora estás mintiendo porque no iremos.

La mayoría de las capacidades del CE de sus hijos mejoran a medida que crecen, pero no ocurre lo mismo con la veracidad. En un estudio sobre la forma en que cambian las percepciones de los niños respecto de la mentira con la edad, el 92 por ciento de los niños de cinco años dijeron que mentir era siempre malo, y el 75 por ciento dijeron que nunca habían mentido. Pero a los once años, sólo el 28 por ciento dijo que mentir era siempre algo malo, y ninguno de ellos afirmó que nunca había dicho una mentira. A medida que los niños crecen, comienzan a diferenciar y clasificar los tipos de mentiras que dice la gente, considerando algunas peores que otras. Una mentira que se dice simplemente para evitar un castigo, es el peor tipo ("Perdí mi reloj, por eso no pude evitar llegar tarde al colegio"), mientras que una mentira dicha para no herir los sentimientos de otro no es tan mala ("Realmente me gustan tus nuevos anteojos. Te hacen parecer más inteligente"). Una mentira altruista, dicha para ayudar a otro, es casi siempre considerada como perdonable e incluso honorable ("Es mi culpa que Tommy se haya ensuciado. Le dije que caminara por el barro porque era un atajo").

Según Paul Ekman, autor del libro *Why Children Lie* (Por qué mienten los niños), existe una variedad de razones por las que los niños no dicen la verdad, algunas comprensibles y otras no. Los niños más pequeños mienten con mayor frecuencia para evitar el castigo, para obtener algo que quieren, o recibir la admiración de un par. Los adolescentes suelen mentir para proteger su intimidad ("Simplemente salí, no vi a nadie"), para poner a prueba la autoridad ("No tendremos un examen final de historia este semestre. ¡Puedes llamar al Sr. Nathanson si quieres!"), o para evitar una situación incómoda ("Cancelaron el baile de Halloween, ¡así que de todos modos no tuve que arreglar ninguna cita!").

Pero aunque mentir resulta algo comprensible desde el punto de vista del desarrollo, puede ser un problema cuando los niños mienten en forma habitual o mienten sobre cosas que son importantes para su bienestar. Tal como señala Ekman: "Mentir sobre cuestiones serias no es un problema sólo porque dificulta la tarea de los padres. Mentir erosiona la cercanía y la intimidad. Mentir engendra la desconfianza, traiciona la confianza. Mentir implica una desatención hacia la persona engañada. Puede volverse casi imposible vivir con alguien que miente a menudo".

Los estudios sobre los niños que son mentirosos crónicos muestran que participan también con frecuencia en otras formas de conducta antisocial, incluyendo hacer trampas, robar y agredir. Esto se debe en parte al hecho de que los niños que suelen mentir se hacen amigos de otros niños que no son sinceros, y desarrollan un grupo de pares que cree que es aceptable mentirles a los que no pertenecen a dicho grupo. Ekman señala también que los niños que mienten frecuentemente se vuelven víctimas de un efecto "cuerno", el opuesto al familiar efecto "aureola". Cuando comenzamos a percibir que nuestros hijos mienten, suponemos inconscientemente que esta conducta es caracterológica, y comenzamos a esperar otras formas de conductas antisociales. En muchos casos, esto se convierte en una profecía que se cumple por sí misma, y nuestros hijos viven de acuerdo con nuestras peores expectativas.

Cabe señalar también que los hijos de padres divorciados son más susceptibles de mostrar problemas relacionados con la sinceridad y la veracidad. Cuando los padres se separan, los hijos pueden mentir a sus amigos acerca de la separación, como una forma de negar lo que ha ocurrido, para evitar sentirse incómodos, o para alimentar sus propias fantasías en el sentido de que sus padres volverán a estar juntos nuevamente. Pueden mentir cuando un padre los confronta para proteger al otro, en particular cuando uno de ellos comienza a tener una nueva pareja, o pueden mentirle al padre más estricto acerca de las reglas más flexibles autorizadas en el hogar más permisivo, en un intento por preservar lo que consideran privilegios adicionales.

Cuanto más desagradable haya sido el divorcio, cuanto más aspereza exista entre los padres, tanto más desarrollarán los niños el hábito de la mentira defensiva. Esto puede contribuir a que los hijos de padres divorciados tengan problemas con mayor frecuencia en sus relaciones adultas. Si usted se ha divorciado recientemente, debería tener particular cuidado con la forma en que sus acciones y elecciones pueden llegar a afectar el desarrollo moral de sus hijos.

QUE PUEDE HACER PARA ENSEÑARLE A LOS NIÑOS LA IMPORTANCIA DE LA SINCERIDAD

Las investigaciones muestran que es más probable que los niños que mienten provengan de hogares en los que los padres mienten con frecuen-

Los padres pueden ayudar a sus hijos a enfrentar las consecuencias de sus acciones siendo directos y claros acerca de sus expectativas.

cia. Además, los niños que provienen de hogares con muy poca supervisión o donde existe un rechazo de los padres, se muestran deshonestos con mayor frecuencia.

Aunque pocos padres dirían que no mienten nunca, usted debería estar atento a los efectos directos e indirectos que la mentira provoca en sus hijos. Esto no significa que debería decirles todo —hay muchas cosas que no necesitan saber— pero no hay necesidad de inventar nada. Si algo es privado o está más allá de la comprensión de sus hijos, dígales simplemente eso.

Convierta la importancia de la sinceridad en un tema de conversación siempre presente en su hogar. Para poder lograr que esto forme parte de la educación moral de su hijo, lea cuentos que ponen el acento en la sinceridad, como por ejemplo la obra de William Bennet, *The Book of Virtues* (El libro de las virtudes), o los libros recomendados en el *Best of the Best for Children* (Lo mejor de lo mejor para niños) de la American Library Association. Para una lista inmediata relacionada con la programación televisiva radial orientada a los valores, y con audio y videocasetes, puede recurrirse a la KIDSNET, un centro distribuidor sin fines de lucro en favor del entretenimiento educativo. Sus recomendaciones están disponibles *on-line* a través de CompuServe.

COMO CREAR CONFIANZA

Aunque la confianza recién se vuelve un tema candente con los preadolescentes, nunca es demasiado pronto para comenzar a hablar de ella. Los juegos de confianza eran populares en el movimiento de la psicología humanista de los años setenta, y siguen formando parte de ejercicios relacionados con los grupos de formación de equipos, de terapia y autoayuda. Algunas actividades de edificación de la confianza, que también resultan divertidas, incluyen las siguientes:

Guiar al ciego (desde los siete años): en este ejercicio clásico de creación de confianza —utilizado durante años para construir la interdependencia grupal en el marco de los grupos bajo asesoramiento, los equipos deportivos y la capacitación en gestión empresaria— uno venda los ojos de su hijo y lo guía alrededor de la habitación. A medida que avanzan, evitando obstáculos que los niños dan normalmente por sentado, su niño dependerá cada vez más de su guía física. Al principio, su hijo puede resistir el sentimiento de desamparo y dependencia, pero gradualmente comenzará a aceptarlo y a disfrutarlo. La verdadera diversión comienza cuando uno invierte los papeles, y su niño o adolescente comienza a guiarlo alrededor de la habitación sin que usted pueda ver adonde va. Como cualquier actividad orientada a la adquisición de una capacidad, es importante debatir las capacidades de confianza e interdependencia antes y después de la actividad real.

La caída hacia atrás (desde los cinco años): colóquese de pie detrás de su niño y dígale que se deje caer hacia atrás. Tómelo por debajo de las axilas. Luego invierta los papeles. Su niño puede ser demasiado pequeño para tomarlo en su caída hacia atrás, pero a menos que exista una diferencia de tamaño extrema, usted puede demostrarlo con su cónyuge frente a sus hijos. Los niños disfrutan y aprenden viendo a sus padres confiar el uno en el otro.

El juego del "secreto" (desde los siete años): este juego es una forma agradable y emocionalmente estimulante de crear confianza y alentar la apertura. Comience por pedirle a cada miembro de la familia que escriba un secreto sobre un hoja de papel. Luego cada persona deberá doblar el papel, escribir su nombre en la parte exterior y colocarlo en un bol. Cada jugador toma un secreto con el nombre de otra persona.

Mientras los jugadores mantienen en su poder el secreto

cerrado de otro, circule por la habitación y pida que cada jugador cuente una ocasión en que le confiaron a alguien algo importante. Luego dé otra vuelta, y cada jugador debe contar una ocasión en la que alguien haya traicionado su confianza. Los jugadores obtienen un punto cuando responden a cada uno de esos pedidos, pero si quieren, tienen la opción de "pasar".

Para la tercera vuelta, cada jugador le pregunta a su vez a la persona que escribió el secreto que él sostiene en la mano si debe ser leído. Si la persona que escribió el secreto responde que "no", entonces le es devuelto sin abrir. Si la persona responde que "sí", entonces es leído, y la persona que escribió el secreto obtiene un punto por hablar de él.

RESPETE LA INTIMIDAD DE SU HIJO

Mary Ann Mason Ekman sugiere que así como los padres deben enseñarles a sus hijos a respetar su intimidad, también deben respetar la intimidad de sus hijos y ciertamente la de sus hijos adolescentes. En un capítulo titulado *How Can parents Cope with Kids' Lies?* (¿Cómo pueden los padres enfrentar las mentiras de los niños?) en el libro de su marido, escribe: "Una de las mayores tensiones entre padres e hijos es la necesidad creciente del niño de volverse independiente y, por lo tanto, más reservado, y la necesidad igualmente fuerte pero opuesta de proteger, controlar y guiar". Aconseja a los padres que escriban una lista con las cosas que realmente "necesitan saber" y las que resulta adecuado que "no sepan", una lista que naturalmente cambia a medida que el niño crece.

Usted podría preparar una lista —como la del cuadro más abajo— para su hijo de ocho o nueve años, antes de que la intimidad se vuelva parte de una lucha de poder. Podría usarla como una forma de introducir el tema del derecho a la intimidad de su hijo frente a su responsabilidad de proteger y guiar. Revísela anualmente, al comienzo del año, o cerca del cumpleaños de su hijo. Cuanta más confianza y apertura exista, tanto menos sentirán los niños la necesidad de engañar.

PUNTOS DEL CE PARA RECORDAR

Las siguientes son algunas cosas que uno debe recordar al tratar de educar a un niño responsable que se preocupa por los demás y enfrenta los desafíos de la vida con sinceridad e integridad.

- Enséñele el valor de la sinceridad a los niños cuando son pequeños y sea coherente con su mensaje a medida que crezcan. La comprensión de la sinceridad por parte de los niños se modifica, pero la suya debería mantenerse inalterable.
- Podría convertir la sinceridad y la ética en un tema de conversación desde muy temprano eligiendo libros y vídeos para compartir con su hijo, jugando juegos de creación de confianza, y comprendiendo las necesidades cambiantes de intimidad de su hijo.

El cuadro de la intimidad de los niños			
Fecha	Edad	Lo que los padres necesitan saber	Cosas íntimas

5

LAS EMOCIONES
MORALES NEGATIVAS:
LA VERGÜENZA Y LA CULPA

Cuando Ambrose Robinson descubrió que su hijo de diez años se había llevado una golosina de un quiosco, se la hizo devolver y lo obligó a disculparse con el empleado y los clientes. Después de haber aceptado la disculpa, el empleado trató de darle nuevamente la golosina a David, pero su padre no lo permitió.

—No puede tenerla —le dijo al empleado—. No es su golosina.

Ambrose se llevó entonces a David y a su hermano a la casa y les dio una paliza a ambos; a David por la fechoría y a su hermano por haber sido cómplice de ella.

Veinte años más tarde, David Robinson —el jugador más valioso de la NBA de 1995, un pianista clásico, un fenómeno de la computación, y un activista comunitario— recordó: "Nunca olvidaré la sensación que tuve, de pie detrás del mostrador después de haber sido desenmascarado como un ladrón. Me dejó una impresión imborrable. Esa era la forma que tenía mi padre de mostrarme qué tipo de persona debía evitar ser. Después de eso, robar dejó de ser una opción para mí".

Esta anécdota fue relatada por David Robinson en una introducción al libro de su padre, *How to Raise an MVP (Most Valuable Person)*(Cómo educar a una persona muy valiosa). David Robinson comparte con sus padres la creencia de que a los niños se les enseña con mayor efectividad la diferencia entre lo correcto y lo incorrecto en el seno de familias cuyos padres son estrictos y no permisivos. Hace sólo una generación, la mayoría de los padres podrían haber reaccionado en forma muy similar al Sr. Robinson si descubrían que su hijo había robado algo de poco valor, pero en los últimos veinte años, ha surgido un movimiento firme que evita el castigo para todo excepto para la mala conducta más extraordinaria. Tal como lo señala el profesor William Damon de la Universidad de Brown en su libro *Greater Expectations: Overcoming the Culture of Indulgence in Our Homes and Schools*: "Estamos viviendo en una época en la que la ética 'centrada en el niño' se ha convertido en una justificación para todo tipo de práctica excesivamente indulgente en el marco de la educación para los niños. (Esta filosofía) ha multiplicado una gran cantidad de doctrinas permisivas que han disuadido a los padres de poner en práctica una disciplina coherente en el hogar... La premisa alguna vez valiosa del enfoque centrado en el niño ha sido usada (o mal usada) para alentar el egoísmo en los niños y adolescentes de hoy".

Tal como lo veremos en este capítulo, nuestra interpretación de la inteligencia emocional apoya el punto de vista de Damon que señala que nuestra cultura ha ido demasiado lejos en tratar de proteger a los niños de cosas de las que no necesitan ser protegidos. Para decirlo en otras palabras, mostrar demasiada comprensión y simpatía hacia algunos niños puede resultar tan perjudicial como mostrar lo contrario.

Algunas personas señalan que la indulgencia excesiva hacia la actual generación de niños norteamericanos de clase media se origina en la publicación del libro de Benjamin Spock, *Baby and Child Care* (El cuidado de bebés y niños), en 1945. Spock basaba su posición en las teorías psicoanalíticas de Sigmund Freud, entonces populares, y otros pensadores progresistas de la época como John Dewey y William Kilpatrick, todos los cuales reaccionaban contra las prácticas de crianza restrictivas, reprimidas y rígidas de la era victoriana. En opinión de estos autores, podía encontrarse una explicación para muchos si no todos los problemas neuróticos en los padres que contenían su amor y afecto y/o suprimían los impulsos sexuales y agresivos "normales" de los niños.

A juzgar por la popularidad del libro de Spock, del que se vendieron más de 24 millones de ejemplares durante las tres décadas en que los niños de dicha generación crecieron, resulta claro que se trataba de un mensaje que los padres que se estaban recuperando de los años de la guerra querían escuchar. Antes de la publicación del libro de Spock, seguía existiendo una creencia difundida de que el control rígido de los niños era algo bueno. El

Children's Bureau, un organismo federal que aconsejaba a las madres sobre la crianza de niños, sostenía que los bebés debían ser alimentados, bañados y acostados obedeciendo a un horario preciso, minuto a minuto, prescindiendo de su edad o sus necesidades individuales.

Cuando los bebés de Spock crecieron y se convirtieron en adultos jóvenes y rebeldes durante los años sesenta y setenta, el cambio hacia un estilo de vida más permisivo sirvió para reforzar los beneficios de ser padres más permisivos. El movimiento del potencial humano, liderado por idealistas tales como Carl Rogers y Virginia Axline, sostenía que cada individuo tenía el derecho y el poder de realizarse a sí mismo a su manera. Sobre la base del respeto y la fe en la capacidad del individuo, se creía que la bondad inherente en los niños se revelaría de manera invariable una vez eliminados los obstáculos y las expectativas restringidas para que los niños pudieran expresar sus sentimientos y necesidades.

En retrospectiva, esta creencia en la bondad inherente del individuo parece ingenua y, sin embargo, se sigue criando a los niños de hoy en base a lo que sabemos son principios erróneos, tal como lo ejemplifican muchos defensores del movimiento de la autoestima. Martin Seligman, un eminente psicólogo que se ha dedicado durante décadas al estudio de los efectos destructores de la depresión, critica a aquellos que creen que aumentar la autoestima de un niño puede curar males sociales tan epidémicos como el embarazo de adolescentes, el uso de drogas y las luchas entre pandillas. Como un ejemplo de este optimismo excesivo y erróneo, alude a la creación por parte de la legislatura de California de una fuerza de tareas de autoestima a fin de promocionar la autoestima en todo el sistema escolar del estado y la petición de la actriz Shirley MacLaine al presidente de los Estados Unidos para que se establezca un departamento de autoestima a nivel del gabinete.

Pero en base a lo que sabemos ahora acerca de la inteligencia emocional, el error más significativo cometido por los defensores de la educación permisiva ha sido el hecho de haber convertido en forma inadvertida a las "buenas emociones" en los héroes de nuestra psiquis y las "malas emociones" en los villanos. Desde una perspectiva evolutiva, cada emoción humana se ha desarrollado para un propósito, y eliminar las emociones negativas de nuestra comprensión del desarrollo del niño equivale a eliminar uno de colores primarios de la paleta de un pintor; no sólo se ha perdido ese color individual, sino también millones de matices de colores complementarios. Además, como lo veremos más adelante, las emociones negativas como la vergüenza y la culpa son indudablemente más poderosas que las positivas en términos de aprendizaje emocional y cambio de conducta.

EL VALOR DE LA VERGÜENZA

Aunque los norteamericanos no se sienten cómodos con las emociones de vergüenza y culpa y los profesionales de la salud mental las han considerado como impedimentos para la salud mental, no podemos negar su efectividad para guiar a los niños hacia conductas prosociales. Se define la vergüenza como una forma de incomodidad extrema que surge cuando los niños sienten que no han actuado de acuerdo con las expectativas de otras personas. La culpa aparece cuando los niños no logran cumplir con sus pautas internalizadas de comportamiento.

La vergüenza produce una impresión imborrable en los niños, mucho más pronunciada que los incidentes que se relacionan con sentimientos positivos. Según las teorías de neuroanatomía, las emociones extremas causadas por la vergüenza ponen trabas a las formas normales en que el cerebro registra la información y almacena los recuerdos. Las emociones extremas parecen evitar la porción pensante del cerebro, la corteza, y electrificar el centro de control emocional del cerebro, la amígdala, que es sede del aprendizaje y la memoria emocional. Así, cualquier experiencia en la que interviene la emoción extrema produce un efecto inmediato más significativo sobre la conducta de sus hijos y un efecto a más largo plazo en el desarrollo de su personalidad.

Si usted no está convencido del poder de las emociones negativas como la vergüenza y la culpa, pruebe el simple experimento siguiente. Tome su reloj y fíjese en cuánto tiempo recuerda tres incidentes de su niñez en los que se sintió incómodo hasta el punto de sentir vergüenza. ¿Tuvo usted un "accidente" frente a sus compañeros de clase o amigos? ¿Sus padres hicieron o dijeron algo para avergonzarlo? ¿Otros niños se burlaron de su apariencia? Clasifique cada incidente con una escala del uno al diez, siendo el diez muy poderoso y el uno muy débil. Ahora recuerde tres incidentes positivos en los que se haya sentido orgulloso de algo que hizo para ayudar a alguien. Una vez más clasifique cada incidente con una escala del uno al diez. Si usted es como la mayoría de la gente, le llevó entre tres y cinco veces más tiempo recordar experiencias emocionales positivas y calificó su poder en menos de un tercio de la emoción negativa.

En muchas culturas, la vergüenza constituye una forma adecuada de castigar la conducta antisocial. Aunque solemos despreciar a las sociedades que practican la vergüenza pública, debemos reconocer también que dichas culturas tienden a tener un porcentaje muy inferior de delitos y de inquietud social. Sin duda, parte de nuestra sensación de incomodidad para usar la vergüenza en las técnicas de educación de nuestros hijos es nuestra escasa familiaridad con ella. En países como Japón, la vergüenza y el deshonor están integrados en la moralidad y los valores tradicionales del país. Las confesiones, incluso las que son humillantes, son consideradas como el camino más directo al arrepentimiento.

Hacer que su hijo se sienta avergonzado de su conducta antisocial es una forma legítima de cambiar dicho comportamiento. Las emociones morales "negativas" de vergüenza y culpa pueden utilizarse de manera constructiva para modelar la conducta moral de su hijo.

Dado el aumento en los delitos carentes de sentido y despiadados en los Estados Unidos, particularmente entre los adolescentes, algunos miembros de nuestro sistema judicial están comenzando a reconsiderar la utilización de la vergüenza tanto como un instrumento de castigo como de disuasión para los delitos sin víctimas. Por ejemplo, el juez de distrito Ted Poe de Houston, célebre por sus sentencias inusuales, dictaminó que un adolescente que había cometido actos de vandalismo en trece escuelas, regresara a cada una de ellas para disculparse frente a una asamblea del cuerpo de estudiantes, respondiendo preguntas sobre el porqué de sus actos. En otras jurisdicciones del país, a los hombres que fueron condenados por frecuentar a prostitutas se les ordenó que barrieran literalmente el área del delito donde fueron descubiertos; afiches con el nombre y la foto de los hombres condenados por no pagar el sustento de sus hijos fueron fijados sobre las paredes de las oficinas de correos locales e inclusive exhibidos en Internet; y aquellos condenados por abusar de sus cónyuges fueron obligados a disculparse ante sus esposas en el tribunal, y frente a grupos de mujeres.

LA UTILIZACION DE LA VERGÜENZA

¿Debería el hecho de avergonzar a nuestro hijo formar parte de nuestras prácticas normales de educación? ¿Pueden las emociones morales negativas ser reintroducidas en nuestra cultura para enfrentar nuestra crisis moral? La respuesta a estas dos preguntas sería "sí" en dos casos:

1. La vergüenza debería ser invocada cuando un niño no ha mostrado reacción emocional alguna después de haber hecho algo de lo que debería avergonzarse.
2. Debería considerarse la vergüenza como una estrategia legítima para el cambio de conducta cuando formas menos drásticas de disciplina han fracasado.

William Damon, en su libro *The Moral Child* (El niño moral), ofrece un ejemplo sobre la forma en que podría usarse la vergüenza con los niños que parecen no haber adquirido una empatía emocional. Damon describe un programa concebido para mejorar la motivación empática en los delincuentes que mostraron poco o ningún remordimiento por sus delitos, aun cuando sus víctimas fueron físicamente lastimadas. En el marco de un pequeño grupo, se solicita que cada delincuente someta a debate su conducta antisocial y enfrente una respuesta de desaprobación por parte de sus pares y los terapeutas que dirigen al grupo. Su intención es la de provocar vergüenza e inclusive repugnancia. Tal como lo señala Damon: "Estos métodos son efectivos porque dejan un legado emocional y cognoscitivo a sus participantes".

John Braithwaite, un profesor de ciencias sociales de la Universidad Nacional Australiana de Canberra, y partidario de utilizar la vergüenza como castigo para los actos antisociales, formula una advertencia importante respecto de la utilización de la vergüenza como castigo. Braithwaite explica que inspirar vergüenza sólo puede considerarse humano si expresa no sólo la desaprobación de la comunidad, sino también si incluye el perdón y la reaceptación. Utiliza la expresión "vergüenza reintegrativa" para poner el acento en que esta forma de castigo no debería ser ni una expresión de ira ni una forma de retribución, sino más bien un ritual que produzca el nivel adecuado de remordimiento en el que ha obrado mal y el perdón por parte de la comunidad o la familia.

LA UTILIZACION DE LA CULPA

Basada en pautas y expectativas internas más que en el hecho de ser "descubierta" por los demás, la culpa constituye realmente un motivador moral más poderoso y duradero que la vergüenza. Aunque los comediantes lamentan los efectos neuróticos de toda una vida producidos por la culpa, la mayoría de los psicólogos estarían de acuerdo en que la culpa tiene sus usos. Donald Miller y Guy Swanson, en sus estudios sobre las respuestas de los niños a las imágenes ilustradas, distinguen entre la culpa neurótica, donde uno se castiga a sí mismo por razones injustificadas e irracionales, y la culpa interpersonal, que surge del interés por la opinión del otro, y sirve para reducir la autocrítica y mejorar las relaciones personales de un niño.

Muchos estudios sugieren que la culpa interpersonal, lo que realmente podríamos denominar la "conciencia", es más efectiva para controlar las conductas de los niños que cualquier amenaza o temor externos. En realidad, cuando podemos estimular la culpa de nuestros hijos estos pueden tener una interpretación aun más estricta de las normas y las consecuencias de violarlas que nosotros.

Por ejemplo, cuando Bruce, de siete años, fue descubierto mientras se copiaba en una prueba de ortografía, sus padres le preguntaron cómo pensaba él que debía ser castigado. Llorando, Bruce sugirió que le tendrían que quitar sus videojuegos durante tres meses, que no se le debería permitir mirar televisión durante un mes y que debería hacer tareas domésticas adicionales hasta la finalización del año escolar. Era un castigo mucho más severo del que habían pensado sus padres, pero ante el consejo del asesor psicopedagógico escolar, lo aceptaron.

En la investigación de Donald Mcabe, un profesor de la Universidad de Rutgers, se sugiere que la culpa sigue siendo más efectiva que el temor al castigo para influir en el comportamiento moral ya pasada la niñez. En un estudio sobre la conducta de copiarse que fue llevado a cabo en establecimientos educativos privados, Mcabe informa que el 78 por ciento de los estudiantes admitieron haberse copiado por lo menos una vez. Pero en las escuelas con un código de honor donde los estudiantes firman un compromiso de no copiarse, llevan a cabo pruebas sin la presencia de prefectos, y participan en la decisión de cómo enfrentar la deshonestidad en la institución, este porcentaje estadístico disminuye al 57 por ciento.

COMO Y CUANDO UTILIZAR LAS EMOCIONES MORALES "NEGATIVAS" EN FORMA APROPIADA

Si aceptamos el hecho de que la vergüenza y la culpa son aspectos normales y poderosos de las vidas emocionales de nuestros hijos, la pregunta que se plantea entonces es cómo usarlas para fomentar el desarrollo moral de nuestros jóvenes sin causar un daño indebido. Las siguientes son algunas recomendaciones generales que muestran de qué manera usted puede utilizar la vergüenza y la culpa en forma constructiva para guiar a sus hijos hacia una edad adulta honesta, ética y solidaria.

1. Establezca normas coherentes y castigos compatibles cuando se violan las normas. Asegúrese de que sus castigos sean justos, inmediatos y efectivos.

2. Cuando los niños de más de diez años violan normas importantes y no parecen quedar disuadidos por sus castigos, solicite que hagan una lista con su propio castigo para cada norma. Luego pónganse de acuerdo sobre la intervención de un mediador neutro (como un amigo de la familia, una tía o un tío) para determinar qué castigos funcionarán mejor. Si él o ella está de acuerdo, usted podría incluso solicitarle al mediador que controle el castigo. En la mayoría de los casos, esto estimulará a sus hijos a albergar mayores expectativas para sí mismos y posiblemente puedan cumplirlas.

3. Reaccione más duramente cuando su hijo hace algo que perjudica a otro. Por ejemplo, si su hijo no entrega un informe a tiempo, perjudica su oportunidad de obtener una buena calificación, pero él es el único que sufre las consecuencias. Por otra parte, si llega dos horas más tarde de la hora establecida para regresar a su casa, esto le provoca a usted una aflicción extrema, y exige que se tomen medidas más extremas. Si las acciones irresponsables de su hijo perjudican a otra persona, no tema expresar sus propios sentimientos junto con la aplicación de un castigo apropiado. Si esto perturba a su hijo, no se apresure a consolarlo. Sentirse culpable le impedirá ser desconsiderado la próxima vez.

4. Subraye la importancia de las disculpas. Las disculpas por escrito deberían combinarse con otras orales. Si la disculpa de su hijo no es sincera, no renuncie con facilidad sino que siga incrementando los requisitos de una disculpa hasta que el niño responda emocionalmente.

El hijo de ocho años de mi cliente Arthur se mostraba grosero cada vez que Arthur le hacía algún pedido. Por ejemplo, cuando Arthur decía: "Es tiempo de lavarse y prepararse para la cena", Kevin respondía: "¿Por qué? Comeré cuando esté listo".

Le aconsejé a Arthur que le hiciera escribir a Kevin la oración, "Mostraré respeto hacia mi padre y mi madre", la próxima vez que se mostrara grosero. La segunda vez, Kevin tuvo que escribir la oración dos veces. Luego tres veces, y así sucesivamente. Mientras escribía esto, le indiqué a Arthur que se mantuviera de pie con decisión detrás del escritorio de Kevin y que se asegurara de que terminara cada tarea en forma completa y legible.

Arthur me informó que se necesitaron diez incidentes antes de que Kevin comenzara a mostrar cierta emoción ante este castigo. Pero cuando estaba a medio camino de las diez oraciones, comenzó a llorar y cayó en brazos de su papá. Arthur no consoló a su hijo, sino que lo condujo de nuevo para que terminara su tarea. Después de eso, la conducta del niño mejoró drásticamente en todos los campos.

Durante los últimos treinta años, en su mayoría, los profesionales de la salud mental y los educadores se han mostrado reticentes en recomendar las emociones negativas —la vergüenza y la culpa— como una forma de criar niños saludables. Vieron demasiados casos de abuso emocional, a veces con resultados aun peores que el abuso físico, como para sentirse cómodos con la idea de siquiera sugerirles a los padres que tomen en consideración dichas estrategias. Pero desde el punto de vista de la inteligencia emocional, cualquier exceso puede perjudicar a un niño. Los niños tienen diferentes fuerzas y debilidades emocionales, así como tienen diferentes fuerzas y debilidades cognoscitivas o académicas. La regla empírica para educar a sus hijos debería medir siempre lo que redunda en el mejor interés de los niños, y qué puede hacerse para asegurar un desarrollo que los convierta en adultos felices, exitosos y responsables.

PUNTOS DEL CE PARA RECORDAR

* La vergüenza y la culpa no son villanos emocionales. Cuando se las utiliza en forma adecuada, se convierten en instrumentos importantes para que los padres les enseñen a sus hijos valores morales.
* El empleo apropiado de la vergüenza y la culpa dependerá del temperamento de su hijo, pero su uso puede reintegrar a su hijo en el apoyo de la familia.

Tercera Parte

Las capacidades
de pensamiento del CE

A diferencia de cualquier otra especie de animales, los seres humanos tienen la capacidad de inventar y controlar sus emociones simplemente a través del pensamiento. El desarrollo de la neocorteza, la parte del cerebro que controla el lenguaje y el pensamiento lógico, nos permite tener pensamientos sobre nuestros sentimientos, y hasta modificar los sentimientos. Si un estudiante percibe que está angustiado antes de una prueba, puede pensar en formas de calmarse. Si un corredor de carreras siente cierta apatía y falta de motivación, tiene la capacidad de concentrarse y acelerar el tiempo de reacción antes de salir disparado del punto de partida.

Durante más de un siglo, los psicoterapeutas han sabido que la mente puede enfermarnos físicamente y han desarrollado numerosos métodos para revertir este proceso. Estamos descubriendo ahora que la porción pensante de nuestro cerebro puede impedir tanto problemas físicos como emocionales. Cualquiera puede aprender estas técnicas, sin necesidad de años de terapia prolongada.

Las técnicas que examino en los tres capítulos siguientes han sido recogidas de algunos de los descubrimientos más estimulantes de la psicología moderna. Como grupo, se clasifican como terapias cognoscitivas, porque se basan en la suposición de que nuestros pensamientos, o "cogniciones", son la forma más fácil de cambiar nuestra manera de sentir.

Muchas de las teorías y estrategias que presento en este capítulo han sido desarrolladas para niños de alto riesgo, pero hoy en día, pocos niños no están dentro de esta categoría. Antes de convertirnos en una sociedad industrial, los padres enseñaban a sus hijos a distinguir las plantas que podían comer de las que podían hacerles daño, cómo herrar un caballo, o cómo cultivar un campo. Los niños de hoy necesitan diferentes capacidades para sobrevivir. Los padres deben enseñarles a sus hijos a usar su intelecto, así como sus capacidades emocionales y sociales a fin de enfrentar una serie cada vez más compleja de tensiones personales, familiares y sociales.

6

EL PENSAMIENTO REALISTA

La capacidad de los seres humanos para engañarse a sí mismos es casi ilimitada, lo cual hace que enseñarles a los niños el pensamiento orientado hacia la realidad ocupe un primer premio. Nuestro cerebro emocional parece tener la capacidad de vestirse con una armadura a fin de proteger sus deseos más fervientes del ataque del cerebro lógico. Como resultado de ello, estamos continuamente haciendo cosas que no deberíamos hacer. Por ejemplo, sabemos que el cigarrillo está asociado con enfermedades debilitadoras y la muerte prematura y, sin embargo, el 23 por ciento de la población sigue fumando y casi 3.000 niños y adolescentes adquieren el hábito cada día. Sabemos que el uso de un cinturón de seguridad nos brinda mayor seguridad de sobrevivir a un choque y, sin embargo, casi un tercio de los conductores sienten que es demasiado incómodo. Cualquiera que haya iniciado una relación que sabía era autodestructiva, que haya ingresado en un coche con un conductor que sabía estaba intoxicado, o simplemente haya gastado más dinero de lo que podía permitirse, ha practicado el arte sutil de engañarse a sí mismo.

El hecho de que hagamos cosas que nos perjudican con tanta frecuencia indica que la evolución ha tomado un camino equivocado en el desarrollo de la así llamada porción "lógica" del cerebro. Afortunadamente, esto puede remediarse. Los niños pueden criarse para actuar en beneficio propio y de los demás.

Mariane realmente odiaba su nueva escuela. Prefería hacer cualquier otra cosa antes que estudiar, y hablar por teléfono con su novio David durante cuatro o cinco horas cada noche sin duda resultaba más interesante que la historia del mundo. Sus profesores sabían que Mariane no estaba motivada para aprender y la calificaban en consecuencia.

Mariane sabía que sus padres se sentirían muy decepcionados cuando vieran sus calificaciones. Era probable que la castigaran severamente, de modo que se le ocurrió una solución simple: ocultó su boletín cuando llegó a su casa por correo. Extrañamente, esto pareció funcionar. Con tres hijos en tres escuelas diferentes y empleos exigentes y tensionantes, los padres de Mariane no se dieron cuenta de que nunca habían recibido un boletín de su hija.

Luego, el 10 de mayo, justo un mes antes de la finalización de las clases, el director llamó a los padres de Mariane para saber por qué no habían respondido a sus cartas. La reunión fue toda una conmoción para los padres de Mariane y un signo de que la negación había dejado de funcionar para la familia.

Conspiramos con frecuencia de manera inconsciente con nuestros hijos para evitar una verdad dolorosa aun cuando nos enfrentamos a hechos concluyentes. Por ejemplo, en agosto de 1996, los resultados de un estudio patrocinado por el gobierno mostraron que el 10,9 por ciento de los adolescentes admitieron tomar drogas, un alarmante 105 por ciento de aumento respecto de 1992. Este incluye un aumento del 183 por ciento en el uso mensual de LSD y otros alucinógenos y un 166 por ciento de aumento en el uso mensual de cocaína.

Algunos expertos adjudican este alarmante aumento a los padres "permisivos y poco firmes" que tomaron drogas ellos mismos cuando eran adolescentes y que argumentan que dado que terminaron desarrollando una vida productiva, por qué hacer tanto alboroto respecto del consumo "recreativo" de drogas y alcohol de sus propios adolescentes. Pero esta argumentación, que puede considerarse como una justificación del hecho de ser permisivos, no toma en cuenta las estadísticas más graves relacionadas con el consumo de drogas a corta edad. Durante el mismo período del creciente consumos de drogas, se produjo un 96 por ciento de aumento en el ingreso a las salas de emergencia relacionado con el consumo de marihuana por parte de adolescentes entre los doce y diecisiete años y un

58 por ciento de aumento en el ingreso a las salas de emergencia relacionado con el consumo de heroína.

En tanto que seres humanos estamos todos sujetos a la negación y la racionalización. Millones de adultos, de otro modo razonables, ingresan diariamente en los coches sin abrocharse el cinturón de seguridad o encienden un cigarrillo y pretenden que no existen efectos nocivos para la salud si se consume un solo cigarrillo. Algunos de nosotros nos sentimos más inclinados que otros a ocultar la cabeza en la arena, pero en la medida en que queramos criar niños saludables tanto desde el punto de vista físico como emocional, debemos aprender a enfrentar la realidad.

ACLARAR NUESTRAS CABEZAS

Lo opuesto al engaño de sí mismo es el pensamiento realista que ve al mundo tal como es y responde con decisiones y conductas adecuadas. Muchos de nosotros no nos preocupamos por enseñarles a nuestros hijos esta capacidad del CE, y tal vez hasta les enseñemos lo opuesto. Al tratar de proteger a nuestros hijos de las "realidades duras" de la vida, estamos en realidad reforzando esta negación.

En lugar de tratar de proteger a los niños de un problema, podemos ayudarlos más siendo veraces, por más dolorosa que pueda ser la situación. Cuando explicamos la situación a nuestros hijos, detallando los hechos desde nuestro punto de vista, aprenden que tenemos la fuerza emocional para examinar y enfrentar incluso la situación más penosa. Esto transmite en forma implícita el mensaje de que ellos pueden hacer lo mismo.

Por ejemplo, en uno de los libros más leídos de autoayuda para niños, *The Boys' and Girls' Book About Divorce* (Un libro acerca del divorcio para niños y niñas), el psiquiatra infantil Richard A. Gardner explica que los niños deben confiar en sí mismos para enfrentar el divorcio de sus padres en lugar de suponer que sus padres siempre actuarán en su beneficio. Las investigaciones actuales son concordantes con este consejo.

Después de estudiar a sesenta familias con 131 niños hasta veinte años después de un divorcio, Judith Wallerstein descubrió que muchos padres se engañan a sí mismos pensando que el divorcio es una crisis temporaria, que se resuelve después de uno o dos años. Pero de la investigación de Wallerstein resulta que ese no es el caso. El divorcio produce efectos duraderos en los niños, que pueden causar un trauma mucho después de haber crecido, aun cuando no pareció haber ningún problema grave en el momento del divorcio. Wallerstein denomina este fenómeno el "efecto adormecido".

Según este estudio, muchos de los problemas de los niños se deben al síndrome del "niño sobrecargado". Cuando se produce un divorcio, los padres suelen enfrentar momentos difíciles al tener que separar las necesidades de sus hijos de las propias, dando menos tiempo, menos disciplina, y generalmente mostrándose menos sensibles hacia sus hijos, aun cuando señalen a menudo que nunca se sintieron más cerca de ellos. Wallerstein señala que en el décimo año de su estudio, el 25 por ciento de las madres y el 20 por ciento de los padres no rehicieron sus vidas juntos después de una década del divorcio. Continuó también un desempeño disminuido de la función parental. Los niños de aproximadamente el 15 por ciento de las familias fueron considerados como niños "sobrecargados" debido a la incapacidad de sus padres de cumplir con sus roles de padres o inclusive de hacerse cargo de sus propias necesidades. Se consideró entonces que estos niños corrían el peligro de tener graves problemas psicológicos, imitando a menudo la disfunción de sus padres.

En su libro, Richard Gardner les dice a sus jóvenes lectores que, aunque la mayoría de los padres aman mucho a sus hijos y tratan de hacer lo correcto respecto de ellos durante un divorcio, los padres a veces fracasan: hacen y dicen cosas que no son buenas para sus hijos, y los niños deben aprender a reconocer esto y a tomar decisiones que redunden en su beneficio.

Por ejemplo, los Martinelli acudieron al asesor psicopedagógico de la escuela para analizar cómo le podrían decir de la mejor manera a su hija Tina de seis años que se divorciarían. Como padres afectuosos, ambos quería decir y hacer lo correcto. El asesor pedagógico les dio varios libros para leer y repasaron algunas de las cosas más importantes para decir y no decir. Les aseguró que Tina estaría bien si ellos continuaban trabajando juntos en beneficio de la niña.

Sólo dos semanas más tarde comenzaron los incidentes. El señor y la señora Martinelli se gritaron el uno al otro en el estacionamiento de la escuela. El Sr. Martinelli sacó a una Tina llorosa, fuera del coche de su esposa. Se produjeron llamadas nocturnas al docente, amenazas de no devolver a Tina después de una visita, y otras cosas más. Después de cada incidente, los Martinelli se reunían nuevamente con el asesor psicopedagógico, con la apariencia de seguir estando preocupados por su hija y mostrándose razonables. Cuando el asesor decidió que sería mejor comenzar las reuniones con la misma Tina, esta acudió a las sesiones en forma reticente. No decía nada. Le dijo al asesor: "Simplemente no quiero pensar en eso".

Gardner les dice a los niños que algunos padres llegan a confundir a sus hijos respecto de su amor por ellos. Explica que los padres pueden *querer* amar a su hijos, pueden *decir* que los aman, pero sus acciones dicen otra cosa. Gardner aconseja a los niños lo siguiente:

"La mayoría de los padres aman mucho a sus hijos. Pero a veces los padres que aman muy poco o no aman nada a sus hijos dicen que su amor por ellos es muy grande. Esto puede resultar algo muy confuso. Por ello, a veces, basarse en lo que una persona dice no es una buena forma de saber si realmente los ama.

"El padre (que ya no vive en la casa) suele amar mucho a sus hijos, desea vivir con ellos y lamenta muchísimo tener que dejarlos. Sin embargo, unos pocos padres que abandonan el hogar no aman realmente a sus hijos, o los aman muy poco.

"A veces, un padre divorciado no ama a su hijos, y sin embargo la madre les dice que él los ama aun cuando sepa que no es así. Piensa realmente que está haciendo lo mejor para sus hijos al decirles que su padre los ama aun cuando ella sabe que no es verdad."

Gardner enseña a los niños que pueden descubrir por sí mismos si un padre los ama o no observando en forma realista lo que hacen, no sólo lo que dicen. Les dice lo siguiente:

- Observen hasta qué punto sus padres *tratan* de estar con ustedes. A veces los padres no pueden estar con ustedes, por buenas razones, pero deberían comunicarles que están llevando a cabo un esfuerzo real.
- Observen hasta qué punto sus padres se esfuerzan por ayudarlos cuando están en problemas y qué grado de preocupación y compasión muestran cuando ustedes están enfermos o lastimados.
- Observen si sus padres se muestran complacidos con las cosas que aprenden o hacen. Los padres que aman a sus hijos se sienten orgullosos de ellos y les cuentan a los demás los logros de sus hijos.
- Observen hasta qué punto sus padres disfrutan haciendo cosas con ustedes. Cuando uno ama a alguien, disfruta hacer cosas con esa persona.
- Observen cómo actúan sus padres cuando están enojados con ustedes. Todos los padres se enojan con sus hijos algunas veces, pero si están enojados con ustedes durante la *mayor parte* del tiempo, todos los días, entonces es posible que no los amen en la forma en que los niños deben ser amados.
- Observen hasta qué punto a sus padres les gusta cargarlos o abrazarlos. A medida que ustedes crecen, los padres tienen menos contacto físico con los hijos, pero todo el mundo necesita ser abrazado algunas veces, y esta es una tarea importante que deben desempeñar los padres.

Gardner no cree que el juicio de un niño puede ser infalible, pero sí cree que los niños deben aprender a evaluar su situación en forma realista y actuar en su propio beneficio. Los niños no pueden aprender esto si los padres son reservados o no son sinceros respecto de los problemas reales. Advierte lo siguiente a los padres:

- No oculte sus sentimientos.
- No oculte sus errores.
- No tema decirles la verdad a los niños.

QUE PUEDE HACER PARA EDUCAR A NIÑOS QUE PUEDEN ATENDER A SUS PROPIOS INTERESES PENSANDO EN FORMA REALISTA

Sin duda lo más importante que uno puede hacer para ayudar a su hijo a desarrollar una pauta de pensamiento realista es ser sincero y veraz. Proteger a los niños del estrés y del dolor inevitable no representa ningún beneficio; en realidad, le está haciendo un daño.

Pero moldear un pensamiento realista y veraz sólo puede ser efectivo si usted dedica tiempo para hablar con su hijo. Tal como lo he señalado en el Capítulo 2, los padres norteamericanos dedican cada vez menos tiempo a la simple conversación con sus hijos. Las familias miran televisión mientras cenan. En el automóvil, escuchan la radio o se aseguran de que sus hijos tengan algo "que hacer" mientras conducen. En 1982, la titiritera Shari Lewis, reflejó el estado de ánimo del país cuando escribió un libro que en su opinión era una respuesta para el padre atormentado, *The One-Minute Bedtime Story* (Un cuento de un minuto para la hora de dormir), seguido por otros libros de "un minuto", tales como, *The One-Minute Bible Story* (Un cuento bíblico de un minuto) y *The One-Minute Scary Story* (Un cuento de miedo de un minuto).

Ayudar a los padres a que hagan las cosas más rápidamente no constituye en realidad una respuesta a las necesidades de los niños. El ingrediente fundamental para educar a un niño emocionalmente inteligente es su tiempo. El punto de vista de la señora Lewis resulta particularmente inquietante, considerando la importancia que tiene la actividad de contar historias para el desarrollo de un niño. Durante décadas, los psicólogos han promocionado los efectos positivos de leer y contar historias para los niños. Se trata de una forma particularmente buena de enseñarles a los niños a tener un pensamiento realista, ya que las historias pueden mostrarles a los niños de qué manera la gente resuelve sus problemas en forma realista.

Mucha gente no se da cuenta de hasta qué punto las historias influyen en nuestro comportamiento e inclusive dan forma a nuestra cultura. Piense en la forma en que las historias de la Biblia enseñan los elementos fundamentales de la religión y las normas de conducta. Piense en las fábulas y parábolas que moldearon sus valores. Piense de qué manera los relatos sobre su historia nacional, cultural o familiar han dado forma a sus actitudes respecto de usted mismo y los demás.

Las historias son particularmente efectivas para influir en la forma en que nuestros hijos piensan y se conducen, porque a ellos les gusta escucharlas o leerlas una y otra vez. Esta repetición, combinada con la imaginación de sus hijos y el poder inestimable de su presencia, convierten las historias en una de las mejores formas de influir en el pensamiento de los niños.

En su libro, *The Competent Child* (El niño competente), el psicólogo Joseph Strayhorn, Jr., enseña a los padres a inventar lo que llama "historias de modelos positivos" que aborden los problemas o preocupaciones de la vida real de su hijo. En dichas historias, el protagonista, que tiene rasgos similares a los del niño, exhibe un pensamiento realista y la capacidad de resolver problemas en sus pensamientos, sentimientos y conductas. El protagonista puede o no ser recompensado por mostrar capacidades psicológicas particulares, pero siempre se recompensa a sí mismo por estar internamente motivado.

Aunque algunos padres son relatores de cuentos naturales y pueden inventar espontáneamente historias de modelos positivos, una vez que comprendieron los principios básicos, la mayoría de los padres desearán escribir historias que puedan leerles a sus hijos. Al crear un libro de historias de modelo positivo, usted debería tratar de usar el formato y el nivel de vocabulario de otros libros con los que su hijo disfruta. Para los niños más pequeños, usted puede ilustrar el libro ya sea con dibujos, arte efectuado en computadora (véase el Capítulo 24 para aprender hasta qué punto las computadoras pueden ayudarlo a hacer libros de cuentos o historias de aspecto profesional donde los personajes se mueven y hablan realmente), o fotografías con cámaras de fotos instantáneas. Sus niños también disfrutarán participando en el diseño del libro.

Al elegir un tema para el libro, tome en consideración una línea narrativa similar —pero no exactamente igual— a un problema que su hijo pueda estar enfrentando. Si escribe una historia utilizando el nombre y la situación exacta de su hijo, este puede sentir angustia e inquietud, en particular si el problema es grave. Como resultado de ello, es probable que exprese su angustia mostrando falta de interés o aburrimiento respecto de la historia, tornándola una experiencia frustrante para los dos.

En lugar de ello, escriba la historia con alguien "parecido" a su hijo, creando una metáfora para su situación. El héroe del relato podría ser otro niño, un animal o un extraterrestre, cualquier personaje con el que su hijo pueda identificarse.

Al crear una historia de modelo positivo, es mejor seleccionar un tema que contenga elementos familiares para su hijo. Los siguientes son algunos ejemplos de argumentos que han sido escritos para niños con problemas comunes de la niñez.

Esta sinopsis fue escrita para Annie, una niña de seis años que les tenía miedo a los perros:

> En la casa vecina a la de Barry hay un perro muy malo que ladra todo el tiempo. Barry ha escuchado que muerde a los niños, ¡y que incluso trató de comerse a un bebé! Barry consigue un libro sobre perros y lee acerca de este tipo de perros. Se encuentra con el perro y su dueño mientras pasean, ¡y lo acaricia! Se entera por el dueño del perro por qué ladran los perros, qué los enfurece y qué debe hacerse si un perro lo molesta.

Cuando la familia de Miguel se vio obligada a abandonar su casa debido a un huracán que dañó gravemente su hogar, el cuento resumido más abajo le ofreció cierto consuelo al niño de cuatro años:

> Rover es un perro que vive en el sur de California donde hay muchos huracanes. Cuando su perrera desapareció debido al viento, Rover tuvo que ir a un refugio temporario para perros sin hogar. Pero Rover vio que había otros perros en el refugio que, temporariamente, tampoco tenían hogar, y le gustó masticar un hueso o dos con ellos y correr alrededor del patio del refugio. Después de unas pocas semanas, sus dueños decidieron mudarse a un nuevo hogar con una nueva perrera. Rover se sentía triste de abandonar a sus nuevos amigos del refugio, pero pensó en los amigos que podría conocer en su nuevo vecindario.

Esta sinopsis de un cuento fue escrita para Stephanie, de nueve años, cuyos padres se debatían en medio de un tempestuoso divorcio. Ilustra cómo ciertas historias deben ser más sutiles, deben alejarse más de la experiencia directa del niño para que puedan ser contadas sin suscitar demasiada angustia.

> Diana vive en un país distante donde siempre hay guerra entre la Gente Púrpura y la Gente Verde. Diana vive con sus padres, pero uno es púrpura y el otro es verde (Diana es exactamente mitad púrpura y mitad verde). Dado que Diana no puede cambiar su color o los colores de sus padres, y ya que no puede detener la guerra, descubre formas de enfrentar la situación y hace las paces consigo misma.

La siguiente es una sinopsis de un cuento para Natalia, de once años, de la que se burlaban por su sobrepeso:

Hellen Keller, Stevie Wonder y Ray Charles se encuentran en una estación de ómnibus camino a la ciudad de Nueva York. Conversan sobre cómo es ser ciego y ser distintos de los demás. Hablan de momentos realmente malos para ellos, y de cómo los superaron. Hablan con tanta pasión que pierden el ómnibus, pero toman el siguiente. Se sienten felices de saber que son amigos.

Inventar o leer historias de modelos positivos a sus hijos es una de las formas más simples y eficaces de enseñarles la importancia del pensamiento realista.

Esta técnica se utiliza fundamentalmente entre la edad de tres a diez años, cuando a los niños les gusta que les lean o cuenten historias. Al inventar y leer estos cuentos, Strayhorn sugiere que los padres logren crear un ambiente amistoso de la siguiente manera:

- Escoger un momento en el que no hayan distracciones significativas para el niño.
- Elegir una historia que se ajuste al período de atención de su hijo.

- Leer con entusiasmo y dramatismo.
- Mantener con el niño un contacto frecuente con la mirada mientras leen.
- Alentar a su hijo a interrumpir con comentarios o preguntas.
- Lograr que el momento sea mutuamente gratificante en lugar de transformarlo en una tarea doméstica.
- Alentar a los niños más pequeños a estar físicamente cerca.
- Utilizar un tono de aprobación que marque el final del cuento.
- Hacer que sus hijos examinen finales alternativos para ayudarlos a explorar su propio proceso de razonamiento.

Las historias que uno inventa son siempre las más efectivas con los niños. Sin embargo, si no se siente cómodo creando historias, existe un número siempre creciente de libros de modelos positivos para niños sobre temas tan diversos como la forma de enfrentar los miedos, el divorcio, la enfermedad de un padre, y así sucesivamente. Muchas bibliotecas escolares y públicas tienen una lista de este tipo de libros para que los padres puedan pedirlos en préstamo.

PUNTOS DEL CE PARA RECORDAR

- El pensamiento realista es lo opuesto del engaño de sí mismo.
- Las historias que utilizan modelos constituyen probablemente la mejor manera de enseñar esta capacidad, ya sea que usted las lea en libros especiales o las invente.
- Sus hijos terminarán aprendiendo a pensar en forma realista acerca de sus problemas o preocupaciones si usted hace lo mismo. No oculte la verdad a sus hijos, aun cuando sea dolorosa.

7

EL OPTIMISMO:
UN ANTIDOTO CONTRA LA DEPRESION
Y EL BAJO RENDIMIENTO

Sharon, una niña aplomada de seis años, apareció para una sesión de fotografías quince minutos más temprano de lo previsto.

—¿Sabe una cosa? —le preguntó al fotógrafo al ser presentada, sin esperar una respuesta—. ¡El año pasado fui a Disney World y estuve dos veces en cada juego!

—Qué bien —respondió el directivo publicitario que estaba coordinando la sesión—. Ahora, ¿por qué no te sientas allá? Vamos a hacer una prueba de luz.

—¿Sabe una cosa? —dijo Sharon mientras ocupaba su lugar frente a las luces—. Comencé a modelar cuando sólo tenía cuatro años porque mi hermana Holly lo había hecho y yo la vi haciéndolo y dije que quería hacerlo, y mi mamá dijo: "está bien, puedes hacerlo", así que ahora lo hago, pero Holly no.

—¿Ah sí? —respondió el directivo, atrapado por el entusiasmo de esta niñita conversadora—. ¿Te gusta modelar?

—Me encanta —respondió Sharon, con el rostro iluminado.

—Esa es la mirada que quiero —dijo el fotógrafo, y de alguna manera Sharon logró mantener la misma sonrisa mientras seguía hablando.

—Me encanta —repitió—. Debo ir a Nueva York y mamá me llevó a ver una obra, y siempre conozco gente, y me toman fotos, y también voy a estar en un verdadero aviso publicitario. A Holly ya no le gusta hacerlo, y mamá y yo vamos juntas.

El optimismo es algo más que el simple pensamiento positivo. Es un *hábito* de pensamiento positivo o, según la definición del diccionario de Random House: "Una disposición o tendencia a mirar el aspecto más favorable de los acontecimientos y esperar el resultado más favorable".

Es una alegría tener a niños optimistas como Sharon. Su deleite y fervor son contagiosos. Pero según el psicólogo Martin Seligman, autor de *The Optimistic Child* (El niño optimista), el optimismo es mucho más que un simple rasgo atractivo de la personalidad. De hecho, puede ser un tipo de inmunización psicológica contra una serie de problemas de la vida. Seligman escribe que en más de 1.000 estudios —que incluyen a más de medio millón de niños y adultos— la gente optimista se mostraba con menos frecuencia deprimida, tenía más éxito en la escuela y en el trabajo y, curiosamente, era inclusive más saludable físicamente que la gente pesimista. Tal vez más importante aún, aun cuando un niño no nace con una disposición optimista, el optimismo es una capacidad del CE que puede aprenderse.

Seligman observa que, hasta hace poco, Estados Unidos era una nación de optimistas: "La primera mitad del siglo xix fue la gran era de la reforma social, cuya piedra angular fue la creencia optimista de que los seres humanos podían cambiar y mejorar... Olas de inmigrantes descubrieron una frontera sin fin, y pasar 'de la pobreza a la riqueza' no era para ellos un sueño vacío. Los optimistas del siglo xix crearon la institución de la escolaridad universal, fundaron bibliotecas públicas, liberaron a los esclavos, rehabilitaron a los dementes, y lucharon por el sufragio femenino".

Seligman cree que el pesimismo se impuso inicialmente como una reacción al impulso de posguerra de los años cincuenta, pero se alimentó en los años sesenta a través de los asesinatos de algunos de nuestros líderes más prometedores, Watergate y, por supuesto, la guerra de Vietnam.

LOS PENSAMIENTOS OPTIMISTAS FRENTE A LOS PENSAMIENTOS PESIMISTAS

Para enseñar a sus hijos a ser más optimistas, debe distinguir en primer lugar entre los pensamientos pesimistas y los optimistas. Según Seligman, la diferencia principal es la forma en que los optimistas y los pesimistas explican las causas de los acontecimientos buenos y malos.

El optimista cree que los acontecimientos positivos y felices se explican a través de cosas que son *permanentes* (seguirán ocurriendo en el tiempo) y *generalizadas* (seguirán ocurriendo en diferentes situaciones). El optimista también asume la responsabilidad adecuada para lograr que las cosas buenas sucedan. Si ocurre algo malo, lo considera como algo temporario y específico de esa situación, y se muestra realista si es él quien ha causado el acontecimiento negativo.

Andy es un niño optimista. Cuando se enteró de que su familia se iba a mudar por tercera vez en tres años, se sintió comprensiblemente perturbado. Le gustaban su escuela, sus amigos y su casa, que sólo estaba a dos cuadras de la piscina comunitaria. Pero después de algunas quejas iniciales, comenzó a pensar en su nuevo hogar, que sólo estaba a una hora de distancia de Orlando, Florida, sede de Disney World, Epcot Center, y otros grandes parques de diversiones. Andy sabía que su padre debía mudarse debido a su trabajo y no por algo que alguien hubiese hecho. También sabía que su familia era "buena" en esto de las mudanzas. Mantendrían el contacto con los viejos amigos, y siempre preparaban una gran fiesta para conocer a sus nuevos vecinos, una semana después de su llegada. Andy decidió utilizar su experiencia como base para una composición de inglés. La llamó: "En movimiento".

El pesimista piensa en términos opuestos: los acontecimiento buenos son *temporarios*, los acontecimientos malos son *permanentes*; los acontecimientos positivos son el resultado de la suerte o de circunstancias fortuitas, mientras que los acontecimientos negativos resultan más previsibles. El pesimista también se equivoca al asignar culpas. Tenderá o bien a culparse a sí mismo por todo lo malo que ocurre o a culpar a cualquier otra persona.

Un pesimista también puede estar predispuesto a convertir todo en una catástrofe. Aunque el hecho de estar preparados para lo peor resulta apropiado en circunstancias extremas, no lo es en la vida cotidiana. La niña que llora y se pone de mal humor porque no forma parte del equipo de básquet o porque sus padres no le dejan perforarse las orejas está deliberadamente distorsionando el significado de estos acontecimientos y sincronizando su respuesta emocional con su distorsión en lugar de hacerlo con la realidad. Si usted responde a la visión pesimista del mundo de su hijo en lugar de hacerlo a la visión lógica, puede reforzar su tendencia a ver los acontecimientos de la manera más sombría posible.

EL PELIGRO DEL PESIMISMO

Para Seligman, el pesimismo no es solamente un estilo negativo de pensar, sino un síntoma de lo que considera ser una de las amenazas más importantes para la salud de nuestros niños de hoy: una "epidemia de depresión". Basando sus conclusiones en cuatro estudios donde se reunió información de más de 16.000 personas de todas las edades, Seligman explica que, comparado con la gente que nació en la primera mitad del este siglo, un niño de hoy tiene diez veces más probabilidades de estar gravemente deprimido. Aún más perturbador resulta el hecho de que la depresión grave parece estar ocurriendo en etapas más tempranas del ciclo de vida. Cita los resultados de un estudio sobre 3.000 niños de nueve a catorce años en el que se determinó que el 9 por ciento de ellos tenían un desorden depresivo plenamente desarrollado.

Afortunadamente, existen pruebas científicas contundentes de que el pesimismo e inclusive la depresión pueden modificarse a través de la enseñanza —tanto a los niños, a los adolescentes como a los adultos— de nuevas formas de pensamiento. Aaron Beck y sus colegas de la Universidad de Pennsylvania fueron los primeros en desarrollar un programa terapéutico sistemático que prueba que es posible entrenar a la mente lógica a controlar la mente emocional.

Beck cree que la gente deprimida desarrolla un hábito de pensamiento que se centra en un futuro sombrío. Descubrió que enseñarles a los pacientes a pensar en forma diferente disminuye sus síntomas depresivos.

Extendiéndose en el sistema de tratamiento de la depresión de Beck, Seligman y su equipo del Penn Prevention Program de la Universidad de Pennsylvania desarrollaron un programa de doce semanas para tratar a los niños en peligro de caer en la depresión. En el program Penn se enseñó a estos niños formas diferentes de pensar en sí mismos y nuevas formas de resolver problemas interpersonales. Produjo un efecto inmediato. Antes del programa, el 24 por ciento de los niños en el grupo de prevención y el 24 por ciento de los niños en el grupo de control mostraron síntomas depresivos de moderados a graves. Inmediatamente después del programa, el grupo de prevención redujo a un 13 por ciento el porcentaje de depresión, mientras que el grupo de control mantuvo aproximadamente el mismo valor anterior.

Tomando en cuenta que la prevención era la meta principal del programa, su valor real debía medirse a través de sus efectos a largo plazo. En un seguimiento de dos años, aunque el 24 por ciento de los niños del grupo de prevención comenzaron a mostrar síntomas de moderados a graves, en el grupo de control se observó que el porcentaje se había duplicado: 46 por ciento. En otras palabras, el programa Penn redujo el número de niños que previsiblemente habrían desarrollado síntomas de depresión en un 100 por 100.

LAS VENTAJAS DEL OPTIMISMO

Combatir la depresión es sólo uno de los beneficios de enseñarle a su hijo a ser más optimista; los niños optimistas tienen también más éxito en la escuela que sus pares pesimistas.

Teyonka Parker fue designada para el Tercer Equipo de Estrellas de *USA Today* en mayo de 1996. Se graduó en la California Academy of Mathematics and Science con un promedio de 3,86, y planeaba ingresar a la prestigiosa Universidad de Stanford. Teyonka era también reconocida por su trabajo con los jóvenes de vecindarios superpoblados y por su liderazgo en la escuela.

Pero sólo es posible apreciar sus logros a lo largo de todo el secundario en el contexto de las dificultades que debía superar. Su madre era adicta al crack, de modo que Teyonka vivió con una sucesión de familiares, yendo y viniendo de Mississippi, a San Diego, a Chicago y finalmente a Los Angeles. Dos de sus tres hermanos mayores cumplían una condena en la cárcel por problemas de drogas mientras ella cursaba sus últimos años del secundario

Según los que la rodeaban, lo que distinguía a Teyonka de otros niños de condición social baja con mucho menos éxito era su actitud: una determinación ardiente de tener éxito. Para Teyonka, la adversidad es simplemente un enemigo que hay que derrotar. Tal como se lo explicó a un periodista: "Si hubiese nacido con una cuchara de plata en la boca, no hubiese tenido nada que vencer. Estaría deambulando en lugar de caminar con determinación". Pero no hubo palabras más claras que las que utilizó Teyonka en la última línea de su solicitud para ingresar a Stanford: "A través de mi esmero, compromiso y voluntad, tomaré al mundo por asalto".

COMO CRIAR A UN NIÑO OPTIMISTA

Es posible enseñar el optimismo. Véanse a continuación algunas pautas.

Tome en cuenta la forma en que usted critica

Considere cómo critica a sus hijos. Seligman señala que existen formas correctas e incorrectas de criticar. Esto puede producir un efecto significativo sobre el hecho de si su hijo se vuelve optimista o pesimista.

La primera regla al criticar a su hijo es ser preciso. Seligman escribe: "Una censura exagerada produce culpa y vergüenza más allá de lo necesario para fomentar el cambio en su hijo. Pero ningún tipo de censura erosiona la responsabilidad y anula la voluntad de cambiar".

En segundo lugar, debe desarrollar un estilo explicativo optimista: explique los problemas en términos realistas cuando se considera que la causa es específica y puede ser cambiada.

Tomemos, por ejemplo, a Suzie, de ocho años, que dejó su habitación completamente desordenada a pesar de tres pedidos por parte de sus padres para que la ordenara antes de irse de picnic con sus amigos. Sus padres se sintieron particularmente molestos porque tenían que mostrar la casa a un agente de bienes raíces esa mañana. Se vieron obligados a gatear por la habitación para poder ordenarla.

Al regresar Suzie esa tarde, su madre estaba visiblemente molesta y de inmediato llevó a su hija a su habitación para explicarle por qué estaba enojada. Estas son dos versiones de lo que dijo la madre de Suzie. La primera refleja un estilo explicativo optimista, la segunda un estilo pesimista.

Estilo optimista:

—Suzie, hiciste algo que realmente nos causó inconvenientes a tu padre y a mí, y estamos muy enojados. (La crítica de la madre es específica. Describe sus sentimientos con precisión).

—Te dijimos tres veces que ordenaras tu habitación, pero lo postergaste. (Su madre describe el incidente con precisión y coloca el problema de Suzie en términos temporales).

—Dado que no ordenaste tu habitación y que un agente de bienes raíces venía a vernos, tuvimos que limpiar nosotros mismos, lo que nos impidió hacer otras cosas importantes. Es tu responsabilidad mantener limpia tu habitación, no la nuestra. (Su madre explica exactamente lo que ocurrió, la causa del problema y el efecto. Adjudica la culpa en forma correcta).

—Quiero que te quedes en la habitación durante quince minutos y pienses en lo que he dicho. Luego quiero que me digas qué puedes hacer para que tu habitación quede ordenada y esto no ocurra de nuevo. Escribe por lo menos tres maneras de resolver este problema. (Este es un tiempo realista para que una niña de ocho años reflexione sobre un problema. La madre de Suzie ha creado una tarea específica y factible para Suzie como una forma de cerrar este problema).

Estilo pesimista:

"¿Por qué eres siempre desconsiderada? ¡Estoy furiosa con tu conducta! (La palabra "siempre" implica que el problema es general y que no cambiará nunca. La reacción emocional es exagerada y producirá demasiada culpa)."

"¡Te dije un millón de veces que mantengas limpia tu habitación, pero nunca escuchas! ¿Cuál es el problema contigo? (La madre de Suzie describe el problema como algo repetido —"un millón de veces"— y global —"nunca escuchas"— a fin de inducir la culpa. Implica además que hay algo permanente y caracterológicamente negativo en su hija)."

"¡El agente de bienes raíces vino esta mañana y era casi un desastre! Dijo que la primera impresión que alguien recibe de una casa puede influir definitivamente en una decisión. ¡Podrías habernos hecho perder a un buen agente! ¡Ese tipo de cosas puede rebajar miles de dólares el precio de venta de una casa! ¡Esto podría significar que no podamos comprar la casa nueva! (La madre de Suzie describe el problema en términos catastróficos. Da a entender que el acto desconsiderado individual de Suzie podría haber causado estragos en el bienestar de la familia."

¡Eres la persona más torpe que he visto en mi vida! Nunca me escuchas cuando te digo que no juegues a la pelota dentro de la casa.

Al criticar o reprender a sus hijos, está influyendo en la manera en que estos verán el mundo, con optimismo o con pesimismo.

"Ahora quiero que te quedes en tu habitación y pienses en lo que hiciste. (El castigo no es claro ni específico. Esto le da tiempo a Suzie para rumiar y sentirse culpable. No tiene oportunidad de aprender o hacer algo para remediar su error)."

UTILICESE A SI MISMO COMO MODELO

Los niños se moldearán a sí mismos en base a su conducta: absorberán tanto sus buenos como sus malos aspectos. Si usted es un pesimista, sus hijos pueden pensar también de esa manera. Si quiere que ellos obtengan el beneficio del pensamiento optimista, entonces tiene que cambiar la forma de pensar.

No resulta fácil cambiar la forma de pensar, pero puede hacerse si uno comprende que el pensamiento pesimista es un hábito y lo trata como tal. Puede usar la forma que se indica más abajo para practicar la manera de transformar los pensamientos negativos en pensamientos positivos y realistas. La columna del medio lo ayudará a identificar qué tipos de distorsiones (atribución de culpa específica frente a culpa generalizada, explicación catastrófica) está llevando a cabo. También puede usar esta forma con niños de más de diez años para ayudarlos a evaluar sus problemas en forma más realista y optimista.

UN PING-PONG DEL PENSAMIENTO (A PARTIR DE LOS OCHO AÑOS)

El ping-pong del pensamiento es un juego que enfrenta los pensamientos optimistas directamente con los pesimistas. Está concebido para ayudarlo, a usted y a sus hijos, a tener mayor conciencia de sus voces negativas automáticas y luego impugnarlas. Se trata de un juego cooperativo donde todos juegan juntos apuntando hacia una meta común. Como en otros juegos cooperativos, todos ganan o todos pierden.

Para conceptualizar este juego, piense en los dibujos animados en los que un ángel se sienta sobre un hombro del personaje y un diablo sobre el otro. El ángel y el diablo proceden luego a discutir lo que debería hacer el personaje (aunque en un dibujo animado, la elección final puede ser tanto correcta como equivocada).

Para jugar este juego, necesita a tres personas que comienzan sentándose uno al lado del otro sobre un diván o tres sillas juntas. También necesitará dos tarjetas, una con un signo "+" y la otra con un signo "-" escritos sobre ellas.

Cambiando pensamientos negativos
por pensamientos positivos

Escriba su problema aquí: _____

Afirmación negativa	Tipo de distorsión	Afirmación positiva

Comience el juego con el jugador más joven sentado en el medio. El jugador con la edad que le sigue sostiene la tarjeta "menos" y el jugador de más edad la tarjeta "más".

La persona del medio relata un problema que está enfrentando. Luego la persona que sostiene la tarjeta "menos" dice algo negativo o pesimista acerca de ese problema. Luego la persona con la tarjeta "más" dice algo para rebatir el comentario negativo. Recuerde que no debe ser simplemente una declaración positiva sino que debe ser realista y "comprobable". Por ejemplo, un comentario como: "Puedes hacer cualquier cosa que te propongas", es demasiado impreciso y no es realmente cierto. Nadie es bueno en todo. Asimismo, un comentario como: "Consíguelo" no es más que una forma de aliento. El optimismo *no* significa simplemente alentar. Es una forma positiva y realista de considerar un problema.

Por ejemplo, supongamos que el problema es: "No me está yendo bien en la clase de ciencias".

Comentario negativo:

No eres bueno en ciencias. ¿Para qué molestarte en intentarlo?

Comentario positivo:

Si estudias más o realizas un proyecto adicional, puedes subir tu nota.

Comentario negativo:

Las ciencias son aburridas, y los libros que estamos utilizando son demasiado difíciles.

Comentario positivo:

Puedes encontrar libros que las harán más interesantes, o inclusive un programa de computación que podría explicarlas. Puedes pedirle ayuda a alguien que las conoce bien y es un buen docente.

Comentario negativo:

Enfrentémoslo, no importa lo que hagas, de todos modos seguirás obteniendo una calificación baja. Ya has fracasado tres veces.

Comentario positivo:

Aun cuando tengas una nota baja esta vez, puedes equilibrarla con una buena calificación en tu lectura. Si lees dos libros adicionales, puedes obtener la nota máxima.

La persona sentada en el medio que planteó el problema original actúa como "juez". Debería escribir cada comentario negativo y positivo sobre una hoja de puntaje, rodeando con un círculo cada comentario positivo sólo si es preciso y realista. Cada vuelta debería durar cinco minutos, y luego los jugadores deberían cambiar sus papeles; el jugador del medio debería plantear un nuevo problema que esté enfrentando, y nuevamente escribir los comentarios positivos y negativos de los otros dos jugadores. El juego debería continuar durante unos veinte minutos. Si se han escrito treinta comentarios positivos realistas durante ese periodo, entonces el "equipo" ha ganado el juego.

PUNTOS DEL CE PARA RECORDAR

Por una variedad de razones, la generación actual de niños está más inclinada a ser pesimista que cualquier otra generación anterior. Este aumento del pesimismo ha vuelto a los niños más vulnerables que nunca a los efectos debilitadores de la depresión y sus problemas asociados como el del desempeño escolar deficiente, la falta de amigos, e inclusive la enfermedad física. Usted puede ayudar a su hijo recordando que:

• Es posible enseñarles a los niños a ser más optimistas como una forma de vacunarlos contra la depresión y otros problemas de salud mental y física.
• El optimismo se origina en el pensamiento realista y en las oportunidades de enfrentar y dominar desafíos adecuados a la edad.
• Debe mostrarse más optimista en las formas en que se relaciona con sus hijos. Los niños aprenden con rapidez observando lo que hacen y dicen sus padres.

8

CAMBIAR LA FORMA DE ACTUAR DE LOS NIÑOS, CAMBIANDO SU FORMA DE PENSAR

En las universidades y los centros de investigación de todo el país, los científicos están descubriendo que el hecho de enseñarle a la gente a cambiar su forma de pensar puede realmente modificar la química del cerebro. Estos métodos innovadores se denominan modificaciones de conducta cognoscitiva porque se centran en cambiar los vínculos entre lo que pensamos y lo que hacemos, respetando los principios generales de la psicología de la conducta.

Un ejemplo de la investigación está relacionado con una de las enfermedades mentales más misteriosas y debilitantes, el trastorno obsesivo-compulsivo o TOC. Los niños, adolescentes y adultos con TOC se enloquecen a sí mismos y a los demás, con sus pensamientos y conductas irracionales.

Barry era un niño de siete años que sufría de un TOC. Tenía que mirar en el interior de cada coche estacionado para ver si la luz interior estaba encendida. Su padre le contó a su terapeuta que le llevaba casi una hora caminar las tres cuadras que separaban su casa del patio de recreo, porque Barry tenía que revisar cada automóvil y si no se le permitía hacerlo, le daba un berrinche. Barry también pasaba horas mirando el reloj digital de la cocina mientras cambiaban los números y debía mirar compulsivamente el programa *La Rueda de la Fortuna* en la televisión para ver girar la rueda. No podía abandonar la casa sin que en la vestimenta que llevaba puesta hubiera un artículo rojo y otro azul.

Otros niños (y adultos) con TOC se obsesionan con la limpieza. No pueden utilizar los baños públicos, evitan tocar el picaporte de una puerta, y llegan a ducharse una docena de veces o más por día. Una muchacha adolescente que yo conozco se lavaba las manos con tanta frecuencia que se le ulceraron. Obviamente, este tipo de conducta ritualista y de pensamiento obsesivo provoca el caos en la vida del niño y de todos los que lo rodean. En muchos casos, estos niños son incapaces de dejar la casa durante meses.

COMO CAMBIAR LA QUIMICA DEL CEREBRO

Investigaciones recientes sobre gente con TOC muestran que tienen una química cerebral diferente de los que no sufren el trastorno. Los psiquiatras de investigación Jeffrey Schwartz y Lew Baxter de la UCLA inyectaron una sustancia similar a la glucosa en cierto número de voluntarios con y sin TOC. Mediante el uso de una nueva tecnología de examen cerebral descubrieron que los pacientes con TOC mostraban sistemáticamente mayor uso de energía en su corteza orbital, la superficie inferior de la parte frontal del cerebro.

No sorprende que ciertos tipos de medicación (incluyendo el Prozac) puedan cambiar la forma en que las células nerviosas transmiten información y energía, reduciendo los síntomas de TOC. Pero tal como lo señaló el Dr. Schwartz en su libro, *Brain Lock*, la modificación de la conducta cognoscitiva puede producir los mismos cambios químicos en el cerebro que las drogas psicoactivas. Una investigación similar también ha descubierto que cambiar la forma de pensar de las personas puede ser tan efectivo como la medicación para tratar los trastornos de la depresión, las fobias, y la angustia, así como ciertos trastornos psicosomáticos.

En el presente capítulo, nos ocuparemos de técnicas específicas para la modificación de la conducta cognoscitiva que han sido utilizadas para una amplia gama de problemas psicológicos y físicos. Estas técnicas pueden resultarle útiles con problemas que sus hijos ya tienen, tales como el miedo de ir al dentista o al médico. Pero muchas de estas técnicas resultarán aún más importantes para su hijo en el futuro. La capacidad de emplear imágenes que ayudará a su hija cuando reciba una inyección contra el tétanos hoy la ayudará cuando deba enfrentar la experiencia del parto dentro de veinte años. Las mismas capacidades cognoscitivas que pueden ayudar a su hijo a pasar una prueba de ortografía hoy, lo ayudarán a enfrentar sus S.A.T. (Prueba de aptitud escolar) en el futuro o a rendir bien bajo la presión de su trabajo.

Estas capacidades son particularmente importantes para los niños que enfrentan problemas o conflictos. El psiquiatra John March, jefe del *Child and Adolescent Anxiety Disorders Program* (Programa para los trastornos de la angustia en niños y adolescentes) de la Universidad de Duke, les pide a los niños que desarrollen un "juego de herramientas" de estrategias que, según explica, llevarán siempre consigo porque el juego de herramientas se encuentra en sus mentes. Las herramientas de sus hijos podrían incluir cualquiera de las ideas analizadas en este libro pero, por ahora, sólo examinaremos las capacidades cognoscitivas o de pensamiento que han probado ser efectivas con los niños que experimentan una variedad de dificultades.

DEFINIR UN PROBLEMA COMO EL "ENEMIGO"

El primer paso en la mayoría de las formas de psicoterapia cognoscitiva es lograr que los niños puedan diferenciarse de un problema que están experimentando. El niño debe ver el problema como algo que está fuera de sí mismo. John March, de la Universidad de Duke, les dice a los niños que consideren un problema como su enemigo, que le pongan un nombre, y que le declaren la guerra.

Por ejemplo, a los cinco años, Josh tenía muchas fobias. Tenía miedo de los ascensores, las escaleras mecánicas, los puentes, los túneles, la oscuridad, los ruidos fuertes y otras cosas más. Su terapeuta señaló hasta qué punto todos estos temores estaban haciéndole la vida muy difícil a Josh y que estaba virtualmente "bajo el ataque" de sus miedos.

—Tienes que pensar que tus miedos son tu enemigo —le explicó el terapeuta de Josh—. ¡Y tu enemigo te está atacando desde todas las direcciones! Cuando sales, hay un malo detrás de cada puerta. ¡Debes mirar, tener cuidado y contraatacar! Tu enemigo no es el ascensor o la escalera mecánica, sino el miedo que sientes por ellos. Ahora bien, necesitamos un nombre para estos miedos, este enemigo. Es un enemigo muy malo para hacerle esto a un buen chico como tú, ¡y me enfurece sólo pensarlo! Odio a este enemigo, ¿y tú? ¿Cómo llamaremos a este enemigo que te está haciendo tan desdichado?

Josh estaba atónito, mirando a su terapeuta de modales normalmente suaves, estimulándose y preparándose para un combate.

—No estoy seguro de cómo llamarlo —explicó Josh. Pensó un poco más y preguntó—: ¿Qué tal el Hombre-Bestia?

—El Hombre-Bestia es un buen nombre —respondió el terapeuta—. ¿En qué piensas cuando escuchas ese nombre?

—No lo sé —dijo Josh suavemente—, es sólo un nombre.

—Bueno, no queremos "sólo un nombre", queremos un nombre espantoso. ¡Queremos un nombre que te enfurezca! ¡Un nombre que te convierta en guerrero!

Con cada oración, el terapeuta se animaba más y se mostraba más firme.

—Ahora bien, ¿qué nombre te hace realmente hervir la sangre? Dame un nombre que te haga enojar por el solo hecho de pronunciarlo. ¡Dame un nombre para tus miedos enemigos podridos, malos, injustos y metidos!

—¡Robert! —exclamó Josh—. ¡Llamaré a mi enemigo Robert! Odio a Robert, era un pendenciero grande y gordo que solía fastidiarme, decía que yo era un bebé, se sentaba sobre mí y me tiraba del cabello! ¡Lo odio!

—Robert —repitió el terapeuta, obviamente complacido ante el nuevo espíritu combativo de Josh—, sí, parece un buen nombre para tu enemigo. ¡Tengan cuidado con miedos llamados Robert! ¡Los vamos a atrapar!

REUBICAR UN PROBLEMA Y FORMULARLO POR ESCRITO PARA EXPULSARLO DE LA VIDA DE SU HIJO

Los psicólogos llaman el proceso experimentado por Josh "reubicar". Lograr que los niños piensen en un problema interno como algo que se encuentra fuera de sí mismos les permite considerarlo de un modo nuevo y les ofrece un nuevo marco de referencia. Además, designar un problema como un enemigo sirve para motivar a su hijo a hacer algo nuevo. Se da cuenta, a veces por primera vez, de que *él* no es malo. Lo que es malo es el problema que controla su conducta.

El paso siguiente, según los psicólogos Michael White y David Epston de Nueva Zelanda, es que los niños *formulen por escrito* un problema de sus vidas. Estos autores desarrollaron un enfoque cognoscitivo que denominan "terapia narrativa" que utiliza una variedad de actividades escritas para ayudar a aumentar la distancia entre los niños y sus problemas. La terapia narrativa ayuda a los niños a ver que, a través de sus elecciones y conductas, están metafóricamente escribiendo las historias de sus vidas. Si un niño como Josh es temeroso, entonces ese temor influye en cada capítulo de la historia de su vida. Si hay un capítulo acerca de comenzar la escuela, el temor está en él. Pero White y Epston explican que, así como los niños pueden escribir la historia de sus vidas con un problema en cada capítulo, también pueden formular por escrito el problema como algo fuera de sus vidas. Observan de qué manera algo tan simple como una declaración escrita puede motivar a un niño a cambiar completamente su actitud y comportamiento. Por ejemplo, describen cómo Daniel, un muchacho de catorce años, que sufría de un asma peligrosa para su vida, fue ayudado a escribir una declaración de independencia de su asma. Daniel era descrito como un adolescente confiado y despreocupado que mostraba pasividad con respecto a su condición médica. Su terapeuta explicó que Daniel debía considerar su asma como un "tramposo" que le haría daño si tuviera la ocasión de hacerlo. A través de cartas a su terapeuta y algunas reuniones ocasionales, Daniel se comprometió a comprender qué causaba sus ataques de asma, a saber qué podía impedirlos, y a mantenerse alerta respecto de los "trucos" que su condición médica podía reservarle. Antes de la terapia, los padres de Daniel explicaron que se sentían 99 por ciento responsables de enfrentar el asma de Daniel y que pensaban que su hijo sólo estaba alerta al problema un uno por ciento del tiempo. La intención de la terapia era lograr que Daniel se hiciera el cien por cien responsable de su problema.

La esencia de la terapia cognoscitiva es lograr que los niños (o los adultos) piensen en sus problemas en una forma nueva hasta comenzar a creer en estos nuevos pensamientos. Estas nuevas creencias promueven entonces sentimientos y conductas diferentes.

El Plan de Combate para el Problema es un ejercicio escrito que usted puede usar para ayudar a que sus hijos externalicen y ataquen sus problemas y conflictos emocionales. Para cualquier problema resulta adecuado que su hijo tenga cierto control sobre: los miedos, la angustia, los hábitos, los problemas de aprendizaje, y así sucesivamente. Usted puede utilizar esta forma para externalizar el problema y luego unir fuerzas para resolverlo. Obviamente, si los problemas son graves o crónicos, debería consultar a un terapeuta profesional a fin de desarrollar un plan de ataque más sofisticado y recibir, usted y su hijo, más apoyo.

Plan de combate para el problema

Plan de combate personal para el problema que está haciendo que usted (y los demás) se sientan mal

Ponga un nombre a su enemigo (su problema):

_____

_____

_____

¿Qué tipo de guerra va a llevar adelante? Describa diferentes estrategias:

_____

_____

_____

Ataque furtivo (Aborde el problema de una manera nueva y astuta. La sorpresa es un elemento clave):

_____

_____

_____

_____

Combate con todas las energías (Nombre todas las maneras de atacar el problema que se le ocurran):

_____

_____

_____

_____

_____

Guerra de guerrillas (¡Todo vale!):

_____

_____

_____

_____

_____

¿Dónde se desarrollará la batalla?

_____

_____

_____

_____

_____

¿Cuál es el mejor momento para luchar?

_____

_____

_____

_____

¿Quiénes son sus aliados? (¿En quiénes puede confiar para que lo ayuden a resolver su problema? ¿Cómo lo van a ayudar?)

_____

_____

_____

_____

Designe un zona libre de problemas (un tiempo y un lugar donde pueda reponerse de las fatigas de la batalla):

_____

_____

_____

_____

Los enemigos pueden ser traicioneros. ¿Qué piensa que puede hacer su enemigo para desbaratar sus mejores planes?

_____

_____

_____

_____

_____

¿Qué incluye su tratado de paz? ¿Con qué cosas puede convivir y con cuáles no?

_____

_____

_____

_____

¿Cómo sabrá que la guerra está ganada?

_____

_____

_____

_____

¿Cómo será el futuro cuando la guerra haya terminado?

_____

_____

_____

HABLARSE A SI MISMOS

A diferencia de cualquier otro animal de la tierra, los seres humanos tienen la capacidad de hablarse a sí mismos y mantener diálogos internos. Pero al estudiar la forma en que nuestros pensamientos influyen en nuestros sentimientos y comportamientos, los investigadores descubrieron una variación asombrosa en la forma en que los niños utilizan su capacidad para hablarse internamente. Estas diferencias pueden ser un elemento decisivo en nuestro funcionamiento mental.

Según el experto en desarrollo infantil Lawrence Kohlberg, los niños atraviesan cinco etapas en el uso del lenguaje para hablarse a sí mismos. Al principio, puede describirse su discurso privado como una forma de entretenimiento propio, cuando repiten palabras o rimas. En una segunda etapa, el discurso se dirige hacia afuera, y suele escucharse que los niños pequeños describen sus propias actividades, haciéndose observaciones a sí mismos como si estuvieran hablándole a otra persona en la habitación. Pero entre la edad de cinco y siete años, la mayoría de los niños desarrollan un discurso de autoorientación, y se los puede escuchar haciéndose preguntas y guiándose a través de un curso de acción. En la cuarta etapa, este discurso de autoorientación comienza a convertirse en pensamiento internalizado, y puede observarse que los niños se mascullan a sí mismos las palabras de sus pensamientos sin proferir sonido alguno. En la quinta etapa, el diálogo interno del niño es totalmente silencioso, aunque los estudios han mostrado que los niños continuarán mostrando un movimiento de la lengua subvocal mientras piensan.

Aunque las etapas de desarrollo de Kohlberg son comunes a la mayoría de los niños, los psicoterapeutas han descubierto que algunos no utilizan pensamientos internos como ayuda para enfrentar los problemas. O bien son impulsivos y literalmente no piensan antes de actuar o sus pensamientos simplemente no están dirigidos sino que, por el contrario, son imprecisos, contradictorios en sí mismos, o incluso contraproducentes. El hecho de enseñarles a los niños a enfrentar situaciones difíciles hablándose a sí mismos producirá efectos a corto y largo plazo.

Muchos terapeutas promueven el método de "hablarse a sí mismo" como una forma de aprender nuevas conductas. Algunos programas utilizan el autoentrenamiento para enseñarles a los niños a planificar con anticipación y controlar sus conductas impulsivas. Otros terapeutas enseñan a los niños a hablarse a sí mismos a fin de enfrentar los problemas estresantes y reducir la angustia. En su libro, *Positive Self-Talk for Children* (Diálogo interior positivo para niños), Douglas Bloch aconseja a los padres escribir una serie de declaraciones que ayuden a los niños a aceptar sus puntos fuertes y limitaciones, a decirles "no" a las drogas y otras tentaciones, a controlar su ira y enfrentar una amplia variedad de situaciones difíciles. Por ejemplo, la declaración siguiente fue desarrollada para Isaac, a quien un pendenciero solía fastidiar:

> *"Los pendencieros son gente asustada que disfruta asustando a los demás. Puedo manejar a Tim (el pendenciero). Puedo decir fácilmente: 'déjame tranquilo', con una voz firme. Le hago saber a Tim cuáles serán las consecuencias de su conducta. Sé cómo conseguir ayuda si es necesario."*

La idea detrás de esta estrategia es lograr que su hijo repita la declaración tantas veces que comience a creer en ella. Esto es lo que ocurre efectivamente.

Aunque la repetición rutinaria de una frase pueda parecer una estrategia psicológica simplista, no hay duda de que produce un efecto. Los actores se hablan a sí mismos antes de salir al escenario para enfrentar el miedo al escenario, las mujeres que enfrentan el parto se "entrenan" a sí mismas a través del trabajo de parto, los pasajeros que temen volar repiten las estadísticas sobre la seguridad de viajar por aire como una forma de calmar su angustia.

Podemos comprender este fenómeno desde la perspectiva de la fisiología del cerebro. La repetición de pensamientos genera actividad en la neocorteza, el centro cerebral más elevado, el cual inhibe entonces al cerebro emocional de liberar hormonas y otros mensajeros químicos que le habrían señalado al cuerpo que respondiese con un aumento del ritmo cardíaco o náuseas. Nuestros hijos pueden aprender esta respuesta inhibitoria con el tiempo a fin de que una situación particular, por ejemplo la angustia frente a una prueba, inicie un diálogo interno (una respuesta apropiada de adaptación) en lugar de una respuesta fisiológica (un estado de inadaptación). Un niño está entonces en condiciones de hablarse a sí mismo durante la prueba, en lugar de sentirse perturbado por ella.

LOGRAR QUE EL MECANISMO POSITIVO DE HABLARSE A SI MISMO SEA AUTOMATICO

Como quizá lo recuerde de un curso de psicología del colegio secundario, a través del refuerzo usted puede combinar muchas conductas diferentes con distintos tipos de estímulos si el refuerzo es lo suficientemente fuerte y la nueva conducta se repite una y otra vez: así logró Pavlov que sus perros salivaran cuando escuchaban una campana. Lamentablemente, no resulta fácil proporcionar un refuerzo o una repetición adecuada cuando uno le pide a los niños que memoricen algo.

Chris, un niño de diez años, discapacitado y con sobrepeso, vino a verme con una variedad de problemas. No se llevaba bien con su padrastro, sus calificaciones eran bajas, y odiaba a su hermano menor que parecía hacer todo en forma perfecta. Pero lo que más lo perturbaba era la forma en que sus compañeros de clase lo fastidiaban sin piedad en el patio de recreo. Casi todos los días, Chris abandonaba la escuela llorando, dándoles a sus atormentadores aún más razones para burlarse de él.

Chris y yo nos reunimos durante varias sesiones, y hablamos acerca de sus atributos y tratamos de consolidar su confianza en sí mismo. Aunque no era bueno en lengua, sí lo era en matemática. Aunque no mostraba una buena coordinación en softbol y básquetbol, era un buen nadador. Hizo una lista de diez cosas en las que era bueno y le pedí que la memorizara para nuestra próxima sesión. Le dije que representaríamos algunas situaciones en las que era el blanco de burlas, y que si podía repetir su lista de cualidades positivas en la mente, eso lo ayudaría a soportar las burlas.

Tal como podría haberlo esperado, cuando en la sesión siguiente le pregunté a Chris si había memorizado su lista, me dijo sin vacilación que la había perdido casi inmediatamente después de haber abandonado mi consultorio.

—Está bien —dije—, lo intentaremos de nuevo.

Le di entonces otra copia de la lista.

En la siguiente visita, se repitió esta misma escena. Esta vez, Chris presentó una excusa levemente mejor para no haber memorizado la lista, pero el efecto neto era el mismo. Supe que yo había quedado atrapado en el ciclo de derrota de Chris. Tal como suele ocurrir cuando tratamos de ayudar a otra persona, subestimé el poder de la capacidad humana para resistir cualquier cambio, inclusive uno positivo.

Sin embargo, tuve doblemente suerte: tenía una fotocopiadora en el vestíbulo y la madre de Chris tenía un buen sentido del humor. Me disculpé por un minuto, coloqué una nueva lista en la copiadora y al final de la sesión le tendí a Chris y a su madre una resma de 300 copias de su lista de cualidades positivas. En la sesión siguiente, la madre de Chris me explicó que había cubierto las paredes de la habitación del niño con las listas. Estaban en todas partes, sobre el cielo raso, el espejo del baño, en cualquier parte hacia donde él mirara. De más está decir que Chris había memorizado la lista y ahora la representación de papeles podía comenzar.

Tal como lo ilustra la historia de Chris, la memorización de declaraciones positivas es una tarea ardua para muchos niños. Cuando incluye un área de conflicto en la que ya existen resistencias naturales, se torna aún más difícil. Sin embargo, existen formas que permiten que esta técnica funcione. Una de las más fáciles y efectivas, tal como lo veremos en los Capítulos 24 y 25, incluye el uso de computadoras, lo cual permite que la repetición sea algo fácil y divertido.

IMAGENES

Dwayne era un niño de ocho años que tenía una anemia de células falciformes. Me fue derivado porque se negaba a realizarse los frecuentes controles sanguíneos y por su terror ante la perspectiva de hacerse una transfusión. Le dije a Dwayne que yo podía enseñarle a usar su cerebro para adormecer el brazo y sentir apenas la aguja.

Esto es algo que muchas personas han aprendido a hacer a lo largo de siglos, desde magos, brujos hasta grandes héroes —le dije—. El cerebro funciona como un gigantesco centro de comandos computarizados. Cuando queremos caminar o hablar, envía un mensaje a nuestras piernas o a nuestra boca y les dice a estos músculos lo que tienen que hacer. Controla partes de nuestros cuerpos sin que nosotros tengamos siquiera que pensar en ello. Por ejemplo, les dice a nuestros corazones que bombeen sangre con mayor rapidez cuando hacemos ejercicio y a nuestros estómagos que digieran los alimentos cuando hemos terminado de comer.

Luego le pregunté a Dwayne:

—¿Alguna vez tu mano o pie 'se durmió' casi como si no fuera una parte tuya?

—Seguro —dijo—, eso me ocurre muchas veces.

—¿Que te parece si te enseño a hacer películas en tu mente que le permitan a tu cerebro adormecer partes de tu cuerpo, pero manteniéndolo bajo tu control? ¿Que te parece si te enseño a "adormecer" el brazo hasta casi no sentirlo cada vez que tengas que darte una inyección o dar sangre?

Le pedí a Dwayne que mantuviera en el aire el brazo, cerrara los ojos y contara lentamente hasta 100. Mientras contaba, le pedí que relajara los músculos, respirara profundamente, e imaginara estar sentado frente a un fuego en un día de invierno muy frío sobre un sillón, con una manta sobre él (antes de que Dwayne llegara, había encendido el aire acondicionado del consultorio para darle una pequeña ayuda a su imaginación).

123

—Ahora, quiero que imagines que sales —le dije suavemente—, tomas un poco de nieve y formas una bola de nieve. Está fría, ¿verdad? Ahora toma la bola de nieve y colócala justo en el lugar del brazo donde la enfermera te pone la aguja para extraer sangre. ¿Puedes sentir hasta qué punto el brazo se ha adormecido? ¿Apenas puedes sentirlo? Sigue adelante y pincha la piel en ese lugar. ¿Puedes sentir algo?

—Apenas un poco —respondió Dwayne vacilante—. Sólo puedo sentirlo un poco.

—Así es —respondí—, y con la práctica, puedes hacerlo cada vez que quieras. Puedes adormecer el brazo, para nunca tener miedo de una inyección o de dar sangre. Qué bueno, ¿no?

—Sí —dijo Dwayne, pinchándose una vez más el brazo—, ¡está realmente adormecido!

Cualquiera que se haya despertado alguna vez de un sueño bañado en transpiración fría, con las sábanas y las frazadas revueltas después de haber huido de algún monstruo imaginario, conoce el poder de la mente para crear imágenes que, bajo ciertas circunstancias, no pueden distinguirse de la realidad. Inclusive en estado de vigilia, podemos pedirle a la gente que imagine una experiencia atemorizante y su ritmo cardíaco se acelerará. Si les pedimos que imaginen que están colocando la mano sobre una superficie caliente, podemos medir inclusive un aumento de la temperatura de la piel y del volumen de sangre.

Entre los tres y los cuatro años, los niños desarrollan la capacidad de crear una imagen en la mente y hasta de animarla como si fuera una película. Esta capacidad de crear imágenes es particularmente fuerte en la niñez pero luego, aparentemente, se desvanece en la mayoría de nosotros hacia el final del adolescencia.

La creación de imágenes puede ser una herramienta importante para reducir la aflicción psicológica y física. Al distraer la parte pensante del cerebro, las imágenes puede debilitar directamente los impulsos nerviosos evocados por la aflicción. La intensa concentración utilizada para formar una imagen puede entonces convertirse en un factor clave para poner en marcha un sistema interno de supresión del dolor. Según Patricia McGrath, autora de *Pain in Children* (El dolor en los niños), este tipo de distracción no es simplemente una táctica de diversión por medio de la cual los niños dejan de prestarle atención a la presencia del dolor, sino que reduce realmente el dolor, creando un analgésico natural.

Usted puede enseñarle a su hijo a formar imágenes mentales como una forma de ayudarlo a enfrentar una amplia variedad de situaciones. Cuando cae y se raspa la rodilla, puede imaginar una bolsa llena de hielo aplicada sobre la herida para adormecerla. Si tiene miedo del dolor dental, puede aprender a cerrar los ojos, relajarse, e imaginar que lo han llevado a pasear en una alfombra mágica. Si siente un nudo en el estómago por tener

La creación de imágenes no sólo distrae la atención del niño, sino que puede disparar un sistema de supresión del dolor en el cerebro, creando un analgésico natural.

que leer un poema frente a la clase, puede imaginar que el aire está lleno de "estrellas de poder" invisibles y mágicas que puede tragar para tener confianza y relajar su estómago.

No hay duda de que el entrenamiento para la creación de imágenes funciona para controlar el dolor grave y crónico, y a veces es aún mejor que la medicación. En un estudio de investigación en el que se les enseñaba a los niños a enfrentar las migrañas, la Dra. Karen Olness, una profesora de pediatría de la Universidad de Case Western, explica lo siguiente: "Aunque no conocemos la causa específica de la migraña, lo que sí sabemos a partir de estudios controlados es que la práctica regular de un ejercicio de creación de imágenes relajantes da como resultado una menor cantidad de migrañas que la utilización convencional de medicamentos para el mismo fin. Los niños entrenados para utilizar técnicas de autorregulación mostraron mejores resultados que los niños con medicación, y sin duda mejores que los niños con placebo que no recibían medicación alguna".

El simple hecho de darles a los niños las herramientas que pueden usar para controlar su dolor y estrés puede constituir un factor significativo para que dichas técnicas funcionen. Muchos estudios muestran que cuando la gente percibe que tiene cierto control sobre el estrés, este le molesta mucho menos. Hace años, como estudiante próximo a graduarme de la Universidad de New York, me desempeñaba como asistente de laboratorio del psicólogo David Glass que estaba investigando los efectos de la contaminación sonora. En dichos estudios, descubrimos que con sólo darles a los sujetos un botón que pudiera apagar el ruido fuerte, estos mejoraban su desempeño en una tarea rutinaria. Estos sujetos también consideraban el ruido como algo mucho menos perturbador que los que no disponían del botón. En otra investigación, los pacientes de cáncer que estaban autorizados a darse sus propias inyecciones de morfina, frente a los que las recibían de un médico, mostraban un mejor control del dolor, aun cuando en realidad utilizaban menos narcótico.

LA ELECCION DE UNA IMAGEN APROPIADA

Cuando usted le indique a su hijo que piense en una imagen para enfrentar un dolor o un elemento particular de estrés, elija una que sea adecuada para la edad y complementaria de un problema particular. Las siguientes son algunas imágenes que diferentes niños han utilizado para superar sus problemas:

* *El temor a los perros:* El niño está observando un perro que ladra mientras Superman está junto a él. El niño se acerca al perro bajo la mirada atenta del hombre de acero que le indica cómo proceder. El perro se vuelve entonces amistoso y el niño ya no tiene miedo.

* *Dolores de cabeza:* El niño considera su dolor de cabeza como un tambor batiente. Visualiza mantas "mágicas" frías que envuelven el tambor hasta destemplarlo.

* *Asma:* El niño imagina sus bronquios como si fueran globos desinflados. Imagina bombas mágicas colocadas en cada globo, que los hacen expandir, y la respiración se vuelve más fácil.

* *Angustia y frustración frente a una tarea escolar difícil para el hogar:* El niño imagina que su lápiz está encantado, pero que pierde su poder si no toca directamente el papel. El lápiz le habla y lo alienta a seguir intentando durante un período específico.

COMO ENSEÑARLE A SU HIJO A USAR LAS IMAGENES

Si usted utiliza el tiempo necesario para enseñarles a sus hijos a usar las imágenes para enfrentar la aflicción física y psicológica, les enseñará capacidades que durarán toda la vida, reduciendo mucho el sufrimiento innecesario.

Comience explicando lo que está haciendo y por qué lo hace. Es importante que aun los niños más pequeños sepan que se trata de una herramienta que pueden colocar en el estuche de su juego de herramientas y que permite conservar la salud, igual que una dieta nutritiva y el ejercicio.

He descubierto que resulta útil contarles a los niños de qué manera los mejores atletas del mundo utilizan la creación de imágenes para realizar hazañas que nadie pensó que fueran posibles. Un canoísta olímpico visualiza el curso del río antes de navegar por él. Hay rocas y aguas turbulentas en todas partes, pero realiza hábiles maniobras para superarlas. Cuando llega la hora de la carrera, completa el circuito con mayor rapidez y gana. Un bateador aprende a practicar mentalmente su golpe varias veces por día y justo antes de ser llamado a batear. Su promedio de golpes aumenta casi un 20 por ciento.

Es fácil entusiasmarse con el poder de la creación de imágenes y transmitirle esta pasión a su hijo, porque estas historias, y miles como ellas, son todas ciertas. El Dr. Shane Murphy, un psicólogo deportivo del Comité Olímpico de los Estados Unidos y autor de *The Achievement Zone* (La zona de realización), señaló en un estudio realizado en el Olympic Training Center de Colorado Springs que más del 90 por ciento de estos atletas superiores utilizaron la imaginación para mejorar su destreza deportiva. En un experimento, Murphy señala que le pidió a un grupo de estudiantes secundarios que practicaran sus golpes de golf durante siete días consecutivos. A un tercio de los estudiantes se les pidió que imaginaran que acertaban el golpe a cada intento, a otro tercio que fallaban a cada intento y otro tercio no realizó ningún entrenamiento de visualización. El grupo que practicó la creación de imágenes positivas mejoró un 30 por ciento al final de la semana, mientras que el grupo que no practicó con imágenes sólo mejoró el 10 por ciento. En un resultado inesperado, el grupo que se visualizaba fallando el golpe disminuyó realmente su precisión en un 21 por ciento, incluso después de una semana de práctica.

Antes de enseñarle a su hijo esta capacidad del CE, trate de usar la creación de imágenes usted mismo durante un minuto o dos. Siéntese, cierre los ojos, respire profundamente, e imagínese en una playa aislada, yaciendo tranquilamente sobre la cálida arena blanca. Trate de que la experiencia sea lo más real posible, participando conscientemente con cada uno de sus sentidos. ¿Puede sentir la arena cálida? ¿Oler el aire salado? ¿Escuchar el sonido de las olas que rompen en la costa o las gaviotas que pasan por encima de su cabeza? ¿Puede saborear el helado de vainilla y sentirlo en la boca?

Las imágenes más poderosas desatan recuerdos sensoriales, creando lo que los hipnoterapeutas llaman un "sueño para despertar". Ahora califique su imagen utilizando una escala del uno al diez, siendo el diez "casi como si estuviera en la playa" y el uno "una imagen imprecisa e incompleta de la playa". Si su puntaje fue de siete o más, usted casi seguramente disfrutó de estas vacaciones de cinco minutos.

Ahora dígale a su hijo que se siente en una silla cómoda en un lugar tranquilo donde no será interrumpido. Antes de introducir la imagen, haga que respire lenta y profundamente. Haga que relaje los músculos hasta poder ver que su cuerpo ha perdido toda su tensión.

Describa con todo detalle la escena que su hijo debe imaginar. Este no debería simplemente "captar la escena", sino comprometer cada uno de los sentidos en la creación de una imagen lo más real posible.

Cuando guíe a su hijo para que vea la imagen, tómese el tiempo para describir cada detalle. Hable lentamente, pero con emoción, como si estuviera contando una historia fascinante. Recuerde que está creando una imagen en su mente con cada una de sus sugerencias, por lo tanto, déle tiempo para hacerlo.

Las imágenes tienen más sentido para los niños si se las crea utilizando elementos con los que disfrutan. La siguiente es una imagen contada a Mike, de siete años, que experimentaba terrores nocturnos. Estaba concebida para ayudarlo a quedarse dormido, así como para tranquilizarlo si se despertaba de una pesadilla. Unas de las actividades preferidas de Mike era pescar junto a un lago con su padre.

> Estás caminando por un bosque. A medida que te internas cada vez más en el bosque, te sientes cada vez más relajado. Hay una brisa fresca, y puedes oler las agujas de los pinos y escuchar el suave crujido de las hojas mientras caminas. Después de un rato, llegas a tu destino: un lago donde papá está esperando con cañas de pescar ya en el agua. Tú y papá se sientan sobre unas sillas y observan el oleaje que va y viene. El sol se está poniendo y está oscureciendo. El lago está tan tranquilo que casi puedes escuchar a los peces nadando en él. Estás tan relajado y contento que caes dormido.

Como toda capacidad del CE, la creación de imágenes debe practicarse si se pretende que sea efectiva. Tal como lo explica el Dr. Murphy a los atletas y a los directores de empresa, la mente es parecida a un músculo: sólo se torna más fuerte con el ejercicio. Si su hijo tiene problemas crónicos de salud, pocas cosas funcionan mejor que la creación de imágenes para enseñarle a controlar el dolor, particularmente cuando se combina con otras técnicas de relajación/distracción. La creación de imágenes es una capacidad que todos los niños deberían aprender, así como deberían aprender buenos modales, la forma de hacerse amigos, o de hacer valer sus derechos.

OTRAS FORMAS EN QUE PUEDE AYUDAR A SU HIJO A UTILIZAR EL PODER DE LAS IMAGENES

El procedimiento que he descrito para entrenar a su hijo a utilizar la creación guiada de imágenes es simple y directo, pero existen también otras actividades, basadas en el arte, que pueden producir el beneficio adicional de poner a su hijo en contacto con la música y el arte y de reforzar su conocimiento estético.

1. Dígale a su hijo que cierre los ojos y escuche distintos tipos de música instrumental (sinfónica, jazz, New Age). Hable sobre la imagen que evoca la música.
2. Muéstrele a su hijo imágenes de arte abstracto y pídale que busque formas que le recuerden algo. Luego pídale que dibuje una imagen basada en una forma.
3. Dígale a su hijo que mire fijamente un cuadro con muchos detalles (como una pintura de Norman Rockwell) durante cerca de un minuto. Luego dígale que cierre los ojos y mire el cuadro con los ojos de la mente, tratando de recordar la mayor cantidad de características posible.
4. Cubra los ojos de su hijo y permítale oler varias cosas diferentes alrededor de la casa (una naranja, un perfume, una planta). Luego dígale que dibuje una imagen que incluya los objetos que olió.
5. Pídale a su hijo que recuerde un acontecimiento placentero de su pasado. Luego hágale cerrar los ojos y describir la escena con el mayor detalle posible.

De muchas maneras, las capacidades del CE "pensante" descriptas en este capítulo son las más fáciles de enseñar porque son muy accesibles. Por otra parte, suelen incluir mayor repetición que los demás tipos de capacidades emocionales y sociales, y pueden parecer poco naturales o extrañas. Sin embargo, sus beneficios son indiscutibles si uno dedica tiempo y energía para enseñárselas a su hijos.

PUNTOS DEL CE PARA RECORDAR

- Los niños de más de seis años pueden aprender a hablarse a sí mismos como una forma de aumentar su período de atención y mejorar su desempeño, actuando como si fueran su propio entrenador.
- Para que las técnicas de hablarse a sí mismo sean efectivas, deben estar condicionadas en el pensamiento y el repertorio de conductas del niño a través de la repetición y el refuerzo.
- Usted puede usar la creación guiada de imágenes para enseñarles a sus hijos a enfrentar el dolor y la inquietud, así como la aflicción psicológica.
- Cuanto más temprano empiece a enseñarles a sus hijos a utilizar estas capacidades, tanto más efectivas serán.
- La repetición es esencial para que sus hijos dominen estas capacidades de pensamiento, de modo que deberá tornarlas placenteras y reforzarlas con su propio interés y entusiasmo.

Cuarta Parte

LA CAPACIDAD
DE RESOLVER PROBLEMAS

Un niño de cinco años es testigo del momento en que su padre se lastima con una motosierra y corre a la casa hasta el teléfono para pedir una ambulancia. Una niña de siete años, cansada de que su padre la vaya a buscar tarde en sus visitas semanales, le compra un reloj con una alarma para su cumpleaños y lo prepara para que suene una hora antes de la hora en que debe ir a recogerla. Un niño de diez años, perturbado porque su primo fue herido en el vecindario por un tiroteo, le escribe al alcalde y al jefe de policía sobre sus preocupaciones, solicitándoles con urgencia que asignen un mayor número de agentes de policía en el área. Luego recibe una carta personal de respuesta por parte del alcalde prometiéndole que su pedido será escuchado.

A menudo no reconocemos la plena capacidad de nuestros hijos para resolver problemas. Con demasiada frecuencia nos abalanzamos para ayudarlos antes de que la ayuda sea realmente necesaria, o suponemos que deberíamos tomar las decisiones en lugar de ellos. Sin embargo, cuando tienen la oportunidad, nuestros hijos son capaces de ver todos los aspectos de un tema y resolver problemas muy complejos, mejorando la calidad de sus vidas y las de los demás.

Algunos padres pueden no dedicarle tiempo a la enseñanza de capacidades para resolver problemas, creyendo con ingenuidad que la niñez debería quedar lo más alejada posible de

131

los problemas. Como dijo un padre cuando se enteró de que la capacitación para resolver problemas formaba parte del programa del jardín de infantes de su hijo: "¡Es sólo un niño! Tiene mucho tiempo por delante para enfrentar problemas".

Este padre no se dio cuenta de que la capacidad para resolver problemas forma parte inherente del crecimiento. Ya en los primeros meses de vida nuestros hijos adquieren la capacidad de resolver problemas. Su crecimiento intelectual y emocional está impulsado por el proceso de resolución de problemas. Pero como las otras capacidades del CE, la capacidad de un niño para resolver problemas está íntimamente relacionada con la edad. No tenemos más que observar a un niño tratando de resolver un nuevo problema para apreciar la urgencia de desarrollo de los problemas inminentes:

- Una niña pasa horas tratando de meter el pulgar en la boca, a menudo cometiendo errores y pinchándose la nariz o la frente hasta que, al final, tiene éxito con satisfacción.
- Un niño de un año trabaja duro para equilibrar los tres bloques en una torre, sintiéndose al principio desconcertado, luego frustrado y al borde las lágrimas. Sin embargo, si los bloques son retirados, el niño tiene un berrinche.
- Un niño de tres años insiste en atarse sus propios zapatos, ignorando el hecho de que se encuentra en el medio del pasillo de una tienda, con compradores apurados que tuercen sus carritos a su alrededor para poder pasar. Se niega a distraerse de su tarea hasta poder dominarla y protestará de viva voz contra el padre que interfiere, aun si lo hace por su seguridad.

A los padres que definen su propia felicidad o su éxito en base al hecho de tener menos problemas de qué preocuparse, puede resultarles difícil comprender que los niños realmente disfrutan del proceso de resolver problemas. Observe a un grupo de niños de ocho años construyendo un fuerte en un patio: dibujan planos, reúnen cajas de cartón, madera y cuerda; revuelven el garaje o el sótano en busca de cualquier cosa que pueda mejorar sus fantasías arquitectónicas. Pueden olvidar el almuerzo e ignorar la llovizna. Se sentirán visiblemente poco impresionados ante el escepticismo de sus padres acerca del resultado final. En muchos casos, los niños mostrarán más entusiasmo y placer en la resolución del problema de construir el fuerte que en jugar con la estructura misma ya terminada.

Otro concepto erróneo es que la resolución de problemas está mucho más relacionada con el desarrollo intelectual (CI) que con las capacidades emocionales y sociales (CE). El eminente psicólogo del desarrollo Jean Piaget suponía que la lógica, primero concreta y luego abstracta, constituye el elemento crítico en la resolución de problemas, relacionándola directamente con la edad y las dotes intelectuales de un niño. Pero un cuerpo creciente de pruebas sugiere que la experiencia social y la familiaridad con el problema pueden ser los factores más críticos.

En su libro, *Children Solving Problem* (Niños resolviendo problemas), Stephanie Thornton, una profesora de psicología de la Universidad de Sussex, cita una amplia gama de estudios de donde surge que los niños son mucho más expertos en la resolución de problemas de lo que uno solía pensar. Concluye que una resolución satisfactoria de problemas en los niños depende más de la experiencia que de la inteligencia. Thornton explica que investigaciones previas sobre la forma en que los niños aprenden las capacidades para resolver problemas, incluyendo el trabajo de Jean Piaget, mundialmente famoso, se basaban en tests en los que los niños no estaban familiarizados con el tipo de problemas que se les presentaba. Por ejemplo, pocos niños de dos y tres años pueden responder a un problema abstracto como el siguiente:

1. Si A es verdad, entonces B es verdad.
2. A es verdad. ¿Qué sigue?

Pero pocos niños de tres años tendrían inconvenientes con el mismo concepto deductivo si fuera planteado de la siguiente manera:

1. Si te portas bien mientras hacemos las compras, podrás comer un helado.
2. Te portaste bien mientras hacíamos las compras. ¿Qué ocurrirá?

Los niños pequeños pueden resolver problemas bastante complicados cuando son formulados en términos familiares y concretos, aun cuando no tendrían éxito en esos mismos problemas si se los presentara de una manera abstracta, inexacta desde el punto de vista de los hechos, o hipotética.

En efecto, incluso los adultos tienen dificultades para resolver problemas lógicos si no pueden recurrir a un conocimiento o a creencias previas acerca del mundo real. Esto cobra sentido si pensamos hasta qué punto la familiaridad aumenta nuestra capacidad de razonar. No es lo mismo que usted tenga que darle instrucciones a alguien sobre cómo llegar a un lugar específico de su ciudad natal que tener que dar a la misma persona instrucciones para llegar a un lugar en una ciudad que sólo visitó una o dos veces. Ambos problemas son iguales desde el punto de vista estrictamente cognoscitivo y sin embargo, en uno de los dos casos usted dispone de información, experiencia para resolver el problema.

Este principio resulta válido cuando les enseñamos a nuestros hijos a resolver sus problemas personales internos. Con cada experiencia positiva de resolución de problemas que le damos a nuestros hijos, construimos un depósito de hechos y experiencias al que pueden recurrir para resolver el problema siguiente. Así, estamos creando caminos para la resolución de problemas que comienzan con sus impulsos naturales de desarrollo pero que se conectan y vuelven a conectar a través del conocimiento y la experiencia.

9

LA ENSEÑANZA A TRAVES DEL EJEMPLO: CUAL ES EL PAPEL QUE DEBE ASUMIR PARA QUE SU HIJO LOGRE RESOLVER SUS PROBLEMAS

Cuando nuestros hijos nos observan analizar tranquilamente un problema, resolviendo las cosas por medio de la lógica, y ponderando soluciones alternativas, comienzan naturalmente a valorar e imitar este comportamiento. Por otra parte, si nos volvemos irritables, discutimos, nos deprimimos o nos dejamos abrumar por nuestros problemas, o si pretendemos que los problemas no harán más que desaparecer o pensamos que se resolverán por sí solos, ¿qué podemos esperar que aprendan nuestros hijos?

Por una variedad de razones psicológicas, algunos padres pueden no servir de modelo en el hogar en materia de resolución de problemas, a pesar de mostrar esta capacidad en el trabajo o la comunidad. Considérense las reacciones de Dan, padre de tres niños, farmacéutico en una cadena de supermercados. Dan trabaja nueve y a veces diez horas por día. También está siguiendo cursos para obtener un Master con la esperanza de poder conseguir un día un cargo de investigador en una empresa farmacéutica. Dan se siente orgulloso de su capacidad para manejar "cualquier cosa que se le presenta". Se considera sensato y racional, el hombre a quien uno debe acudir cuando surge un problema.

Pero en su casa, piensa que debería quedar al margen de todo problema. Le dice a su esposa que quiere que su casa sea un santuario, un lugar para descansar y recargar su espíritu.

Sin embargo, cuando llega de su trabajo a las 18,30 hs., su esposa explica que la cena estará lista más tarde.

—¡Tarde! ¿Otra vez tarde? —exclama—. ¿No puedo tener mi cena preparada a tiempo una vez por mes?

Durante la cena, su hija mayor anuncia que obtuvo una mala nota en una prueba de ortografía.

—Bueno, si estudiaras como te dije —gruñe Dan—, habrías obtenido un "10", ¿verdad? Nadie quiere hacer su trabajo por aquí. Todos toman el camino fácil. Tengo dolor de cabeza.

Luego se aleja furioso de la mesa.

La razón por la que con tanta frecuencia tratamos a los conocidos ocasionales o incluso a los desconocidos mejor que a los que amamos, es un gran misterio. Y sin embargo, con esfuerzo, esto no debería ocurrir. Tal como lo explica la psicóloga comunitaria, Dra. Louise Hart, en *The Winning Family* (La familia ganadora), cuando los padres asumen la responsabilidad de desempeñar sus papeles como líderes de la familia, constituyen modelos excelentes para sus hijos. Para sus hijos, usted es una persona con un poder asombroso, ¡incluso más que el del presidente! Hart explica que existen seis cualidades de liderazgo que los padres deben exhibir para mantener la felicidad y la estima individual en la familia:

1. Deben tener visión, dirección y metas.
2. Deben comunicar su liderazgo en forma efectiva.
3. Deben mantener a la familia centrada en las metas.
4. Deben tomar en consideración las necesidades de los demás.
5. Deben apoyar el progreso.
6. Deben esperar el éxito y obtenerlo.

¿Le demuestra usted a su hijo cómo resolver problemas a través de sus palabras y acciones cotidianas? Piense en un problema reciente que haya afectado a su familia. ¿Se atrasó en el pago de las cuentas? ¿Tuvo usted alguna enfermedad que lo alejó de algunas de sus actividades normales? ¿Alguno de sus hijos no se comportó correctamente? Ahora bien, utilizando el diagrama de más abajo verifique las afirmaciones que describen su forma de resolver el problema.

Lista de resolución de problemas
para padres

_____ ¿Trató de pensar en varias estrategias para resolver el problema?

_____ ¿Definió claramente el problema?

_____ ¿Permitió que todos aquellos involucrados en el problema ofrecieran alternativas para solucionarlo?

_____ ¿Consideró los aspectos negativos y positivos de cada idea, también los de aquellas propuestas por otros?

_____ ¿Mantuvo la calma y se abstuvo de culpar a otros?

_____ ¿Hizo un esfuerzo honesto para lograr que la solución resultara?

_____ ¿Reconoció los esfuerzos de los demás para llegar a la solución?

_____ ¿Hizo un plan alternativo para el caso de que la solución no funcionara?

¿Dejó usted de lado más de la mitad de estas afirmaciones? Si no lo hizo, siga leyendo.

REUNIONES FAMILIARES

Pocos padres discutirían la importancia de ayudar a los niños a aprender buenos hábitos para resolver problemas, pero muchos no le dedican el tiempo necesario. Una forma de garantizar que usted tenga la oportunidad de erigirse como modelo de sus hijos para resolver problemas es programar reuniones familiares en forma semanal. Estas reuniones deberían programarse a una hora en que todos puedan concurrir. Hacer que la asistencia a las reuniones familiares sea obligatoria —tanto para los padres como para los hijos— transmitirá a los niños el mensaje de que usted toma en serio su papel como líder familiar y que está firmemente decidido a ayudarlos a desarrollar capacidades emocionales y sociales para el éxito.

En general, suelen programarse las reuniones familiares para que duren media hora. En tanto que líder(es) de la reunión, el (los) padre(s) debería(n) insistir en el respeto de las siguientes reglas básicas para toda buena reunión:

- Comenzar y terminar a tiempo.
- No interrumpir cuando otro habla.
- No criticar las opiniones o los sentimientos de otro.
- Darle a cada uno la oportunidad de participar, pero no obligar a nadie a participar si no quiere.

Cerca de la mitad de la reunión debería dedicarse a las preocupaciones individuales y la otra mitad a los problemas que afectan a la familia como grupo. Cada persona debería tener la oportunidad de examinar y "desarrollar" un problema que está enfrentando. Esta es la oportunidad de plantear temas que resultan adecuados para ser analizados en familia.

Cuando examinen un problema que están experimentando, encare el siguiente procedimiento de cinco pasos para resolver problemas:

1. Identificar el problema.
2. Pensar en soluciones alternativas.
3. Comparar cada solución.
4. Escoger la mejor solución.
5. En la siguiente reunión, informar sobre el resultado de la solución propuesta y analizar las modificaciones que resulten necesarias.

Por ejemplo, la señora Garvey regresaba del trabajo a casa todos los días con un dolor de cabeza y se mostraba irritable con sus hijos y su marido lo que era poco habitual en ella. En una reunión familiar, su hijo de diez años le preguntó qué le estaba ocurriendo, y la madre de tres niños explicó que la presión en su trabajo la estaba cargando de estrés y angustia. La señora Garvey se desempeñaba como auxiliar en un importante estudio jurídico, y dos de los abogados con los que trabajaba le habían dado más trabajo del que podía hacerse cargo. No quería quejarse porque estaba buscando un ascenso, pero los dos abogados querían que el trabajo fuera para ella una prioridad. Abordó el problema en una reunión familiar utilizando el proceso de cinco pasos:

1. Identificar el problema: "Tengo más trabajo del que puedo hacerme cargo".
2. Pensar en soluciones alternativas: "Podría a) decirles a los dos abogados que estoy sobrecargada de trabajo; b) llevar trabajo a casa por la noche y trabajar los fines de semana; o c) recomendar la contratación de un trabajador temporario y supervisar a esa persona".

3. Comparar cada solución: "La primera solución no hace más que trasladar el problema a los abogados, provocándoles más estrés, lo que no les gusta. La segunda solución tornará las cosas más difíciles para mí y mi familia. La última reconoce el problema, ofrece una solución razonable y no vuelve el trabajo más duro para mí ni para nadie".

4. Escoger la mejor solución. "La tercera. A corto plazo le costará al estudio un poco de dinero, pero a largo plazo el trabajo se hará con más rapidez y efectividad".

Es fácil ver de qué manera los niños de la señora Garvey pudieron aprender observando a su madre resolver su problema en voz alta. Podrían entonces aplicar ese proceso a sus propios problemas y conflictos. Como beneficio adicional, la señora Garvey se toma el tiempo necesario para analizar su problema, comunicándole a su familia por qué se ha mostrado irritable y dándole una oportunidad de que le brinde su apoyo emocional.

Una vez exhibido el proceso de resolución de problemas, sus hijos deberían tener la oportunidad de examinar un problema si así lo desean. Los niños más pequeños necesitarán una guía para enfrentar cada uno de los pasos, pero usted puede llegar a sorprenderse por la rapidez de aprendizaje que suelen mostrar incluso niños de cinco años. Cada persona de la familia también puede pedir ayuda a otros miembros de la familia. A los niños les gusta tener la oportunidad de ayudar a sus padres en cuestiones importantes, y sus opiniones deberían ser respetadas. Recuerde que la resolución de problemas es un proceso donde no siempre hay respuestas correctas o incorrectas. Es también una actividad que no sólo contribuye a la inteligencia emocional de sus hijos, sino que construye también un sentido de cohesión y apoyo familiar.

PUNTOS DEL CE PARA RECORDAR

- Los niños más pequeños aprenden a resolver problemas a través de la experiencia. Estimúlelos a resolver problemas, en lugar de intervenir para resolverlos usted mismo.
- Desarrolle una atmósfera para la resolución de problemas en su hogar a través de reuniones familiares y mostrándoles a sus hijos cómo resuelve problemas reales en su propia vida.

10

EL LENGUAJE
PARA RESOLVER PROBLEMAS

Uno de los programas de investigación relacionado con la enseñanza de las capacidades para la resolución de problemas que tuvo mayor difusión fue el iniciado en los años setenta por los psicólogos de Philadelphia, David Spivak y Myrna Shure. Con más de veinticinco años de investigación clínica detrás de él, el programa "Yo puedo resolver un problema" (YPRP) demostró que se les puede enseñar incluso a los niños impulsivos de tres y cuatro años a *razonar* en lugar de *actuar* sobre sus problemas. Los niños han aprendido a pedirle a otro que comparta un juguete en lugar de quitárselo, a decir que están enojados en lugar de pelear, y a hablar en favor de sí mismos en lugar de retirarse y sentirse resentidos. Una vez aprendidas, estas capacidades perduran. Los estudios de investigación han mostrado que los niños que habían adquirido la capacitación del YPRP en la etapa preescolar tenían menos probabilidad de experimentar problemas en el jardín de infantes. Los niños capacitados en el programa YPRP no sólo tienen menos probabilidad de ser impulsivos, insensibles, agresivos o antisociales, sino que tienen más éxito en su desempeño académico.

El programa YPRP comienza enseñándoles a los niños pequeños seis pares de palabras que forman la base de las capacidades para resolver problemas. Usted puede usar estos pares de palabras lúdicamente para lograr que sus hijos comiencen a usarlos en forma regular y a asociarlos con una actividad divertida. Esto aumenta las probabilidades de que sus hijos los utilicen cuando llegue el momento de enfrentar un problema interpersonal. Estos pares de palabras ayudarán a sus hijos a pensar si deberían hacer sus tareas *ahora* o *más tarde*, lo que ocurrió *antes* de una pelea y qué sucedió *después*. Los pares de palabras iniciales son:

> es/no es
> y/o
> algo/todo
> antes/después
> ahora/más tarde
> mismo/diferente

Usted puede hacer juegos de palabras con sus hijos a fin de reforzar el uso del lenguaje para resolver problemas. Utilice ese tipo de juegos con la mayor frecuencia posible y en la mayor cantidad de lugares posibles: en el comedor, en el almacén, o en un viaje en coche... cada vez que usted y sus hijos estén juntos. Naturalmente, cualquier otro adulto que suele pasar tiempo con sus hijos —docentes, niñeras, abuelos— también puede jugar a este juego de palabras. Como en el caso del aprendizaje de un idioma extranjero, cuanto más refuerzo y práctica reciban los niños para utilizar el lenguaje de resolver problemas, mejor.

Los juegos de palabras están concebidos para ayudar a que los niños pequeños perciban las diferencias en los pares de palabras, como en los ejemplos siguientes:

Mamá:	(en el almacén) Juguemos un juego llamado "Es/no es" mientras hacemos compras. Aquí hay torta. Es un postre, no es un plato principal. Aquí hay una manzana. ¿Es un plato principal?
Stacie:	No, no lo es. Es una fruta. Es como un tentempié.
Mamá:	Así es. No es un plato principal. Es un postre o un tentempié. ¿Puedes ayudarme a buscar otra cosa que podamos comer esta noche para la cena, pero que no sea un plato principal?

O bien si su hijo es un poco más grande, usted podría iniciar una conversación como esta camino a la escuela:

Papá:	¿Recuerdas el juego de "Antes y Después"? Juguémoslo ahora para planificar tu día, ¿de acuerdo?
Jeremy:	De acuerdo.
Papá:	¿Harás tu tarea antes o después de cenar?
Jeremy:	Antes de cenar.
Papá:	Así es. Esa es la regla en nuestra casa. La tarea debe terminarse antes de cenar. ¿Comes tu refrigerio en la escuela antes de reunirte con tu grupo de lectura o después?

Jeremy:	Antes de leer. La señorita Harvey dice que un refrigerio nos ayuda a prestar atención y a no pensar en que tenemos hambre.
Papá:	¿Ah sí? No lo sabía. Es una buena idea. A propósito, ¿tienes hambre antes o después de comer un gran bol de helado?
Jeremy:	Eso es tonto. Antes de comer helado, por supuesto.

Para un niño de más edad, usted podría jugar estos juegos mientras practica conocimientos académicos. Este es un juego de igual/diferente, que pone a prueba a un niño sobre conceptos básicos de matemática:

Mamá:	¿Uno por tres es lo mismo que tres por uno, o es diferente?
Amy:	Es lo mismo.
Mamá:	Así es. Bien. ¿Seis dividido dos es lo mismo que 12 dividido tres, o es diferente?
Amy:	Eso es difícil. Déjame escribirlo... Oh, son números diferentes. Tres y cuatro son las respuestas. Sí, es diferente.
Mamá:	Muy bien. ¿Puedes pensar en dos problemas de multiplicación que tengan la misma respuesta? Como 2 x 4 = 8 y 1 x 8 = 8. Ambas respuestas son las mismas.

LA UTILIZACION DE PARES DE PALABRAS PARA RESOLVER PROBLEMAS

La forma en que estos juegos básicos de palabras se relacionan con el aprendizaje de las capacidades para resolver problemas puede no resultar inmediatamente clara, pero dichos juegos se parecen a la práctica de las escalas antes de aprender a tocar el piano. Los conocimientos ensayados en estos juegos de palabras les enseñan a sus hijos los conceptos básicos para la resolución de problemas —adónde se encuentran las "notas"— y enseñan a pensar rápidamente, del mismo modo en que las escalas en el piano enseñan a tener agilidad en los dedos.

Esto es lo que ocurre cuando Alex, un niño de seis años, ha aprendido estos juegos de palabras básicos y acude a su madre llorando después de haber sido molestado por su hermana de once años y sus amigas:

Alex:	(llorando) ¡Odio a Martha! Es tan mala conmigo.
Mamá:	(tranquilamente) ¿Qué ocurrió antes de que comenzaras a llorar?
Alex:	Martha dijo que yo era un bebé y que no podía mirar televisión con ella.

Mamá:	¿Y que ocurrió antes de eso?
Alex:	(levemente menos perturbado) Entré en la habitación y dije que quería mirar televisión con Martha y sus amigas, y que ellas la había mirado toda la mañana y ahora me tocaba a mí.
Mamá:	Veo que querías compartir la televisión, lo que cual es bueno. Pero no creo que la forma en que actuaste haya ayudado a resolver tu problema y a obtener lo que querías. ¿La forma en que actuaste es lo mismo que preguntar simplemente si podían dejarte el turno en la televisión, o es diferente?
Alex:	(ya no llora, piensa) Supongo que es... diferente. Supongo.
Mamá:	Así es, es diferente. ¿Crees que la forma en que le preguntaste a Martha fue la correcta o no?
Alex:	Supongo que no fue la correcta.
Mamá:	¿Por qué lo piensas?
Alex:	Porque Martha fue mala conmigo y yo lloré.
Mamá:	Sí, eso es verdad. Pero no es lo que estoy preguntando. ¿Crees que la forma en que le pediste fue la correcta?
Alex:	No. No dije "por favor".
Mamá:	Así es. ¿Qué otra cosa podrías haber hecho de manera diferente?
Alex:	Podría haber sido más amable.
Mamá:	Así es. Esa hubiera sido la forma correcta de hacerlo. ¿Tal vez quieras intentarlo de nuevo?

Una vez que sus hijos aprendieron y practicaron los pares de palabras iniciales, tal vez usted quiera introducir un nuevo grupo de pares de palabras que los puede ayudar a relacionar las causas y los efectos de su conducta:

es un buen momento/no es un buen momento
Este no es un buen momento para que yo te lea un cuento. Después de cenar sería un buen momento.

si/entonces
Si haces tu tarea cuando regreses a casa de la escuela, entonces podrás mirar televisión después de cenar.

podría/quizá
Si lo molesto a Billy, podría no querer jugar conmigo nunca más. Quizá comparta sus juguetes conmigo si yo soy más bueno con él.

la razón por la que/porque
La razón por la que no tengo a nadie con quien jugar es porque no invité a nadie.

justo/injusto

Es justo que Brian pueda quedarse levantado hasta más tarde porque es mayor, pero es injusto que no haga sus tareas domésticas por estar ocupado con la práctica de béisbol.

Una vez que usted comience a pensar en términos de usar estos juegos de palabras, practíquelos con frecuencia y utilícelos en forma coherente cuando su hijo tiene algún problema. A fin de recordarlos e indicarle que se utilizará este lenguaje para resolver problemas, usted podría escribirlos en tarjetas. Saque a relucir las tarjetas cuando su hijo tenga un problema para resolver. La vista de la tarjetas será una señal de que esa será la forma en que el problema será resuelto, y su pequeño hijo estará finalmente en condiciones de utilizar el lenguaje para resolver problemas. (Esta es en realidad una respuesta condicionada. La vista misma de la tarjeta para resolver problemas pondrá en marcha una conducta aprendida).

Aprender capacidades para resolver problemas es muy similar a aprender cualquier otra capacidad: usted necesita practicar más al comienzo para dominarla, hasta que se vuelve casi una segunda naturaleza. Usted podría preguntarse si esto vale realmente la pena. ¿Pueden simples juegos ayudar realmente a los niños? La respuesta es enfáticamente sí. Las técnicas YPRP han sido utilizadas durante más de veinticinco años y han probado ser útiles con miles de niños inicialmente calificados de insensibles, impulsivos, reservados, agresivos o antisociales. Cuando los padres se comprometen a ayudar a sus hijos, y les dedican el tiempo necesario para hacerlo, los problemas, aun graves, son abordados y resueltos.

PUNTOS DEL CE PARA RECORDAR

- A los cuatro años, usted puede comenzar a enseñarles a los niños el lenguaje para resolver problemas.
- Comience con simples juegos de palabras y luego generalícelos a aquellas situaciones en las que sus hijos les plantean un problema para resolver.

11

FORMACION PARA ENCONTRAR SOLUCIONES

Aun los niños más pequeños poseen casi siempre más de una estrategia potencial para resolver un problema. Un pequeño de nueve meses que trata de colocar una pieza cuadrada en una agujero redondo tratará de encajarla a la fuerza, golpeándola, retorciéndola, lo intentará con otro agujero y posiblemente termine arrojándola con frustración (lo cual es una forma de resolver un problema sin solución). Sin embargo, cuando los niños comienzan el aprendizaje formal, habitualmente con el alfabeto, comienzan a percibir que existen respuestas "correctas" e "incorrectas". Comienzan gradualmente a darle menos crédito a su capacidad natural para generar estrategias y soluciones alternativas.

Cuando Marie, de ocho años, fue descubierta robando dinero para el almuerzo de los compartimientos de su aula mientras los otros niños estaban en el patio de recreo, le explicó a su maestra que su madre había perdido su empleo y no tenía dinero suficiente para pagarle su almuerzo todos los días. Pensó quitarles un poco a los niños que tenían más dinero. Cuando la señora Otis le preguntó si no había otra manera de resolver el problema, Marie mantuvo baja la cabeza con vergüenza y comenzó a llorar. Pensó que la maestra quería la respuesta "correcta", y ella no sabía cuál era. Si le daba otra respuesta "incorrecta", pensó Marie, empeoraría las cosas.

Lo que la señora Otis quería *realmente* era que Marie tomara en cuenta otras soluciones posibles para resolver su aprieto y examinara formas mejores de manejar su problema que el robo. Pero la capacidad natural de Marie para generar soluciones alternativas se veía ampliamente superada por su temor de un mayor rechazo social.

147

Las emociones de Marie, su vergüenza por haber sido descubierta, y su temor al rechazo trababan su capacidad natural de percibir que existen habitualmente numerosas soluciones para un problema. En *Children Solving Problems* (Niños resolviendo problemas), la profesora de psicología Stephanie Thornton explica que cuando no intervienen las emociones, los niños aprenden de manera instintiva muchas estrategias diferentes para resolver un problema individual. Cuando a un niño de segundo grado se le da una suma como 5 + 3, puede utilizar por lo menos cuatro formas diferentes para resolver el problema:

- Recordar la respuesta porque reconoce el problema.
- Contar cada uno de los números con sus dedos.
- Contar sólo a partir del número mayor (por ejemplo, dado por sentado el 5 y contando tres dedos más para llegar a 8).
- Descomponer el número mayor recordando que 5 es igual a 2 + 3, que 3 + 3 = 6, y que dos más es 8.

Thornton explica que los niños de esa edad tienden a variar esas estrategias, según la complejidad del problema y sus asociaciones pasadas. Con la repetición, los niños seleccionan la estrategia que presenta mayor probabilidad de éxito para cada problema individual.

Con los problemas interpersonales, la conexión entre el cerebro lógico y el cerebro emocional puede verse obstaculizada. En términos neurológicos, la amígdala pierde su capacidad de formar caminos que se interconectan con la corteza y, de esta manera, depende exclusivamente de su propia "lógica emocional". La lógica emocional, que forma la base de la intuición, puede ser suficiente para resolver algunos tipos de problemas. Pero en muchos casos, particularmente cuando intervienen las emociones fuertes, sólo la ayuda desapasionada de la corteza puede guiar al cerebro hacia el descubrimiento de soluciones realistas y efectivas. Cuando los niños practican cómo descubrir soluciones para sus problemas, establecen vías de comunicación entre la porción emocional y lógica del cerebro.

COMO AYUDAR A SU HIJO A BUSCAR ALTERNATIVAS

Como en otros aspectos del aprendizaje de capacidades para resolver problemas, la generación de soluciones puede ensayarse en forma de juego hasta que se convierta en una reacción automática ante un problema. El "juego del intercambio de ideas" propone que los niños generen la mayor cantidad posible de soluciones para un problema, y luego escojan las mejores. Se pone el acento en ayudar a que los niños enfrenten los problemas con más flexibilidad y creatividad. Puede jugarse en cualquier lugar y ayuda a que los niños de cualquier edad se vuelvan más creativos en la resolución de problemas.

Hace algunos años, me solicitaron que hablara ante una clase de jardín de infantes acerca de las formas en que podían enfrentar una epidemia de burlas que había enviado a varios niños a casa llorando casi todos los días. A fin de alentar a los niños en la tarea de tomar en consideración soluciones alternativas para este problema, les dije que jugaríamos al juego del intercambio de ideas. Le pedí a cada niño que pensara en una nueva forma de usar el cubo de basura verde que se encontraba junto al escritorio de la maestra.

—No importa lo absurda que puede parecer su idea —expliqué—. El objeto del juego es contribuir con la mayor cantidad posible de ideas. Cuando uno trata de resolver un problema, necesita tomar en consideración todas las soluciones posibles, luego retroceder y escoger las que son mejores.

Dividí la clase en equipos. Cada equipo obtendría un punto por cada idea nueva. Les pedí a los niños que pensaran por lo menos en veinte ideas en cinco minutos. Surgieron treinta y siete. Estas son algunas de ellas:

"Colocar tus juguetes en él".
"Ponerlo en la cabeza como un sombrero".
"Hacer pipí en él".
"Usarlo como balde en el arenero".
"Usarlo para el básquetbol".
"Poner ropa sucia en él".
"Colocar a tu hermana menor en él".
"Poner dinero en él, como en un banco".

Escribí cada una de las ideas y luego retrocedimos y rodeamos las buenas ideas con un círculo, ignorando las que eran absurdas. Le pedí al grupo que jugara otra vuelta del juego del intercambio de ideas, pero esta vez les pedí que dijeran veinte cosas que se podían hacer cuando los niños se fastidiaban unos a otros. Su lista incluyó lo siguiente:

"Responder con otras burlas".
"Decirle a la maestra".
"Alejarse".
"Buscar a otro para jugar".
"Sacar la lengua".
"Preguntar por qué te fastidian".

Una vez más, las escribí todas y rodeé con un círculo sólo las respuestas que nos parecieron buenas. Luego seguimos adelante analizando de qué manera estas soluciones podrían funcionar en su aula.

Como todas las capacidades del CE que incluyen la lógica y el lenguaje en la porción pensante del cerebro, se necesita una práctica considerable antes de que los niños comiencen a percibir automáticamente los problemas en términos de soluciones posibles. Cuando se juega el juego del intercambio de ideas, habitualmente es mejor jugar las dos primeras vueltas con problemas interpersonales apropiados para la edad enfrentados por niños ficticios, tales como:

- Jamie y Jonathan querían mirar diferentes programas de televisión al mismo tiempo. ¿Qué podían hacer?
- Beatrice tenía miedo de ir a la escuela porque las niñas de más edad la molestaban. ¿Qué podía hacer?
- A Chris le encantaba jugar al básquetbol, pero era el niño más petiso de la clase y nunca era elegido para el juego. ¿Qué podía hacer?

Luego debería jugarse el juego con problemas extraídos directamente de las experiencias cotidianas de sus hijos, recordando que la pertinencia constituye un ingrediente clave para aprender nuevas capacidades de resolución de problemas. El juego de intercambio de ideas resulta particularmente útil cuando los niños quedan "atascados" en un problema. A medida que desarrollan sus capacidades para resolver problemas, tienen que ser capaces de basarse en soluciones y estrategias del pasado, pero también deben ser capaces de abandonar completamente los enfoques anteriores que no funcionaron y comenzar de cero.

Myrna Shure en su libro, *Raising a Thinking Child* (Educar a un niño pensante), describe otro juego que puede ayudar a sus hijos a practicar la creación de soluciones diferentes para sus problemas. La Dra. Shure les pide a los niños que jueguen un juego de *Ta-Te-Ti de soluciones* como una manera divertida de estructurar el proceso de resolución de problemas en la forma de un juego simple.

EL TA-TE-TI DE SOLUCIONES (ENTRE LOS CINCO Y DIEZ AÑOS)

Comience haciendo un mazo de veinte o más tarjetas de problemas utilizando las tarjetas estándar de tres por cinco. Cada tarjeta debería describir un problema de la vida real que resulte pertinente para cada uno de los jugadores, como por ejemplo, qué hacer cuando tu hermana toma tus cosas, o cómo enfrentar una prueba que sabes será difícil. Se mezclan entonces las tarjetas y el jugador más joven comienza, seleccionando la tarjeta superior y leyendo el problema en voz alta. Luego los niños juegan un juego tradicional de Ta-Te-Ti, pero sólo pueden escribir una "X" o un "0" cuando ofrecen una solución posible legítima para el problema elegido. Si un jugador no puede ofrecer una buena solución, pierde su turno. Obviamente, el jugador que no esté anticipadamente preparado con gran cantidad de soluciones estará en gran desventaja. Cuando los niños más pequeños juegan, usted puede actuar como árbitro respecto de lo que puede considerarse como una "buena" solución.

La utilidad de este juego simple aumentará si cada jugador tiene presente todas las soluciones generadas en cada vuelta de ta-te-ti. Jugar por lo menos diez vueltas de ta-te-ti facilitará la conexión de una solución con la otra, aumentando la competencia y la confianza de cada uno de los jugadores.

Los niños pueden aprender a resolver sus propios problemas cuando se les enseña estrategias específicas y se les brinda apoyo.

La capacidad de generar soluciones posibles es aprendida con más efectividad cuando sus hijos la practican con otros niños. Cuando los niños observan y escuchan a los demás, logran conocer las suposiciones y los significados compartidos y perciben en particular lo que no es considerado una buena solución para un problema dado.

RESOLVER PROBLEMAS DIFICILES A TRAVES DE "EXCEPCIONES"

Aun cuando los niños hayan practicado el intercambio de ideas, algunos problemas les parecen demasiado difíciles o viejos, por lo que no pueden percibir una solución potencial para los mismos. En su libro, *Counseling Toward Solutions* (Aconsejar para lograr soluciones), Linda Metcalf explica que uno de los elementos claves cuando uno ayuda a sus hijos a descubrir soluciones para sus propios problemas es ayudarlos a ver "excepciones" a los problemas.

Metcalf señala que siempre hay momentos en que el problema no existe. Se puede ayudar a los niños a percibir esos momentos como si fueran la llave para encontrar una solución satisfactoria. Fijarse en los momentos en que el problema *no existe* es también una manera de colocarlo en perspectiva. Los niños y los adultos perciben frecuentemente sus problemas como algo generalizado y siempre presente, cuando en realidad, casi siempre se producen en momentos específicos. (Véase el Capítulo 7 para un examen sobre las maneras de formar a los niños en un pensamiento más optimista).

Por ejemplo, Kristen describió cómo era fastidiada sin piedad en la escuela por tener sobrepeso y ser torpe en los deportes. Le contaba con frecuencia a su madre que "todos en la escuela me odian". Pero cuando su madre se sentó para hablar del problema y analizarlo con Kristen, esta pudo percibir que en realidad no eran "todos", sino más bien tres niñas en una clase de veintisiete. Su madre le explicó : "Sé que esas niñas son desagradables y malas contigo, y eso está mal. En última instancia descubrirán a otra persona para molestar, o quizá se vuelvan inclusive más amables, pero eso puede llevar cierto tiempo. Mientras tanto, hay otros veinticuatro niños en tu clase que no te fastidian o molestan. Hagamos una lista con sus nombres y veamos qué niños pueden parecerse más a ti y de quién puedes ser amiga".

Al descubrir las "excepciones" al problema, la madre de Kristen abrió un mundo de soluciones posibles. El problema original no desapareció, pero Kristen comenzó a centrarse en soluciones positivas y posibles, en lugar de centrarse en el problema mismo. Metcalf señala:

"Cada patrón de queja contiene algún tipo de excepción ... las quejas generales son típicas de la gente que se siente desesperanzada y fuera de control. (...) Cuando los niños dicen que la escuela es espantosa, pregunte, '¿Cuándo no es tan espantosa?'. Abrir la posibilidad de que para cada problema existe una excepción brinda las oportunidades para que la gente perciba que domina la situación mejor de lo que piensa. Muchas veces, contar los minutos, las horas o los días en los que un problema no interfiere en el trabajo de la escuela o la casa, lo hace aparecer como un problema que resulta más fácil de resolver y menos invasor."

CAMBIAR LA FORMA DE PENSAR PARA RESOLVER LOS PROBLEMAS

El psicólogo Stephen de Shazer, otro partidario prominente del pensamiento orientado a las soluciones, explica que estas simples estrategias concretas para la resolución de problemas pueden conducir a cambios importantes en la forma en que percibimos y experimentamos los problemas. Muchas veces conocemos la solución para un problema particular, pero no sabemos que la conocemos. Es como si nuestros problemas se encontraran detrás de una puerta cerrada y no tuviéramos la llave. Un cambio en el pensamiento puede abrir la puerta para que las soluciones del pasado aplicadas a problemas similares se vuelvan nuevamente accesibles.

Como en cualquier otra área de conocimiento, desde el atletismo hasta el nivel académico, la práctica intensa de las capacidades para la resolución de problemas conducirá hacia una confianza creciente. La práctica ayudará a nuestros hijos a percibirse como personas capaces de resolver problemas. A veces esa sola percepción puede aumentar efectivamente su capacidad. El investigador Robert Hartley estudió de qué manera un grupo de niños en condición desventajosa resolvía problemas. Descubrió que eran impulsivos, planificadores deficientes, y que carecían del deseo ya sea de controlar su progreso o corregir sus errores. Pero cuando les pidió a esos niños que resolvieran nuevamente el mismo tipo de problemas, afirmando que eran los niños más brillantes de la clase, observó que se mostraron instantáneamente menos impulsivos, mejores planificadores y más motivados para controlar y corregir sus errores. Y, lo que es más importante aún, tuvieron mucho más éxito en el descubrimiento de la solución correcta.

COMO ALENTAR LA CAPACIDAD DE RESOLVER PROBLEMAS EN LOS NIÑOS DE MAS EDAD Y EN LOS ADOLESCENTES

La forma más avanzada de resolver problemas se denomina pensamiento medios-fin. Este tipo de resolución de problemas depende de la capacidad de planificar una secuencia lógica de acciones que den como resultado la consecución de una meta deseada, e incluye también la capacidad de comprender lo que se aprende a cada paso, impedir o evitar posibles obstáculos, y disponer de estrategias alternativas, en caso de ser necesario, para enfrentar los obstáculos que se levantan ante la meta. El pensamiento medios-fin incluye el conocimiento de que no siempre se alcanzan las metas de inmediato; la meta final puede modificarse respecto de la meta original, y la oportunidad de nuestra conducta es a menudo importante para el éxito.

Aunque usted puede asociar este tipo de resolución de problemas complejo a largo plazo con el mundo adulto (y efectivamente puede conocer a muchos adultos que no parecen dominarlo aún), los niños de doce o trece años muestran con frecuencia una buena aptitud para el pensamiento medios-fin. Los juegos populares adolescentes como el juego de papel y estrategia *Dungeons and Dragons* y los juegos de computadora como el Myst pueden requerir una planificación y estrategias de resolución de problemas extremadamente complicadas en las que los niños de esa edad parecen tener éxito.

Sin embargo, muchos menos niños y adolescentes aplican estas mismas capacidades de resolución de problemas a sus propias vidas. Stephanie Thornton podría sostener que esto apoya su tesis de que las capacidades para resolver problemas no se adquieren tanto a través de una progresión ordenada del desarrollo cognoscitivo (tal como lo teorizaron Piaget y otros partidarios de la corriente cognoscitiva), sino a través de un aprendizaje sucesivo en un área particular de contenido. Afirma que la lógica es en sí misma sólo una de las numerosas estrategias que la gente usa para encarar un problema, pero que la lógica sola no ayudará a un cirujano a arreglar un lavaplatos o a un experto en reparaciones a extraer el apéndice de una persona.

Por lo tanto, no debería sorprender que los niños y adolescentes que pueden desempeñarse en forma sobresaliente en lógica algebraica o computación, necesiten de todos modos una instrucción y una guía para utilizar el pensamiento medios-fin para resolver problemas interpersonales, ya que cada área requiere de una pauta diferente de pensamiento lógico y emocional. Tener un empleo después de la escuela que no interfiera con la práctica de equipo, mantener una relación con un novio desconsiderado, publicar el periódico de la escuela con escritores que no presentan sus artículos a tiempo, son todos problemas que pueden necesitar cierta guía inicial por parte de los adultos.

ANDAMIAJE

El psicólogo ruso Lev Vygotsky postuló que los niños aprenden mejor las capacidades para resolver problemas cuando se une a ellos un socio experimentado para realizar una tarea particular. Los psicólogos Jerome Brunner y David Wood utilizaron la palabra "andamiaje" para describir la relación simbiótica entre un adulto y un niño cuando éste aprende la mezcla específica de las capacidades y los talentos necesarios para enfrentar un problema complejo. En una relación de andamiaje, usted proporciona idealmente un marco suficiente para que su hijo intente superarse, pero no tan estrecho como para impedirle que adquiera las capacidades necesarias. Después de proporcionar inicialmente la estructura o el bosquejo para la resolución de problemas del tipo medios-fin, usted debe limitar gradualmente su orientación hasta que su hijo sea capaz de resolver el problema en forma independiente.

The Prepare Curriculum de Arnold Goldstein, un programa general para enseñarles a los niños "competencias prosociales", enuncia los siete pasos siguientes para enseñar a los de más edad a resolver problemas más complejos en su vida:

1. Enseñar a los niños la importancia de frenarse para pensar detenidamente las cosas.
2. Enseñar a los niños a identificar y definir el problema.
3. Enseñar a los niños a reunir información desde su propia perspectiva, incluyendo opiniones, hechos e información desconocidos.
4. Enseñar a los niños a reunir información desde las perspectivas de otras personas, incluyendo lo que otra gente ve, piensa y siente.
5. Enseñar a los niños a considerar estrategias alternativas, incluyendo lo que se puede hacer o decir y qué obstáculos pueden anticiparse.
6. Enseñar a los niños a evaluar las consecuencias y los resultados, incluyendo la manera de decidir entre varias elecciones posibles y anticipar qué ocurrirá en respuesta a palabras o acciones específicas .
7. Lograr que los niños practiquen todo el proceso de resolución de problemas, reforzando cada paso individual y alentándolos a persistir hasta alcanzar una solución bien pensada.

Para ayudar a sus niños de más edad o adolescentes a resolver problemas diarios de la vida real, prepárese a iniciar una relación de andamiaje cada vez que surja un problema. Para hacer esto, deberá encontrar tiempo en su agenda ocupada para sentarse regularmente con sus hijos y examinar sus intereses y preocupaciones. Esto también les hará ver que sus problemas son tan prioritarios como los plazos de su trabajo, los problemas del hogar o cualquier otro asunto que pueda preocuparlo.

Los niños de más edad pocas veces acudirán a sus padres para que los ayuden a resolver un problema interpersonal grave, a menos que se hayan sentado los cimientos para esa relación y confíen en que su ayuda reducirá en lugar de exacerbar su preocupación y angustia. Para crear un camino entre usted y sus hijos, una ruta directa que consideren como la vía más fácil y productiva para abordar un problema específico, demuestre no sólo su disposición para ayudar, sino también su competencia en la resolución de problemas.

EL DESORIENTADO: UN JUEGO DE INTERDEPENDENCIA (A PARTIR DE LOS DIEZ AÑOS)

Inventé un juego llamado *El desorientado* para ayudarlo a experimentar una relación de apoyo con sus hijos mientras practican el pensamiento medios-fin. Se trata de un juego cooperativo, donde ambos jugadores ganan o ambos pierden. Para comenzar, usted deberá hacer tres copias de un laberinto como el que figura más abajo. Puede comprar también libros de laberintos en cualquier librería.

Para preparar el laberinto, escriba un problema que el niño esté enfrentando (o que podría tener) en el espacio indicado, así como obstáculos posibles para resolver el problema. Deje el espacio libre para la solución hasta completar el laberinto. En la primera vuelta, su hijo debe circular por el laberinto con un lápiz, evitando los callejones sin salida y los obstáculos, ¡pero debe hacerlo con los *ojos vendados!* Usted puede hablarle a su hijo constantemente para guiarlo a través del laberinto ("Ve un poco hacia la izquierda... así es... ahora un centímetro hacia adelante... ahora a la derecha..."). Su hijo obtiene veinte puntos por completar el laberinto, y pierde un punto cada vez que cruza una línea o toca un obstáculo.

Utilice una segunda copia del laberinto para la segunda vuelta. Su hijo está nuevamente con los ojos vendados; sin embargo, ahora usted puede hacer sólo diez comentarios para ayudarlo a completar el laberinto. El niño obtiene nuevamente veinte puntos por su segunda vuelta, y se le resta un punto cada vez que cruza una línea o toca un obstáculo. Además, se resta otro punto por cada comentario suyo adicional a los diez permitidos para esta vuelta.

En la vuelta final, su hijo puede ganar cuarenta puntos, pero usted sólo puede hacer cinco comentarios. Utilice el mismo sistema de puntaje que en la segunda vuelta.

Al final del juego, sume los puntos totales de las tres vueltas. Si su hijo tiene más de veinticinco puntos es declarado ganador, pero sólo si puede escribir una buena solución para el problema original en el laberinto final. Tómese el tiempo necesario para hablar del proceso de resolución de problemas, el tipo de obstáculos enunciados en el laberinto, y el tipo de estrategias que debe usar su hijo en el problema de la vida real para superar los obstáculos y alcanzar la solución. Analice también de qué manera las

EL JUEGO DE LAS PISTAS DECRECIENTES

Problema _____

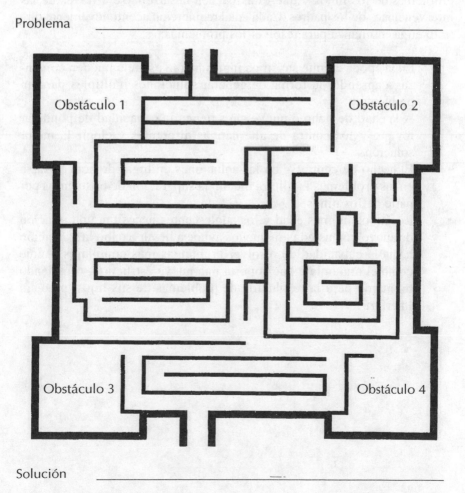

Solución _____

soluciones pueden a veces cambiar a partir de lo que uno aprende cuando atraviesa el laberinto del problema.

El juego puede entonces jugarse con los papeles invertidos; usted es el que tiene los ojos vendados y su hijo le da las pistas. Ambos se beneficiarán con los puntos de vista del otro, y usted disfrutará de esta inversión de papeles.

PUNTOS DEL CE PARA RECORDAR

Pocos adultos se dan cuenta de que incluso los niños más pequeños pueden aprender a resolver sus propios problemas. Surge de investigaciones recientes, que hemos subestimado las capacidades de resolución de problemas de los niños y que estas pueden desarrollarse a través de las intervenciones de los padres. Cada edad requiere un acento levemente distinto en la enseñanza para resolver los problemas:

- En la época en que sus hijos ingresan a la escuela pueden comenzar a aprender la forma de generar soluciones múltiples para un problema.
- A la edad de ocho o nueve años tienen la capacidad de ponderar los pro y los contra de alternativas diferentes y elegir la mejor solución.
- El hecho de centrarse en las soluciones en lugar de concentrarse en los problemas facilitará mucho la superación de obstáculos por parte de los niños.
- Los niños de más edad y los adolescentes necesitan una relación de apoyo con usted para que los ayude a llevar a cabo la transición hacia la capacidad de resolver problemas más complejos. Actúe como el andamiaje que soporta una nueva estructura, ofreciendo un marco para la resolución de problemas de sus hijos, pero sin interferir.

Quinta Parte

LAS CAPACIDADES SOCIALES

De todas las capacidades del CE que desarrollará su hijo, la de llevarse bien con los demás es la que contribuirá más a su sentido de éxito y de satisfacción en la vida. Para desempeñarse efectivamente en un mundo social, su hijo necesita aprender a reconocer, interpretar y responder en forma apropiada a las situaciones sociales. Debe juzgar la forma de conciliar sus necesidades y expectativas con las de los demás.

SOCIALIZACION

Como ocurre con todas las capacidades del CE, el proceso de socialización comienza con una combinación del temperamento heredado de su hijo y su reacción ante él. Cuando un bebé sólo tiene seis meses, mirará fijamente los rostros de sus padres durante mucho tiempo y luego mostrará una amplia sonrisa. Si usted le responde con otra sonrisa, el bebé sonreirá aún más. A los tres meses, su hijo puede usar la posición de la cabeza y mirar como una forma de comunicarse con usted. Se comunica con expresiones de satisfacción, seriedad, o temor. Si no está interesado, dará vuelta la cabeza. Si quiere que usted deje de hacer algo, bajará la cabeza. Cuando está sobreestimulado, bajará la cabeza y relajará el cuerpo.

Pero incluso los niños pequeños difieren en su reacción

social y varían considerablemente en su capacidad de respuesta, adaptación y persistencia. Naturalmente, por nuestra parte, nos vemos influidos por la conducta de nuestros niños, dedicándoles más tiempo y atención a los que son más sociables. Esto resulta particularmente cierto en las guarderías diurnas donde los pequeños "más fáciles" son cargados y atendidos con más frecuencia. Los niños con temperamentos menos sociables pueden sin duda ser tan felices y tener tanto éxito como los demás bebés, pero requieren más paciencia y atención por parte de los adultos. Tal como veremos, esto es verdad para los niños de todas las edades.

El interés por otros niños también comienza a muy temprana edad. Cuando pasean en sus cochecillos, los bebés se esforzarán por observar a otros bebés que pasan. Cuando miran un vídeo de otros bebés, mirarán fijamente en silencio y con asombro y, si pueden, se arrastrarán y tocarán la pantalla.

A menudo los adultos no se dan cuenta de que casi al comienzo de su desarrollo los niños se vuelven socialmente conscientes y sensibles a los matices sociales. Zick Rubin, autor de *Children's Friendships* (Las amistades de los niños), señala el tacto y la preocupación de un niño de cuatro años hacia los sentimientos de un amigo mientras caminaba y hablaba con él:

David: Soy un robot tiramisiles que puede disparar misiles de mis dedos. Puedo dispararlos de cualquier lugar, incluso desde mis piernas. Soy un robot tiramisiles.

Jimmy: (tenso) No, eres un robot tirapedos.

David: (protestando) No, soy un robot tiramisiles.

Jimmy: No, eres un robot tirapedos.

David: (ofendido, casi llorando) ¡No, Jimmy!

Jimmy: (reconociendo que David está perturbado) Y yo soy un robot tiracaca.

David: (de buen humor nuevamente) Yo soy un robot tirapipí.

Más allá del humor sanitario de estos dos niños, uno puede observar un intercambio sorprendentemente sutil. Jimmy se da cuenta de que su burla ha molestado a su amigo, de modo que se burla de sí mismo para equilibrar la interacción social. David reconoce inmediatamente este gesto de amistad y hace lo mismo, convirtiendo un conflicto potencial en un chiste compartido. Este tipo de sensibilidad social aparece más regularmente cuando los niños experimentan un número creciente de interacciones satisfactorias con sus pares. Tal como lo señala Rubin: "Los niños del ciclo preescolar... adquieren capacidades sociales no tanto de los adultos como de la interacción entre ellos. Es probable que descubran a través de la prueba y el error qué estrategias funcionan y cuáles no, y luego reflexionen a conciencia sobre lo que han aprendido".

Naturalmente, gran parte de la literatura psicológica se interesa por los niños que experimentan dificultades con las capacidades sociales, ya sea debido a su temperamento innato o a deficiencias psicológicas específicas que afectan tanto su aprendizaje social como académico. Se estima que el 50 por ciento de los niños derivados a los servicios educativos especiales en la escuela muestran también capacidades sociales deficientes que conducen al rechazo de los pares. En muchos casos, los problemas sociales del niño se vuelven más significativos que las dificultades escolares originales. Cientos de estudios muestran que el rechazo de los pares en la niñez contribuye a un desempeño académico deficiente, problemas emocionales y un mayor riesgo de caer en la delincuencia en la adolescencia.

Afortunadamente, las capacidades sociales, así como otras capacidades del CE, pueden enseñarse: por ejemplo, a través de intervenciones y actividades específicas, y asegurándose de que su hijo alcance hitos específicos adecuados a la edad.

12

LA CAPACIDAD DE CONVERSAR:
ALGO MAS QUE
SIMPLEMENTE HABLAR

Muchos niños que tienen problemas para llevarse bien con otros, carecen de la capacidad de conversar adecuada a la edad. Tienen problemas para transmitir sus necesidades a los demás y parecen tener dificultades para comprender las necesidades y los deseos de los demás.

Los problemas de comunicación presentan un dilema común del tipo "el huevo y la gallina" para muchos niños a los que se ha diagnosticado problemas de aprendizaje y de conducta. Por ejemplo, en su trabajo con niños que presentan trastornos de déficit de atención (TDA), el psicólogo David Guevremont observa que aunque dichos niños se muestren muy locuaces, experimentan dificultades para iniciar interacciones verbales y tienen menos probabilidades de responder a la comunicación de otros niños. Debido a sus capacidades deficientes de conversación y otras capacidades sociales deficitarias, el 50 al 60 por ciento de los niños con TDA experimentan alguna forma de rechazo social por parte del grupo de sus pares, lo cual incrementa la probabilidad de que muestren una conducta negativa, agresiva y egoísta, que conduce a una mayor cantidad de dificultades sociales.

Guevremont observa que la capacidad deficiente para conversar resulta particularmente evidente cuando los niños tratan de hacerse nuevos amigos. Estos niños desean acoplarse a las actividades de los demás, pero eligen las tácticas sociales equivocadas. Los estudios indican que los niños populares tienden a acercarse a los pares desconocidos en forma gradual, rondando por la periferia como si estuvieran recogiendo información antes de hacer realmente algo. Por lo tanto, es más probable que los niños populares inicien un contacto verbal con preguntas o comentarios acerca de lo que ven. Pueden decir, por ejemplo: "¡Parece un juego divertido!" o "¿Cómo aprendiste a hacer eso?". Pero es más probable que los niños con capacidades sociales deficientes inicien el contacto con conductas disociadoras, detestables o egoístas. Pueden decir por ejemplo: "¡Ya sé cómo jugar a eso!" o bien "Puedo hacer eso mejor que tú. Déjame probar".

Afortunadamente, Guevremont y otros han descubierto que las capacidades para conversar pueden ser identificadas y enseñadas. Dichas capacidades incluyen lo siguiente:

Enseñar a los niños capacidades para conversar

Capacidad	Qué hacer
Expresar las necesidades y los deseos propios con claridad.	Haga afirmaciones en las que se exprese cómo se siente, por qué se siente de esa manera y qué quiere.
Compartir información personal acerca de uno mismo.	Hable acerca de cosas que le interesen y que son importantes para usted.
Modular las respuestas propias a los indicios y palabras de los demás.	Preste atención a lo que la otra persona dice y a cómo lo dice. Las conversaciones son como un subibaja: son necesarias dos personas para que funcionen.
Hacer preguntas sobre los demás.	Sea curioso. Averigüe todo lo que pueda acerca de la persona con la que está hablando.
Ofrecer ayuda y sugerencias.	Sea consciente de lo que la gente quiere. En general, dirá algo así como: "No sé qué hacer".

Invitar.	Si disfruta con la compañía de una persona, hágaselo saber invitándola a participar en actividades que ambos puedan disfrutar.
Retroalimentación positiva.	Comente lo que le guste de lo que dijo la otra persona (¡"Qué buena idea!").
Mantenerse centrado en la conversación.	Evite hacer otras actividades. No cambie el tema ni se vaya por la tangente.
Mostrar que es bueno escuchando.	Haga preguntas acerca de lo que están hablando. Pida aclaraciones o más detalles.
Mostrar que entiende los sentimientos de otra persona.	Haga de espejo a los sentimientos de la otra persona diciendo: "Supongo que te habrás vuelto loco cuando te diste cuenta de que te habían robado la bicicleta".
Expresar interés en la otra persona.	Sonría. Afirme con la cabeza para mostrar interés. Mire a los ojos con frecuencia.
Expresar aceptación.	Haga preguntas pertinentes. Escuche las ideas de los demás. Trate de hacer las cosas de la manera sugerida por la otra persona.
Expresar afecto y aprobación.	Abrace, tome la mano, dé palmadas de afecto en la espalda o los hombros. Diga a los niños que le gusta algo de ellos o algo que están haciendo.
Expresar empatía.	Describa cómo cree que otras personas se están sintiendo y muestre que le preocupan ("Te ves preocupado. ¿Quieres contarme algo?").
Ofrecer ayuda y sugerencias cuando esto parece apropiado.	Sugiera diferentes maneras de hacer algo. Ofrezca ayuda aunque con eso usted no gane nada.

QUE PUEDE HACER PARA ENSEÑARLES A LOS NIÑOS MEJORES CAPACIDADES PARA CONVERSAR

La forma primaria en que los niños aprenden las capacidades de comunicación social es a través de las conversaciones con su familia. Cuanto más uno exhiba como modelo las capacidades enunciadas más arriba, más probabilidad tendrá su hijo de usarlas en situaciones con sus pares. Un gran obstáculo para muchos padres es encontrar el tiempo para hablar con sus hijos. Algunos padres suelen hacerlo regularmente en el momento de acostarse, otros se aseguran de que por lo menos varias cenas por semana no sean apresuradas y sean seguidas de una conversación significativa. Las caminatas largas o los paseos en coche pueden ofrecer buenas oportunidades para una comunicación mano a mano. Las conversaciones significativas se caracterizan por una apertura realista que incluye compartir tanto las ideas como los sentimientos, los errores y los fracasos, los problemas y las soluciones, las metas y los sueños.

Los niños que parecen tener dificultades para llevarse bien con los demás y/o muestran capacidades deficientes para conversar, quizá puedan necesitar actividades más estructuradas. Guevremont ha descubierto que la capacidad de conversar, tal como suele ocurrir con las capacidades del lenguaje, puede enseñarse y perfeccionarse con la práctica. En su programa de formación de capacidades sociales, utiliza una actividad-juego que denomina "TV Talk Show" para enseñar las capacidades básicas de comunicación. En este juego, un niño desempeña el papel del "anfitrión" y el otro actúa de "invitado". La tarea del anfitrión es hacer sentir al invitado que es bienvenido, mientras se entera de los intereses, sentimientos, pensamientos y opiniones de dicho invitado. Cada entrevista es grabada en vídeo durante tres minutos, y luego los dos niños pueden recibir un puntaje sobre capacidades específicas como las enunciadas más abajo:

El modelo para entrevistas del *TV Talk Show*

(Ponga una cruz cada vez que el anfitrión hace alguna de las siguientes intervenciones. Utilice una hoja para cada entrevista).

Hace preguntas _____

Comparte información acerca de sí mismo _____

Hace sugerencias o brinda ayuda _____

Hace afirmaciones positivas
(por ejemplo, un cumplido) _____

Comparte información personal _____

Proporciona retroalimentación positiva _____

Muestra interés _____

Expresa aceptación y aprobación respecto
de lo que dice la otra persona _____

Ofrece sugerencias apropiadas _____

Finalmente, se solicita a los niños que mantengan conversaciones en forma más natural. Se les da temas posibles para conversar (juguetes, juegos, programas de televisión preferidos, etc.). Luego se solicita que desarrollen sus propios temas y mantengan la conversación durante varios minutos.

Si su hijo experimenta grandes dificultades para mantener una conversación con los demás niños, tal vez pueda jugar usted mismo al juego del "TV Talk Show" con él, utilizando la forma indicada en el cuadro como guía para la entrevista, y luego atribuir un puntaje. Lo ideal sería que se filmara en vídeo usted mismo y su hijo mientras juegan (si no tiene una videocámara, un grabador de cassettes será suficiente). Obviamente, usted debería ocuparse de ser un buen modelo para su hijo, poniendo el acento en su interés por él, estimulándolo a conversar, y comunicándole sus propios pensamientos. Si fuera posible, este juego debería jugarse luego con otro niño, de modo que su pequeño pueda tener la oportunidad de desarrollar la capacidad de conversar con otros de su propia edad.

PUNTOS DEL CE PARA RECORDAR

- Es posible enseñar las capacidades sociales.
- La capacidad de conversar ayudará a los niños a conseguir un contacto social con los individuos y los grupos.
- La capacidad de conversar incluye compartir información personal, hacer preguntas a los demás, expresar interés y aceptación.

13

Los placeres y la importancia del humor

El psicólogo Paul McGhee sugirió que el humor puede desempeñar un papel particularmente importante en la forma en que los niños desarrollan su competencia social. McGhee explica que los niños que tienen "habilidad para el humor" pueden tener más éxito en sus interacciones sociales a lo largo de su niñez, observando que "resulta difícil que alguien que lo hace reír no le caiga bien". La investigación ha respaldado la percepción común de que los niños considerados graciosos son más populares, mientras que los niños que carecen del sentido del humor son descriptos como menos simpáticos por sus pares. Otros investigadores han descubierto que incluso los niños de cuatro y cinco años con una competencia social considerada elevada, iniciaron con mayor frecuencia interacciones humorísticas con otros niños. También festejaban más el humor de los demás. En otro estudio, los niños de ocho a trece años que se consideraban tímidos también se percibían a sí mismos como poco divertidos. Y en otro estudio de estudiantes universitarios, la calidad de ser "entretenido" era identificada como una de las tres dimensiones básicas de la amistad.

COMO SE DESARROLLA EL HUMOR EN LOS NIÑOS

Como muchos otras capacidades del CE, la capacidad para el humor comienza en las primeras semanas de vida. A los seis meses de edad, usted puede colocarse un pañuelo sobre el rostro, quitárselo rápidamente, y obtener una sonrisa de un bebé a través de un juego de las escondidas rudimentario.

Dado que los niños pequeños sólo pueden apreciar la comedia física, todos nos transformamos en Charlie Chaplin, buscando sentir la alegría indescriptible de observar reír a nuestro bebé. Instintivamente aprendemos cómo alentar la risa contagiosa de nuestros niños dándoles una sorpresa anticipada (las escondidas), mostrándoles el principio de la "causa y el efecto" (el bebé golpea su nariz y usted hace una morisqueta), y dándoles un estímulo físico a través de una cosquilla o del movimiento (haciendo rebotar al bebé sobre su rodilla, lanzándolo al aire suavemente).

Según Paul McGhee, el humor verdadero (más que una reacción física o una percepción) comienza en el segundo año de vida cuando su hijo comienza a comprender la naturaleza simbólica de las palabras y los objetos. A esa edad, la base del humor es la incongruencia física. Para un pequeño de uno o dos años, colocar un zapato sobre la cabeza en lugar de un sombrero resulta graciosísimo, como lo es también el gato del dibujo animado que trata de cazar un ratón en un agujero sólo para achatarse el hocico como un panqueque.

A los tres años, los niños de la etapa preescolar descubren que las declaraciones verbales pueden ser graciosas en sí mismas. Al principio, su hijo piensa que el simple error de nombre resulta algo terriblemente divertido. Dice que la "mano" es un "pie", señala a un perro y lo llama "gato", o a una "mamá" la llama "papá". Como en la mayoría de la formas de humor, la repetición vuelve la broma más divertida y el niño de dos años y medio puede literalmente tirarse al suelo de la risa. Unos pocos meses más tarde, inventar palabras absurdas constituye una causa de diversión:

Padre: Vamos Tammy, come tu cereal.
Tammy: Eres una cabeza de cereal.
Padre: Sí, lo sé, ahora come tu cereal.
Tammy: (con un risita) Tienes una cabeza de cuchara.
Padre: Está bien, Tammy. Muy divertido. Ahora comamos tu cereal
             para llegar al preescolar.
Tammy: (riéndose tan fuerte que vuelca el bol de cereal) Tienes una
             cabeza de cereal-cuchara-caca.
Padre: (exasperado, pero divertido) Está bien, Tammy. Lo que tú di-
             gas. Te daré una banana en el coche. Vamos...

Las rimas y las palabras absurdas también resultan divertidas para los niños pequeños. Cuando mi hija Jessica tenía dos años, le gustaba llamar a su amiga Rachel por teléfono para mantener una conversación "absurda". La conversación siempre incluía unas pocas palabras "tontas":

Jessica:	(con una risita entrecortada) Gink-gunk.
Rachel:	(con una risita entrecortada) Gink-gonk.
Jessica:	(riéndose) Bink-bonk.
Rachel:	(riéndose muy fuerte) Bink-bink.
Jessica:	(riéndose tan fuerte que deja caer el teléfono) Bink...

El contexto del humor es siempre importante, pero lo es aún más en esta etapa en que los niños comienzan a experimentar con las palabras. Por ejemplo, la broma del "gink-gunk" de la que Jessica disfrutaba tanto era divertida sólo cuando se la decía a Rachel y la escuchaba de boca de su amiga. No le resultaba divertida si yo o cualquier otra persona la decía. En esta etapa, los niños comienzan a percibir las pautas del humor y las buscan naturalmente en un lugar familiar. Los niños que miran *Plaza Sésamo* ven que el balbuceo de Big Bird es diferente del humor sarcástico de Grover. Ambos son diferentes de la tontería de Bert y Ernie. Aman la cadencia y la rima de los libros del Dr. Seuss, pero también las asocian a sus dibujos extravagantes y coloridos. Si las palabras del Dr. Seuss se leen en una hoja de papel simple, los niños no se sienten tan impactados por ellas.

A los tres años, los niños ingresan en una cuarta etapa de humor. No sólo se ríen de las incongruencias físicas y verbales, sino también de las incongruencias conceptuales. Por ejemplo, si otro niño de tres años se pone una botella en la boca, esto no resulta particularmente divertido, pero si papá se coloca una botella en la boca y actúa como un bebé, es algo divertidísimo. Sin embargo, si un adulto desconocido hiciera exactamente lo que hizo papá en un intento de entretener a un niño, este podría sentirse muy angustiado e inclusive estallar en llanto. Para los niños pequeños existe una línea fina que separa lo que es divertido de lo que no lo es, inclusive de lo que se percibe como una amenaza. Esa es la razón por la que los niños pequeños se muestran a menudo tan ambivalentes con los payasos. Las travesuras de un payaso están fuera de contexto para un niñito, la primera vez que ve a uno en persona. Los payasos en la televisión o en las películas están en un contexto diferente de los que le pinchan a uno la mejilla o le clavan su bulbosa nariz en el rostro en un circo o una fiesta de cumpleaños. Sólo cuando un niño aprenda a colocar al payaso en este contexto "vivo", lo percibirá como algo divertido en lugar de algo amenazante.

La etapa siguiente del humor emerge entre la edad de cinco y siete años, cuando los niños comienzan a desarrollar una mayor capacidad lingüística y a comprender que las palabras pueden tener más de un significado. A los cinco o seis años, los niños comienzan a expresar acertijos con doble sentido, como las viejas bromas del "toc-toc":

—Toc-toc.
—¿Quién es?
—Acaso.
—¿Acaso qué?
—¿Acaso no estás contento de que te cuente este chiste?

Siempre resulta divertido escuchar a los niños que ingresan en esta fase, cuando luchan por dominar tanto el contenido como la forma del acertijo. Hace varios años, entrevisté a un grupo de niños para ver cómo se desarrollaba el humor en diferentes edades. Todos los niños entre los seis y los doce años tenían bromas para contar, a mí y a los otros niños, pero Alexis, una pequeña de cinco años sonriente y burbujeante, fue la que realmente me hizo reír mucho. Claramente emocionada por estar en compañía de niños más grandes y expertos, mantuvo la mano levantada durante quince minutos antes de que llegara su turno para decir un acertijo.

—¿Qué le dijo el tarado a la oruga? —preguntó cuando finalmente llegó su turno, rebosando de alegría.

—No lo sé —respondí, maravillado por la forma en que su sonrisa contagiosa parecía iluminar la habitación.

—¿Tú te comiste mi caramelo? —respondió con entusiasmo.

—¿Qué significa eso? —preguntó un niño de nueve años, murmurándose a sí mismo el remate del acertijo—. No tiene ningún sentido. No es divertido —le dijo a Alexis sin molestarse en disimular su desdén.

—¡Sí que lo es! —respondió Alexis, exultante—. ¿Tú te comiste mi caramelo? —repitió el remate para darle mayor énfasis.

—Es demasiado joven para saber que es una broma estúpida —explicó un niño de once años al resto del grupo. Aún rebosante, Alexis simplemente repitió nuevamente el remate como para decir, "seguiré diciéndolo ya sea que ustedes piensen que es estúpido o no, pero *yo* sí pienso que es divertido".

El acertijo de Alexis reveló que había comprendido la forma de este tipo de humor lingüístico, pero tenía problemas con el contenido. Evidentemente repetía un acertijo que había escuchado, pero una o dos palabras no eran las correctas. Aún no preparada para captar el concepto de que la incongruencia del sentido de una palabra es lo que torna un acertijo divertido, Alexis simplemente supuso que si alguien no lo comprendía era problema suyo. Los investigadores que estudian cómo los niños aprenden el humor denominan la broma de Alexis, un "pre-acertijo".

Los niños de la escuela primaria muestran una creciente fascinación por la broma preconcebida opuesta a las bromas espontáneas, a menudo crudas, que antes les resultaban divertidas. Muchos niños se enorgullecen de tener un depósito de chistes y acertijos, y es común ver a toda una clase compitiendo para ver quién conoce más acertijos de cierta categoría (bromas del tipo "tarado", "toc-toc", "¿por qué el pollo cruzó la ruta?", y así sucesivamente).

Las bromas y los acertijos en estos años llamados de "latencia" son formas en que los niños expresan interés por los impulsos básicos de sexualidad y agresión. Muchos jóvenes comienzan su educación sexual informal haciendo preguntas sobre bromas sexuales que no comprenden. Aunque es lamentable, los niños también expresan su hostilidad y agresión utilizando las bromas. Las bromas hostiles pueden ser aquellas que se centran en un grupo étnico, racial o regional particular, hasta las más espantosas que parecen emerger en los días de una tragedia real.

Durante los últimos años de la escuela primaria y principios de la secundaria, entre los diez y catorce años, los niños han alcanzado un nivel de sofisticación cognoscitiva que les permite percibir las incongruencias en un nivel simbólico. A esa edad, los juegos de palabras y las expresiones con doble sentido añaden una mayor sofisticación a la forma, aunque no necesariamente al contenido. Un niño de once años le preguntó a su maestra:

—¿Cuál es la diferencia entre una cacerola y un inodoro?

—No lo sé —respondió la maestra.

—Bueno, ¡entonces no iré nunca a comer a su casa! —exclamó el niño.

Durante esos años, los niños pueden usar el humor como un arma tanto contra los adultos como contra los demás niños. La popularidad de Beavis y Butt-head, el dibujo animado de los dos personajes teleadictos sádicos y sexualmente frustrados, es sólo un ejemplo de cómo los jóvenes adolescentes utilizan el humor como una forma de distanciarse de los valores y las costumbres de los adultos. El payaso de la clase que a los siete u ocho años hace ruidos desagradables con sus axilas o que cae al piso simulando un desmayo a la vista de una pequeña lastimadura, suele ser ahora un frecuente visitante de la oficina del director. Sus bufonadas se han vuelto extremadamente perturbadoras para la clase e irrespetuosas para la maestra, un débil disfraz para su desdén hacia la autoridad adulta. Y sin embargo, por más desagradable que ese tipo de humor sea para los adultos, es algo natural en el proceso de crecimiento y pone a prueba los límites de la autoridad. Durante los primeros años del secundario, los adolescentes que usan el humor en el colegio probablemente lo combinen con una conducta positiva en el aula. Su humor es frecuentemente percibido como una capacidad de liderazgo.

QUE PUEDE HACER PARA AYUDAR A SUS HIJOS
A UTILIZAR EL HUMOR COMO UNA CAPACIDAD SOCIAL

Como otras capacidades del CE, diferentes niños tienen diferentes aptitudes naturales para tener humor. Algunos pequeños son simplemente más divertidos que otros. Y sin embargo, todos los niños pueden disfrutar del humor en igual medida y utilizarlo como una forma de conseguir aceptación social y enfrentar los conflictos psicológicos inevitables y la angustia. Usted puede alentar el humor en su hijo y su familia como una forma de añadir placer a cada día, disfrutar de la compañía de los demás y aprender a enfrentar problemas psicológicos y conflictos específicos.

COMO UTILIZAR EL HUMOR PARA MINIMIZAR
EL DOLOR Y LA INQUIETUD

El humor permite que sus hijos descubran una variedad de formas para enfrentar el estrés y la angustia. Puede ayudarlos a salir airosos después de un encuentro incómodo. Puede ayudarlos a enfrentar la ira o a expresar algo que de otro modo resultaría difícil decir (decir algo sin decirlo realmente). Por ejemplo, un amigo mío tiene una hija de doce años que no fue invitada a un baile escolar. Cuando su madre le preguntó si se sentía triste, respondió con fingida desesperación: "¡Oh, terriblemente, terriblemente! ¡Ahora tendré que devolver mi vestido de alta costura y cancelar mi limusina!".

Aliente a sus hijos a contar chistes y a descubrir el humor aun en circunstancias difíciles. Sus bromas comunican sus gustos y disgustos, y pueden usar el humor para expresar sentimientos positivos o negativos acerca de los demás. Los niños a menudo utilizan los chistes como una forma de mantener el prestigio social. Resulta común ver que los niños se susurren chistes unos a otros para que otro no los escuche. Una broma puede circular por toda el aula como un secreto precioso, yendo de boca en boca en el seno del grupo social dominante, sin que los niños considerados de una condición social baja puedan escucharlo alguna vez. En realidad, el hecho de que les cuenten "el chiste" a los niños representa un signo importante de aceptación social.

Juegos ridículos

Sin duda, jugar es la forma más fácil y efectiva de alentar el humor en su hijo. A los niños les encantan los juegos ridículos, las peleas con agua e incluso, de vez en cuando, una pelea con alimentos.

El humor es una capacidad social muy valiosa que muchas veces no apreciamos en los niños. También es importante para lidiar con una variedad de conflictos personales e interpersonales.

La hora de los chistes

Establezca en su casa una hora para la comedia. Especifique cierta hora en la que su familia comparta chistes y acertijos. "La hora de los chistes" podría fijarse después de la cena los miércoles a la noche, durante el desayuno de los lunes a la mañana (comenzando la semana con sentido del humor), durante viajes regulares en coche, o después de una reunión familiar. Al planificar una hora en la que algunos miembros de la familia hacen reír a otros, recuerde los usos psicológicos importantes del humor: reducir el estrés, reunir a la gente, enfrentar situaciones difíciles, así como temores, problemas y conflictos específicos.

Existen decenas de libros de chistes para niños en las bibliotecas y librerías locales, y los miembros de la familia pueden escribir o memorizar un chiste favorito por semana. Mejor aún, la gente puede contar una historia divertida, inventar un poema o hacer un dibujo humorístico. El humor creado por uno mismo es siempre el mejor para desarrollar un sentido del humor natural. Filme en vídeo o grabe su "hora de los chistes" si quiere realmente reírse de buena gana dentro de cinco años.

Utilice usted mismo el humor como una forma de enfrentar el estrés

Utilice el humor frente a sus hijos cuando se sienta con estrés. Haga chistes en el medio de una discusión. Haga muecas frente a sus cuentas.

Utilice el humor para enseñar valores y tolerancia

Se usa frecuentemente el humor como una forma de expresar la agresividad, incluso la crueldad. Ayudar a los niños a distinguir entre el humor hostil y el no hostil puede ser una oportunidad para enseñar la tolerancia y el respeto por los demás. Los niños deben aprender que las palabras pueden ser tan dolorosas o más que un golpe. De ningún modo deben alentarse los chistes que se burlan de la raza, religión, etnia o discapacidad de otra persona. En lugar de ello, aproveche esos momentos como oportunidades para analizar el prejuicio y el uso del chivo expiatorio. Aliente a sus hijos a descubrir formas de reconocer la ira y la agresividad por lo que son y respetar los sentimientos de los demás.

La táctica del payaso

Los niños tímidos y reservados pueden disfrutar particularmente de aprender el arte de ser un payaso. Vestirse con un traje de payaso y usar maquillaje apropiado crea un nuevo personaje para los niños, y los alienta a mostrar una conducta más extrovertida. Dado que los payasos no suelen hablar, los niños tímidos no se preocupan por lo que tienen que decir. ¡Quizá la mejor manera de enseñarles a los niños a ser payasos sea vestirse usted mismo de payaso! Imagine un acto con su hijo donde usted hace juegos de malabares, los dos se persiguen por la casa, se caen de nalgas... actúan en forma ridícula. Esta es también una buena actividad social que los niños pueden desarrollar juntos. Fíjese si pueden "coreografiar" una actuación de payaso de diez a quince minutos.

A algunos niños les gusta tanto hacer de payasos que están dispuestos a hacerlo para otros, actuando en fiestas para niños más pequeños o incluso, a modo de entretenimiento, en los hospitales o geriátricos. Una fuente excelente para los aspirantes a payasos es la obra *Be a Clown! The*

Complete Guide to Instant Clowning (¡Sea un clown! La guía completa para ser un clown en un instante) de Turk Pippin. En este libro se enseña a los niños formas de disfrazarse y maquillarse, bromas clásicas (como la de los confeti en el "balde de agua"), e incluso rutinas clásicas de payaso como la pelea falsa. La regla n° 1 del payaso según Pippin es: "No debes actuar como un payaso, sino *ser* un payaso".

PUNTOS DEL CE PARA RECORDAR

- El humor es una capacidad social importante.
- Es uno de los rasgos de carácter más apreciados en los niños y también en los adultos.
- Aunque los niños poseen diferentes capacidades innatas para contar chistes y hacer reír a los demás, todos los niños nacen por lo menos con una valoración del humor.
- El humor cumple diferentes propósitos en diferentes edades, pero a lo largo de nuestra vida puede ser una ayuda para llevarse bien con los demás y enfrentar una amplia variedad de problemas.

14

Hacerse amigos:
algo mas importante de
lo que usted pueda pensar

Harry Stack Sullivan, un estudiante de Sigmund Freud, puso de relieve la importancia de las relaciones sociales de los niños para el desarrollo de sus personalidades. Sullivan creía que la personalidad en desarrollo de un niño era igual a la suma de todas sus relaciones interpersonales comenzando, por supuesto, por su relación con sus padres, pero incluyendo también la influencia profunda de sus pares.

En la época en que un niño tiene siete u ocho años, comienza a alejarse de la influencia de sus padres y, cada año que pasa, mira con más frecuencia hacia sus compañeros de clase y amigos como fuente de afecto, aprobación y apoyo. Aunque en la familia el apoyo emocional es algo que se da por sentado, entre grupos de niños se trata de una recompensa que se gana. El camino hacia dicha recompensa se vislumbra en su mayor parte a través de la capacidad emocional y social del niño. Según Sullivan, la amistad entre niños imprime hábitos de por vida en la relación con los demás, así como un sentido de autoestima casi igual al que se desarrolla a través del amor y el cuidado de los padres. De manera inversa, cuando un niño carece de amigos o de la aceptación de sus pares, en particular durante los años de la escuela primaria, carga con cierto sentido de lo incompleto y de insatisfacción, a menudo a pesar de logros significativos.

A los 42 años, Harvey era un cirujano ortopédico respetado y de éxito. Describió su matrimonio como "bueno", aunque trabajaba siete días por semana. Pero según su esposa, Flo, pasaba menos de cuatro horas semanales despierto con ella, y llamaba a su esposo "La Sombra". Aunque Harvey amaba a sus tres hijos, ahora adolescentes, confesó que eran una decepción para él. A pesar de haberles dado todas las ventajas (incluyendo sus dotes intelectuales considerables), eran estudiantes sin brillo y mostraban pocas ambiciones excepto la de ir a fiestas todas las noches.

Harvey se describía como alguien sin amigos reales, pero señaló que algunos de sus colegas le caían bien y de vez en cuando almorzaba con ellos. Decía que no extrañaba realmente no tener amigos de adulto, porque en realidad nunca había tenido amigos de niño. De pequeño, había sido fastidiado sin misericordia por ser delgado y desgarbado, pero aprendió a no manifestar sus sentimientos. De adolescente, trabajó duro y nunca salió con muchachas. Flo, a quien conoció en la universidad, fue su única novia. De vez en cuando, Harvey sentía cierta sensación de vacío en la vida, pero esta se desvanecía rápidamente cuando entraba a su oficina pasando por una sala de espera llena de gente.

Cuando Flo anunció que quería el divorcio y algo de "felicidad" en su vida, Harvey no pudo culparla de nada. Sabía que no había tenido mucho éxito como marido y supuso que ser soltero le daría un poco más de tiempo para dedicarlo a un proyecto de investigación que le interesaba. Pensó que ese proyecto podía incluso darle la oportunidad de presidir su departamento en el hospital y su vida cobraría entonces mucho más sentido.

Hacerse amigos es una capacidad que resulta difícil de aprender después de la niñez. Es como nadar, algo que les resulta fácil a los niños pequeños cuando se los introduce en el agua; pero cuando los adultos aprenden a nadar, sin haber tenido la oportunidad de hacerlo de niños, se muestran rígidos y poco naturales en sus movimientos. Aunque la falta de amigos en la niñez ciertamente no condena a las personas a volverse adultos sin amigos, debemos reconocer que ciertas capacidades del CE se ven influidas por un período de desarrollo determinado. Cuando este transcurre, resulta mucho más difícil aprender dicha capacidad.

COMO HACEN LOS NIÑOS PARA ENTABLAR AMISTAD

En su libro *Children's Friendships,* el profesor Zick Rubin de la Universidad de Brandeis describe de qué manera los niños atraviesan cuatro etapas que se superponen cuando aprenden el arte y la capacidad de hacerse amigos.

1.   En la *etapa egocéntrica,* entre la edad de tres y siete años, los niños suelen definir a sus amigos como otros que emprenden si-

multáneamente una actividad similar o simplemente como niños que están cerca. Un "mejor amigo" para un pequeño en esta etapa es a menudo el que vive más cerca. Para decirlo de una manera algo dura, los niños en esta etapa buscan amigos a los que pueden usar: los que tienen juguetes con los que quieren jugar o algún atributo personal del que pueden carecer. En general, los niños que atraviesan la primera etapa de amistad son mejores en iniciar interacciones sociales que en responder a las insinuaciones de otros niños. En su disposición egocéntrica, suponen que los amigos piensan igual que ellos y se ofenderán e incluso rechazarán a un compañero de juego si esto no es así.

2. En la *etapa de satisfacción de necesidades*, entre los cuatro y nueve años, los niños se sienten más motivados por el interés en el proceso de las relaciones que por el egocentrismo. Valoran a los amigos como individuos, en lugar de hacerlo por lo que tienen o por el lugar donde viven. Pero en esta etapa, su hijo sigue estando automotivado por la búsqueda de amigos que puedan satisfacer una necesidad específica. Los niños se sienten atraídos hacia otros que comparten un juguete o aceptan una galleta, pero la reciprocidad no es particularmente importante. Por el hecho de que la amistad se convierte en una forma de satisfacer sus necesidades fuera de la familia, sus hijos pueden sentirse impulsados a estar con otros niños en esta edad, y pueden incluso preferir estar con un pequeño que no les cae bien con tal de no estar solos. Dado que los amigos cumplen la función fundamental de satisfacer sus necesidades actuales, los niños suelen experimentar dificultades en mantener más de una amistad estrecha a la vez. En esta etapa, usted podría llegar a escuchar a su hija decirle a una compañera de juego: "Tú no eres mi amiga. Jodie sí lo es".

3. La *etapa de la reciprocidad* que se produce entre la edad de seis y doce años, se caracteriza por una necesidad de reciprocidad e igualdad. Los niños están en condiciones de considerar ambos puntos de vista en una amistad, y se interesan y preocupan por la equidad. Pueden juzgar la calidad de sus amigos sobre la base de una comparación obvia sobre quién hace qué para quién: una invitación para quedarse a dormir debe dar como resultado la recepción de una invitación similar; un regalo de cumpleaños debe tener el mismo valor que otro; si un día un niño trae un postre adicional a la escuela, esperará uno a cambio al día siguiente. Tal vez debido a esta preocupación por la reciprocidad, las amistades durante esta fase tienden a darse por pares. Los grupos o pandillas durante la etapa recíproca son en realidad una red de pares del mismo sexo.

4. Durante la *etapa de la intimidad*, entre la edad de nueve y doce

años, los niños están preparados para entablar verdaderas amistades íntimas. En lugar de centrarse en actos abiertos, se interesan más por la persona detrás de la fachada y su felicidad. Muchos psicólogos consideran que esta etapa es la base para toda relación íntima y, según ellos, los niños que son incapaces de formar amistades íntimas en la preadolescencia y a principios de la adolescencia podrían no conocer nunca la verdadera intimidad cuando sean adolescentes o adultos. El hecho de compartir en forma apasionada las emociones, los problemas y conflictos en esta etapa, forma un vínculo emocional profundo que los niños recuerdan como una de las relaciones más significativas de la vida. En algunos casos, estas amistades realmente duran toda una vida.

Zick Rubin escribe: "Un criterio particularmente importante de la amistad a cualquier edad de la niñez es compartir información personal, hechos o sentimientos 'privados' que otras personas no conocen". Compartir información personal, tal como lo saben todos los terapeutas, constituye uno de los ingredientes claves para desarrollar relaciones satisfactorias, y parece producir beneficios psicológicos profundos. El grado en el cual alguien comparte información personal, incluyendo intimidades y secretos, quizá sea la medida más importante utilizada por los niños para juzgar a sus amistades.

A los once años, los padres de Jennifer le contaron que se iban a separar. Aunque Jennifer conocía a muchos otros niños cuyos padres eran divorciados, esta noticia la conmovió. No sabía exactamente qué sentir y cuando se le preguntó, dijo que no sentía "nada". Como muchos niños cuando se enteran del divorcio de sus padres, Jennifer mostró una etapa de negación emocional, observando los acontecimientos que se producían en su vida como si ocurrieran en una película.

La única persona a la que Jennifer le comunicó la disolución de su familia fue a su mejor amiga, Julia, quien seguramente guardaría el secreto. Le dijo a su "segunda mejor" amiga Marcie que sus padres estaban hablando de separarse, pero no le contó que en realidad ya habían tomado una decisión al respecto. Le contó a otro grupo de compañeros de clase que le caían bien, pero a los que no consideraba "mejores" amigos, que algo importante estaba por ocurrirle, pero no les dijo exactamente qué era. Jennifer compartió los detalles de su secreto importante con la persona con la que se sentía más cercana. Se abrió menos con los que mantenía una amistad más distante.

QUE PUEDE (Y NO PUEDE) HACER PARA AYUDAR A SU HIJO A ENTABLAR Y MANTENER AMISTADES

La importancia de ayudar a sus hijos a entablar amistad es fundamental, pero nos sentimos a menudo confundidos acerca de lo que deberíamos hacer o no hacer. Cuando uno comprende que los amigos satisfacen diferentes necesidades en diferentes etapas, resulta más fácil determinar el papel que puede desempeñar en la enseñanza de capacidades para entablar amistad.

La etapa egocéntrica

Para los niños más pequeños o para aquellos que son reservados y tienden al aislamiento social, es importante planificar actividades en las que estarán con niños que son como ellos o que tienen intereses similares. Al principio, la forma de reaccionar de los niños es menos importante que la oportunidad de poder hacerlo. Las computadoras y los deportes pueden ser instrumentos importantes para romper el hielo. Pero aun cuando los niños se limiten a mirar dibujos animados juntos, esto representa una importante experiencia compartida que puede construir las bases para un desarrollo social posterior.

Si usted es un padre soltero, resulta sensato resistir el impulso de pasar demasiado tiempo solo con sus hijos durante los fines de semanas y las vacaciones escolares. En la época en que están en edad escolar, están dispuestos a invertir más energía emocional en sus pares. Es perjudicial para ellos que se les atribuya el papel de su compañero.

La etapa de la satisfacción de necesidades

Una vez que sus hijos comienzan a disfrutar la compañía de otros niños, es importante reforzar el valor de los amigos. Tome en serio las amistades de sus hijos mostrando interés por sus relaciones con sus amigos y alentándolos a hablar sobre sus experiencias. Es importante no disminuir o negar los sentimientos positivos de su hijo respecto de otro niño, aun cuando usted siente recelo acerca de dicho niño. Asimismo, evite reforzar las opiniones negativas de su hijo sobre otros niños aun cuando sean objeto de burlas o intimidaciones. Resista la tentación de unirse a las quejas de su hijo respecto de sus compañeros de clase; esto sirve para reforzar el aislamiento social. Sólo limítese a escuchar con atención.

También es importante ponerse como ejemplo para sus hijos. ¿Cómo pueden desarrollar amistades positivas y satisfactorias si usted no le dedica tiempo a los amigos en su propia vida? Hable con frecuencia con sus hijos sobre sus propios amigos, lo que hace con ellos y por qué son importantes para usted. Incluya a sus hijos en las actividades con sus amigos para que puedan ver cómo se relaciona usted con ellos y lo mucho que sus amistades significan para usted.

La etapa de la reciprocidad

En la época en que los niños alcanzan la etapa de la reciprocidad, muchos padres sienten que han sido relegados al papel de chófer, planificador de fiestas y caja bancaria (sólo para retiros de fondos). Puede sentirse como un observador sin importancia de la vida social de sus hijos, pero en realidad su presencia y apoyo les da una sensación de seguridad mientras exploran el aspecto de dar y recibir de la interacción social. En esta etapa, sus hijos pueden beneficiarse con su conocimiento y experiencia mientras aprenden las alegrías y las penas de las amistades a largo plazo.

Si su hijo está experimentando dificultades con sus amigos, usted podría ofrecer ejemplos de su propia experiencia con amigos, ya sea presente o pasada. Pero, como en la etapa previa, no exprese sus sentimientos personales respecto de los amigos de sus hijos y evite dar consejos. Permita que sus pequeños desarrollen paciencia, soporten el dolor que emergerá inevitablemente en cualquier relación cercana, y tomen sus propias decisiones sobre la forma de manejar las emociones y experiencias negativas. Ya sea que decida continuar la amistad o renunciar a ella y buscar una nueva, es algo que depende realmente de él. La única elección equivocada sería la de darles la espalda a sus pares y convertirse en alguien aislado socialmente.

Dado que la etapa de reciprocidad comprende el primer intercambio real de ideas y sentimientos, los niños suelen experimentar entonces ciertas dificultades. Si su hijo no parece tener éxito en atraer a otros, aun después de varios intentos, existen actividades específicas para hacerse amigos que usted puede ofrecer.

Por ejemplo, la simple observación de amistades en vídeos, particularmente cuando usted señala de qué manera se utiliza cada capacidad, parece motivar a los niños a buscar amigos. Si su hijo tiene dificultades para hacerse amigos, también podrá beneficiarse con varias actividades de interpretación de papeles con usted, utilizando títeres o pequeñas figuras. Pueden interpretar cinco o diez minutos de dramas, representando diferentes formas de resolver problemas interpersonales planteados por su hijo. Este tipo de orientación resulta particularmente efectivo con los niños que pueden hablar sobre sus éxitos y problemas sociales anteriores.

La etapa de la intimidad

En la época en que su hijo alcanza la etapa de tener amistades íntimas, su papel es el de servir de guía. Establezca límites adecuados para la edad, señale valores, y aliente el crecimiento personal e interpersonal. Como en otras etapas de transición en la vida de su hijo, usted sentirá sin duda una mezcla de alivio y tristeza por el papel decreciente que cumple en su mundo. ¡Eso es también algo adecuado para la edad!

PUNTOS DEL CE PARA RECORDAR

- Tener un "mejor amigo" es una tarea de desarrollo importante que puede influir en las relaciones de su hijo como adolescente y adulto.
- Aunque usted no puede obligar a su hijo a estar con otros niños, puede mostrarle hasta qué punto los amigos desempeñan un papel importante en su vida.
- Asegúrese de que sus hijos tengan las oportunidades adecuadas para la edad de adquirir capacidades para hacerse amigos.

15

EL FUNCIONAMIENTO
EN UN GRUPO

Después de que un niño aprendió a hacerse amigos individuales, la capacidad de unirse a un grupo de pares del mismo sexo es el segundo pilar que necesita para crear relaciones sociales sólidas. A la edad de tres o cuatro años, a los niños les gusta estar cerca de grupos de otros pequeños. Aunque prefieren de todos modos jugar con un niño por vez, disfrutan haciéndolo en compañía de otros. Si bien inicialmente los niños jugarán con pares de cualquier sexo, a los cuatro o cinco años comienzan a mostrar preferencia por grupos del mismo sexo.

A los seis o siete años, los niños comienzan a apreciar de qué manera el ser miembro de un grupo puede mejorar su confianza y su sentido de pertenencia. Aunque pueden desarrollar un fuerte sentido de la lealtad hacia estos grupos —"mi clase", "mi equipo de béisbol", o "mi grupo de girl scouts"— los grupos los siguen definiendo y organizando en forma exclusiva los adultos. Dado que los niños suelen buscar a sus compañeros de juego en el seno del grupo de pares, un sentido de identidad grupal puede comenzar a cobrar tanta importancia social como la familia. Los niños que se mudan a un nuevo vecindario a esa edad experimentan normalmente un período de prueba de dos a tres meses en esos grupos definidos por adultos antes de convertirse en miembros plenos. Después de ese período, son tratados como miembros en igualdad de condiciones.

Cuando los niños tienen siete u ocho años, comienzan a definir ellos mismos sus grupos de pares. Estos grupos suelen parecerse (si no parodiar) a los que ven en el mundo adulto.

Al principio, la estructura del grupo es mucho más importante que su función. Los niños suelen formar clubes secretos con el propósito exclusivo de definir quién puede pertenecer o no a dichos clubes. Estos se preocupan a menudo por elegir a un presidente, un vicepresidente y otros funcionarios y por establecer un programa de reuniones, normas y rituales. Sin embargo, en el momento en que la estructura del grupo se forma realmente (si es que alguna vez esto se logra), los niños no encuentran una razón real para reunirse y a menudo pasan a desarrollar otras actividades.

Entre los nueve y doce años, el interés de los niños por los grupos se ha tornado una preocupación. Son ahora casi exclusivamente del mismo sexo y, por supuesto, el tema más común de los debates del grupo es el sexo opuesto. Los grupos de esa edad y de adolescentes se caracterizan por una fuerte presión para amoldarse, una presión que se convierte a menudo en un disfraz transparente para las formas más crueles de ostracismo social.

Tómese por ejemplo la siguiente discusión que escuché casualmente en un restaurante de un gran centro comercial. Había observado al pasar a un grupo de tres niñas de diez años en el momento de sentarme con mi almuerzo, suponiendo que también estaban allí para almorzar juntas y disfrutar de un plato de sopa en un día helado de invierno. No tenía idea de que me había colocado al alcance del oído del debate del comité de admisión de nuevos miembros del club "Punks afuera", el cual estaba formado y llevaba ese nombre, según logré enterarme, con el propósito expreso de mantener afuera del club a las niñas que se vistieran como "punks". Este es un pequeño ejemplo de su prolongada conversación:

Niña 1:   ¿Viste a Marty el viernes? ¡Qué asco! Es realmente una cerda.

Niña 2:   Lo sé. Es vulgar. No creo que se haya lavado el cabello en toda la semana.

Niña 1:   ¿Quién se cree que es vistiéndose así? ¿Piensa que se ve bien así? Para mí se parece a una sucia drogadicta.

Niña 3:   (con una risita nerviosa) ¡Probablemente lo sea! Apuesto a que se pincha con los drogadictos de South Street o alguien por el estilo, luego se queda tan drogada que se duerme con la ropa puesta y viene a la escuela con la misma ropa, luego se droga, y busca algo de comer en los cubos de la basura, y luego va a su casa y se duerme con la misma ropa puesta.

Niña 2:   Sí, es un asco...

Niña 1:   Sí, ¿y visteis lo que tenía puesto Sharon la semana pasada?

Y así continuó la charla.

Escuché esta conversación con una mezcla de emociones. Sentí empatía hacia la niña que estaban ridiculizando. Me pregunté si realmente era una marginal social o si eso no era más que charla. Me sentí aliviado de ser un adulto.

EVITAR EL RECHAZO DE UN GRUPO

Quedar aislado de su grupo de pares puede ser una de las experiencias más dolorosas de la vida. Cuando se les solicita a los adultos que definan su niñez como "feliz" o "desdichada", la aceptación o el rechazo de los pares constituye uno de los factores determinantes más frecuentemente citados.

El hecho de ser rechazado del "grupo popular" de niños puede resultar tan doloroso para los niños de hoy como lo era cuando usted era pequeño, pero afortunadamente existe hoy una mayor aceptación de la diversidad. Si los niños no pueden encajar en el grupo dominante constituido por sus pares (los niños "populares"), suelen existir varios otros grupos en la escuela en los que pueden participar y gozar de un grado elevado de reconocimiento social. Gracias, en gran parte, al fenomenal éxito de Bill Gates y otros multimillonarios jóvenes magos de la computación, incluso el que antes era considerado un "ratón de biblioteca" goza ahora de cierto reconocimiento social.

En general, existen dos tipos de niños que experimentan dificultades para incorporarse a los grupos de pares: los que son rechazados por una cuestión circunstancial de ubicación pero son aceptados por un grupo de pares en un período de un año y los que son rechazados debido a cierta "diferencia de carácter" y que experimentan un rechazo prolongado durante un año o más.

Los niños que son rechazados por una cuestión circunstancial suelen ser percibidos como "extraños", porque provienen de una escuela o un vecindario diferente o son rechazados en forma temporaria como resultado de diferencias físicas o culturales. Dentro de un período de un año estos niños quedan asimilados, y sus diferencias pueden incluso ser percibidas como puntos fuertes. Sin embargo, los niños que son rechazados por un año o más son percibidos con cualidades caracterológicas inmodificables que los vuelven inaceptables para sus pares. En general, estos niños caen o bien en el extremo de convertirse en pequeños demasiado introvertidos o extrovertidos: o bien son extremadamente reservados y "dolorosamente tímidos" o agresivos, discutidores, abiertamente competitivos, exigentes y dominantes.

Sin una intervención, los niños que son rechazados por diferencias caracterológicas suelen alcanzar los extremos de su grupo social cuando tienen más edad. La niña reservada puede no salir de su habitación durante varios días, puede negarse a hablar con alguien en la escuela, incluyendo a sus maestros, y en la adolescencia puede correr el riesgo de caer en una grave depresión e incluso en el suicidio. Es probable que el niño considerado como abiertamente agresivo y/o problemático a los ocho o nueve años sea descripto como antisocial cuando llegue a los diez u once años. Cuando el niño agresivo madura físicamente, otros niños, e incluso los adultos, pueden considerarlo como una amenaza. Puede quedar aislado y volverse taciturno, a menudo preocupado por fantasías violentas o vengativas, o puede encontrar un grupo de otros adolescentes que compartan su predisposición a llevar a cabo actividades antisociales en el vecindario.

El niño que es rechazado desde el punto de vista social, por cualquier razón, presenta entre dos y ocho veces más probabilidades de abandonar la escuela secundaria antes de graduarse, y tiene estadísticamente más probabilidades de ser arrestado por actividades delictivas y/o ser un consumidor habitual de alcohol o drogas.

QUE PUEDE HACER SI SU HIJO TIENE DIFICULTADES PARA FORMAR PARTE DE UN GRUPO DE PARES

Si su hijo experimenta dificultades para encontrar un grupo de amigos, ya sea por razones circunstanciales o caracterológicas, usted puede sentirse tan dolido y desvalido como él. Puede incluso sentirse identificado con el aislamiento de su hijo, polarizando el mundo entre "nosotros" y "ellos".

Esta actitud de "tú y yo contra el mundo" puede inicialmente resultar consoladora para ambos. Su hijo puede incluso responder con una sensación de alivio y angustia reducida. Pero estos buenos sentimientos no duran mucho, porque no puede evitar enfrentarse con el rechazo de los pares una y otra vez si no aprende a funcionar satisfactoriamente en un grupo de niños de la misma edad. Aun cuando pueda chocar contra sus instintos más básicos de protección, resulta importante no reforzar en su hijo la sensación de derrota y fracaso social; debe más bien trabajar en forma empática para ayudarlo a adquirir las capacidades del CE que necesita para formar parte de un grupo de pares y funcionar satisfactoriamente dentro de él. Las siguientes son algunas sugerencias específicas para apoyar a su hijo si está experimentando rechazo y aislamiento social.

Eríjase en modelo para su hijo participando en sus propios grupos

La influencia ejercida sobre sus hijos a través de su ejemplo es enorme. Si usted no es activo en diferentes grupos de adultos, tome en consideración los beneficios positivos que dicha actividad podría producir tanto para usted como para su hijo. Es importante que sus hijos perciban el valor que estos grupos tienen para usted. El niño que observa el entusiasmo de su padre por acudir a la práctica de softbol ve cómo este disfruta llevando puesta la camiseta de su equipo por la casa. Si el niño asiste a algunos de estos partidos de softbol, quedará obviamente influido por este aspecto importante de la vida de su padre. Por otra parte, el padre que en forma reticente se convierte en miembro de la asociación de padres y maestros (APM), se queja con frecuencia de las reuniones y refunfuña sobre la ignorancia de los otros padres, transmitirá a su hijo una impresión negativa sobre los grupos, a pesar de que se haya convertido en miembro de la APM con la intención de ser un padre comprometido.

Evidentemente la mejor manera de realzar el valor de los grupos para su hijo es participar con él en un grupo. En Philadelphia, existe una maravillosa tradición de clubes de vecindario con el único propósito de marchar juntos en el Desfile de Disfraces de Año Nuevo. Los miembros del club, a menudo varias generaciones de familias, preparan los trajes, practican las rutinas de música y comedia y se divierten juntos durante todo el año. Para miles de personas de Philadelphia, estos clubes forman una red social que es casi tan importante como sus familias.

En casi todas las comunidades existen grupos de iglesia, grupos de actividades al aire libre, grupos centrados en un hobby determinado donde padres e hijos pueden participar juntos.

Aliente a su hijo a probar diferentes papeles en el seno del "grupo" familiar

El primer grupo que sus hijos experimentan es su unidad familiar. Aunque su familia es muy diferente del grupo de sus pares, puede servirle como vehículo para aprender capacidades grupales sin el miedo al rechazo. En general, en las reuniones familiares se actúa como un grupo definido; en ellas se presentan oportunidades para que sus hijos practiquen diferentes roles grupales. Por ejemplo, cuando se planean las vacaciones familiares, su hijo debería tener la posibilidad de expre-

191

sar una opinión y de que esta sea tomada en cuenta. Otras veces, quizás en el momento de planear una actividad del domingo a la tarde, su hijo podría asumir un papel de liderazgo, recogiendo las opiniones de otras personas, organizando una votación y tomando la decisión final. Es importante celebrar reuniones familiares en forma regular, preferentemente una vez por semana, para que sus hijos aprendan las capacidades grupales. Si sólo se convocan las reuniones familiares cuando se produce una crisis y las emociones arden, es menos probable que sus hijos puedan beneficiarse con la sensación de pertenencia y participación en un grupo.

Aliente a sus hijos a participar en diferentes grupos específicos compuestos por niños más parecidos a ellos

Desde que sus hijos tienen siete u ocho años, aliéntelos a participar en la mayor cantidad posible de grupos de pares. Aunque usted pueda querer que participen en grupos numerosos como los Boy Scouts o Girl Scouts, surge de las investigaciones que los niños que experimentan un rechazo social en la escuela pocas veces tienen éxito en ese tipo de grupos. Por el contrario, suelen mantener el mismo reconocimiento social en la periferia del grupo. Los niños que tienen dificultades con grupos amorfos de niños tienen más probabilidades de tener éxito en grupos de fines más restringidos basados en determinadas capacidades, intereses, la orientación comunitaria, y/o el servicio social. Es más probable que estos grupos centrados en un tema incluyan a los niños con personalidades, intereses y capacidades sociales similares a los de su hijo. Algunos grupos comunes que interesan a los niños incluyen:

Grupos orientados hacia capacidades determinadas

Equipos atléticos.
Grupos musicales y orquestas.
Clubes de computación.
Clubes de ajedrez.
Grupos teatrales.
Compañías de danza.
Clubes de arte.

Grupos orientados hacia intereses determinados

Grupos basados en hobbys.
Grupos orientados hacia la naturaleza.
Clubes atléticos no competitivos (tales como los clubes de bicicleta).
Clases de arte o ciencias patrocinadas por museos.
Grupos juveniles religiosos.

Grupos de servicio comunitario

Grupos de "limpieza" del vecindario.
Grupos afiliados a las organizaciones de servicios de adultos (tales como los Clubes de Leones de Estados Unidos).

Dado que la mayoría de estas agrupaciones se reunirán en su escuela, iglesia o centro comunitario local, estos serían buenos lugares para encontrar una lista de dichos grupos.

Los primeros grupos que integran los niños están más centrados en la forma que en el contenido, pero son importantes ya que enseñan a estos, capacidades que durarán toda la vida y que son muy valiosas en los lugares de trabajo.

Busque grupos formales de formación en capacidades sociales para niños con problemas sociales extremos

Los niños que experimentan grandes dificultades para formar parte de un grupo carecen a menudo de las capacidades sociales específicas analizadas más arriba en el presente capítulo, y cuando tienen ocho o nueve años, podrían ser capaces de adquirir estas capacidades únicamente en el marco de una formación estructurada de capacidades sociales con sus pares. Muchas escuelas poseen programas de formación concebidos para ayudar a que los niños desarrollen una mayor sensibilidad social y tomen conciencia del grado en que su conducta afecta a los demás. Estos grupos son dirigidos por asesores o docentes capacitados, y siguen un programa sistemático de formación que dura por lo menos veinte sesiones, poniendo el acento en la aplicación de las capacidades más allá del grupo, en el marco más amplio de la escuela.

El psicólogo David Guevremont subraya que los grupos de formación de capacidades sociales deberían utilizar diversas situaciones de la vida real en la capacitación del grupo e incluir la tarea del autocontrol entre las diferentes sesiones. Una forma de autocontrol, como la señalada en el cuadro siguiente, solicita que los niños trabajen en capacidades muy específicas, grabando lo que ocurrió y atribuyendo un puntaje a su grado de éxito. Las formas se analizan entonces en la sesión formal.

Capacidades sociales: tarea para el hogar

Su nombre

Fecha _____   *Hora* _____

Actividad _____

Capacidades que está ejercitanto (primero coloque la actividad y luego verifique los subpasos) _____

_____

Subpasos   **Hechos**

A. _____   _____

B. _____   _____

C. _____   _____

D. _____   _____

¿Quién está involucrado?

Nombres   **Edades**

_____   _____

_____   _____

_____   _____

¿Qué sucedió?

_____

_____

_____

_____

Califique lo siguiente en una escala del 1 al 5
(1= muy poco, 5= mucho)

A.   _____   Me divertí.

B.   _____   Me sentí parte del grupo.

C.   _____   Utilicé nuevas capacidades sociales.

D.   _____   Me gustaría hacerlo otra vez.

195

¿Qué aprendió que haría diferente la próxima vez?

_____

_____

_____

¿Cuál será su próxima tarea?

_____

_____

_____

Guevremont subraya también la importancia de las sesiones de seguimiento después de completar el programa de capacitación formal. Dichas sesiones ayudarán a los niños a hablar acerca de nuevos problemas que podrían haber surgido, así como sobre las dificultades aún vigentes. Asegurarán también cierto contacto continuo con los ex miembros del grupo. El hecho de programar estas sesiones de seguimiento dos, cuatro y ocho semanas después del final formal del grupo ayudará también a los niños a anticipar el progreso continuo y a hacerse cargo de lograrlo.

Este tipo de grupos de formación de capacidades sociales resulta necesario únicamente si su hijo sigue aislado aun después de haber realizado sus mejores esfuerzos para ayudarlo a hacerse amigos. Hable con el asesor psicopedagógico de la escuela para tratar de definir un recurso apropiado.

PUNTOS DEL CE PARA RECORDAR

- Llevarse bien en un grupo de pares es una tarea importante para el desarrollo que puede influir en las relaciones de su hijo cuando sea adolescente y adulto.

- Aunque usted no puede obligar a su hijo a jugar con otros niños, puede dar personalmente el ejemplo sobre el papel importante que cumplen los grupos en su vida.
- Asegúrese de que su hijo tenga las oportunidades adecuadas para la edad, centradas en determinados intereses, para poder adquirir la capacidad de desempeñarse bien en los grupos de pares.

16

LOS MODALES SON IMPORTANTES

La capacidad de sus hijos para llevarse bien con los adultos, en particular las figuras de autoridad, constituye un aspecto importante de su desarrollo social y un rasgo del CE muy valioso. Pero los padres norteamericanos, a diferencia de lo que ocurre en la mayoría de los otros países, no parecen preocuparse particularmente por enseñar a sus hijos modales o incluso respeto hacia los adultos. Esto es verdad a pesar de que los padres reconozcan la importancia de los buenos modales y se sientan atraídos hacia los niños que son corteses, considerados y que muestran "cortesías sociales".

Como nación, hemos sido históricamente ambivalentes acerca de los buenos modales. Por una parte, nuestra gran tolerancia hacia los niños maleducados parece formar parte de nuestra herencia. ¿Acaso no fueron nuestros padres fundadores los "hijos" británicos advenedizos, desarreglados y de mal genio que desafiaron al aristocrático y elegante Rey Jorge III? Trate de nombrar a un héroe norteamericano o folklórico, conocido por su porte apropiado. ¿Daniel Boone? ¿Calamity Jane? ¿Teddy Roosevelt? ¿Amelia Earhart? Nos gusta que nuestros héroes sean algo rudos, que no tengan temor de expresar su opinión, que sean sinceros y éticos, pero también impetuosos con un leve toque pícaro. ¿De buenos modales? El simple término parece algo afeminado.

Y sin embargo no podemos evitar una respuesta positiva al niño que nos saluda con cortesía, se sienta pacientemente y espera su turno para hablar, y una respuesta negativa al que ignora nuestro saludo, salta hacia arriba y hacia abajo cuando está junto a la mesa, y gimotea cuando no es el centro de la atención. Efectivamente, los modales influyen mucho más de lo que la mayoría de nosotros está dispuesta a reconocer.

En una encuesta de febrero de 1996 organizada por *U.S. News & World Report*, nueve de cada diez norteamericanos afirmaron que la falta de cortesía social se ha convertido en un problema grave en este país y el 78 por ciento dijo que nuestros modales se han deteriorado gravemente en los últimos diez años. Más del 80 por ciento de los encuestados opinó que nuestra falta de modales es un síntoma de una enfermedad mucho más grave, un elemento que contribuye significativamente al aumento de la violencia, un ejemplo de la decadencia de nuestros valores y un factor de división en la nación en su conjunto.

Aun cuando sepamos que los buenos modales son efectivamente importantes, no hacemos mucho para enseñarles a nuestros hijos siquiera la etiqueta más rudimentaria. Muchos en la actual generación son maleducados hacia sus padres, irrespetuosos hacia sus profesores y groseros hacia otros niños.

En su artículo para *U.S. News & World Report*, John Marks describe el Robert E. Lee High School de Montgomery, Alabama, al que presenta como un microcosmos para toda la nación:

> "En este colegio con mezcla racial ubicado en un vecindario de clase media, los estudiantes no suelen abrirle la puerta a la gente que no conocen ni hablan con ella. En los pasillos uno tiene que empujar o ser empujado. 'Si uno está parado en el pasillo y alguien se acerca, si quieren pasar por donde estás, es mejor que te muevas' —explica Cindy Roy, un estudiante de los últimos años—, porque si no lo haces no harán más que pasar por encima tuyo'."

Lamentablemente, la comunidad psicológica, también influida por nuestra ambivalencia cultural, no ha sido capaz de identificar este problema en su contexto sociológico. Peor aún, es posible que la comunidad psicológica haya contribuido a la situación. Durante los últimos cincuenta años, comenzando con la obra clásica de 1945 de Benjamin Spock, *Baby and Child Care* (El cuidado de los bebes y niños) y luego en forma más acentuada durante los años sesenta y setenta con la popularización de la psicología humanista, los psicólogos y educadores han defendido un enfoque centrado en el niño para la crianza y la educación de los niños, poniendo el acento en ayudarlos a "sentirse bien con ellos mismos". Pero estamos viendo ahora que el movimiento en favor de la autoestima pudo haber puesto demasiado énfasis en el *yo*. Los niños criados en hogares totalmente centrados en el niño se han convertido en adolescentes y adultos egocéntricos.

Los buenos modales, *per se*, no parecen ser una preocupación explícita de la comunidad psicológica. Cuando estaba efectuando mis investigaciones para este libro, llevé a cabo una búsqueda en la computadora respecto de la literatura psicológica que utiliza las palabras claves "modales" y "niños". La respuesta de la computadora fue: "No se encontró nada". Pero el incumplimiento, lo opuesto a los buenos modales, es una gran preocupación. Es uno de los problemas fundamentales de conducta entre los niños derivados al asesoramiento psicológico. Los niños con un "trastorno disociativo", según los criterios de clasificación de la American Psychiatric Association, representan cerca del 50 por ciento de los que son derivados a las clínicas. Estos niños son enviados en busca de ayuda debido a su conducta opositora, desafiante y antisocial.

No puedo más que subrayar la importancia de criar niños que sean corteses y bien educados, respetuosos hacia los demás, y bien hablados para beneficio de su CE. Durante décadas, un estudio tras otro sobre las razones por las que los niños tienen éxito en la escuela han mostrado que los que son apreciados por sus profesores obtienen mejores calificaciones y tienen experiencias escolares más positivas. No sorprende que los docentes señalen como un factor determinante para un buen año de docencia contar con "niños de buena conducta".

QUE PUEDE HACER PARA CRIAR NIÑOS CON MEJORES MODALES

La manera de enseñarles a sus hijos a comportarse en forma más cortés es elevar la medida de sus expectativas con respecto a sus modales. Cuando usted piensa que ha elevado suficientemente sus expectativas, vuelva a elevarlas. Recuerde que está nadando contra la corriente, con Beavis and Butt-head, Howard Stern, y los "gangsta rappers" en lo más alto de la lista de los íconos culturales. No tolere bajo ninguna circunstancia la conducta irrespetuosa o grosera. Sin excusas.

Si usted está realmente dispuesto a trabajar sobre esta capacidad del CE con su hijo, póngase a prueba. En el cuadro siguiente aparece una escala para determinar de qué manera los demás perciben los modales de su hijo. Haga copias de él y pídales por lo menos a cinco personas que lo completen, incluyendo los dos padres, una tía o un tío, un amigo de la familia, un hermano y, por supuesto, su hijo. Luego haga un promedio del puntaje obtenido. Un puntaje perfecto sería cincuenta. Un puntaje por debajo de treinta y cinco debería encender una luz roja.

El test de los modales

Instrucciones: Ponga el nombre de su hijo en los espacios en blanco y califique las siguientes afirmaciones conforme a una escala del 1 al 5, de acuerdo con lo siguiente:

5 = Siempre
4 = Casi siempre
3 = A veces
2 = Pocas veces
1 = Nunca

Puntaje

( ) _____ es puntual.

( ) _____ es amable.

( ) _____ tiene buenos modales en la mesa.

( ) _____ no contesta mal.

( ) _____ no interrumpe a los demás.

( ) _____ dice "por favor" y "gracias".

( ) _____ escribe notas de agradecimiento después de recibir un regalo.

( ) _____ es paciente y espera su turno.

( ) _____ realiza gestos de cortesía cuando se presenta la oportunidad (por ejemplo, abre la puerta).

( ) _____ muestra preocupación e interés por los demás.

Si su hijo no obtiene el puntaje esperado, anímese porque los buenos modales son un valor expresado en conductas muy específicas que pueden modificarse con relativa facilidad.

Comience haciendo una lista de normas específicas como las siguientes. Péguelas en uno o varios lugares claves.

1. Saluda a un adulto diciendo: "Hola", y preguntando, "¿Cómo está usted?"

2. Si eres presentado a un adulto que no conoces, o a quien ves con muy poca frecuencia, dale la mano como parte de tu saludo.

3. Debes decir siempre "gracias" cuando alguien hace algo por ti, aun cuando se trate de una cosa pequeña. Mira a la persona y dilo con claridad para que sepa que eres sincero.

Estas son unas pocas reglas. Es probable que usted pueda enunciar decenas de normas específicas que pueden ser apropiadas para su hijo, pero comience con un mínimo de tres y un máximo de cinco que le parezcan muy importantes. Las nuevas conductas se aprenden mejor cuando son pocas a la vez.

Una vez que usted haya convertido los buenos modales en una prioridad en su casa, refuerce las conductas positivas con elogios y aprobación y desaliente las conductas negativas con reprimendas y consecuencias. Cuando usted percibe que las normas fijadas en la pared han sido bien aprendidas, añada entre tres y cinco más a la lista. Con algunos niños, usted podría verse obligado a alargar la lista de esta manera, pero para muchos, esto podría ser suficiente. Los niños son agudos observadores y en su mayoría quieren complacer a sus padres. Si usted expone sus expectativas con claridad y es consecuente con estas nuevas reglas (sirviendo obviamente de ejemplo), su hijo buscará oportunidades para exhibir sus nuevas conductas.

PUNTOS DEL CE PARA RECORDAR

*   Existe una protesta nacional en contra de la pérdida de cortesía en nuestra sociedad, y sus hijos son juzgados diariamente en base a la forma en que tratan a los demás. Sólo usted puede estimular los buenos modales en sus hijos.

*   Los buenos modales son una de las capacidades del CE más fáciles de enseñar y, sin embargo, pueden producir un efecto profundo en el éxito social posterior de su hijo.

Sexta Parte

La automotivacion y las capacidades de realizacion

La gente automotivada tiene el deseo de enfrentar y superar los obstáculos y así lo hará. Para muchas personas, la automotivación es sinónimo de trabajo duro, y el trabajo duro conduce al éxito y a la satisfacción propia.

La glorificación norteamericana de la automotivación y la ética del trabajo fue moldeada en primer lugar por los puritanos y otros grupos religiosos que llegaron a nuestras costas en los siglos XVII y XVIII. Creían que el trabajo duro y la abnegación en la Tierra eran la forma de alcanzar un Paraíso más sosegado en el Cielo. Más tarde, las vastas fronteras de los Estados Unidos atrajeron a hombres y mujeres con ambiciones más terrenales. Consideraron que nuestra Tierra representaba un medio para alcanzar la riqueza y la condición social que eran incapaces de alcanzar en su país de origen. Aun cuando los motivos de estos nuevos colonos eran muy diferentes, una vez más, la determinación y confianza en sí mismos definieron su espíritu pionero.

Pero la Revolución Industrial fue la que colocó la automotivación en lo más alto de las diez primeras virtudes norteamericanas. Al liderar el mundo en el campo de las invenciones y el ingenio tecnológico, los norteamericanos comenzaron a venerar las máquinas que creaban. Estos artefactos de hierro y acero, tuercas y tornillos, vapor y engranajes hacían el trabajo de decenas de hombres, sin detenerse nunca para beber un café.

Por más que trabajaran en forma dura y constante, las máquinas carecían de todos modos del aspecto emocional del éxito: el corazón, la pasión, el coraje de superar los obstáculos que asociamos a las grandes realizaciones.

SUPERAR LA ADVERSIDAD

Las cualidades emocionales de la realización nos ofrecen satisfacciones reales, aun más que la realización misma. Nadie encarna mejor nuestro ideal emocional de automotivación y determinación que aquellos que han superado dificultades extraordinarias para alcanzar un grado excepcional de realización. Existen innumerables ejemplos de personas físicamente discapacitadas que han alcanzado un éxito más allá de cualquier expectativa, alcanzando el pináculo de nuestra condición social. Está por ejemplo Jim Abbott, un jugador zurdo de béisbol en el equipo de California Angels que a los cinco años desechó una mano derecha ortopédica, pero se destacó en el colegio secundario en los equipos de básquetbol, fútbol y béisbol. O también el jugador de fútbol americano Tom Dempsey que, aunque había nacido sin la mano derecha y la mitad del pie derecho, pateó un gol récord de sesenta y tres yardas para el equipo de New Orleans Saints. Y, por supuesto, también podemos mencionar a prominentes músicos como Ray Charles, Stevie Wonder y Marlee Matlin que no permitieron nunca que la discapacidad se volviera una desventaja.

Muchas otras personas famosas han superado problemas de aprendizaje o fracasos escolares menos visibles pero igualmente graves. La mayoría de las personas sabe que Albert Einstein tuvo dificultades en los primeros años de aprendizaje escolar, incluso en matemáticas, pero lo mismo ocurrió a algunos atletas mundialmente famosos tales como Bruce Jenner y Magic Johnson, algunos actores como Cher y Tom Cruise, científicos como el físico Harvey Cushing (que fue el pionero de las técnicas básicas en materia de cirugía cerebral), y hasta a estadistas eminentes tales como Winston Churchill y Nelson Rockefeller.

Se decía que a Rockefeller le resultaba tan difícil leer sus discursos que los memorizaba en su totalidad antes de hablar ante una audiencia.

¿Cómo lograron estas personas, y muchos otros, tener la suficiente automotivación como para tener éxito más allá de las expectativas de cualquiera? ¿Cómo puede usted enseñarle a su hijo estas mismas capacidades para tener éxito y sentirse satisfecho consigo mismo? Podemos responder estas preguntas comprendiendo la automotivación desde una perspectiva del desarrollo.

LAS RAICES DE LA MOTIVACION

Como la mayoría de las otras capacidades del CE, los elementos básicos de la motivación para aprender y dominar nuestro medio forman parte de nuestra herencia genética. Desde los primeros momentos de vida, un bebé siente curiosidad por su mundo y se esfuerza por comprenderlo. Si usted le coloca el dedo índice en la palma de la mano, él lo agarrará. Cuando usted lo siente, sus ojos se abrirán como un muñeco y comenzará a mirar a su alrededor. Si usted inclina su cuerpo con los pies firmes sobre la cama sosteniéndolo con una mano, mostrará el reflejo de caminar. Desde sus primeros momentos en la Tierra, nace con el deseo de dominar el medio: rodar, sentarse, ponerse de pie, caminar y hablar. Y busca alcanzar estas metas en forma inexorable.

Pero algo les ocurre a muchos niños norteamericanos ya a partir de los siete u ocho años, cuando su tarea escolar se vuelve más pesada. Parecen perder sus ansias de aprender y descubrir. Pueden sentir una gran preocupación ante el hecho de ser juzgados por los demás a medida que su confianza natural en sí mismos desaparece.

Los padres y educadores se sienten perplejos respecto al motivo por el que los niños se muestran complacientes acerca del aprendizaje a tan temprana edad y parecen sentirse satisfechos con tan poco cuando el mundo les ofrece tanto. Hasta los estudiantes reconocen la falta de automotivación como una causa subyacente a algunos de los problemas más graves en las escuelas de hoy. En una reunión de la National Association of Student Councils de 1996, se consideró que el problema más grave eran las drogas y el alcohol, pero la mayoría de los delegados opinó que el abuso de substancias no era más que el resultado de una apatía más general.

Durante más de cincuenta años, los investigadores han especulado acerca de las razones por las que algunas personas se muestran automotivadas y alcanzan un alto grado de realización, y otras no. Ofrecen algunas respuestas concretas que pongo en claro en los tres capítulos siguientes. Estas respuestas abarcan los siguientes principios generales:

1. Enseñarle a su hijo a esperar el éxito.
2. Brindarle a su hijo oportunidades para que domine su mundo.
3. Lograr que la educación sea algo importante para los intereses y el estilo de aprendizaje de su hijo.
4. Enseñarle a su hijo a valorar el esfuerzo persistente.
5. Enseñarle a su hijo la importancia de enfrentar y superar el fracaso.

17

COMO ANTICIPAR EL EXITO

En la escuela, Lincoln tuvo por primera vez la oportunidad de ver a niños de otras familias y de comparar su inteligencia con la de los demás. Más alto que la mayoría de los otros estudiantes, usaba una gorra de piel de mapache y pantalones de piel de ante que eran siempre demasiado cortos, de modo que, recordaba un compañero de clase, 'se veían seis o más pulgadas de las tibias desnudas de Abe Lincoln'. Ignorando su apariencia peculiar, reunió rápidamente a los otros estudiantes a su alrededor, gastando bromas, contando historias y haciendo planes. Casi desde el comienzo, ocupó el lugar de líder. Sus compañeros de clase admiraban su capacidad para contar historias y hacer rimas, y disfrutaban de sus primeros esfuerzos por hablar en público. Para ellos, era alguien claramente excepcional, que se llevó consigo de su breve período escolar, la confianza en sí mismo de un hombre que nunca había encontrado a su igual intelectual.

Lincoln,
David Herbert Donald

Los niños automotivados esperan tener éxito y no tienen inconvenientes en fijarse metas elevadas para sí mismos. Los niños que carecen de automotivación sólo esperan un éxito limitado y, según el psicólogo Martin Covington, fijan sus metas en el "grado más bajo de realización que una persona puede tener sin experimentar una inquietud indebida". Un niño que cree que es un estudiante "promedio" y no puede realmente obtener una calificación más alta orientará sus esfuerzos en forma consciente o inconsciente hacia la mediocridad, cualquiera sea su potencial intelectual.

Las expectativas de los niños sobre sus capacidades comienzan en el hogar. En un estudio concebido para descubrir por qué los estudiantes norteamericanos mostraban un desempeño por debajo de los promedios internacionales en las pruebas de matemática y ciencias, comparados con los estudiantes de más alto desempeño de Japón y Hong Kong, Harold W. Stevenson y Shin-ying Lee entrevistaron a cerca de 1.500 estudiantes y sus madres en primero y quinto grado. Descubrieron que los niños de estas tres culturas no tenían diferencias en sus capacidades intelectuales innatas; pero sí había diferencias significativas en los intereses y expectativas de sus padres. Las madres japonesas y chinas tenían expectativas más elevadas para sus hijos y subrayaban la importancia de la educación en la vida diaria de sus hijos. Los niños internalizaban dichas expectativas en sus actitudes respecto de su actividad escolar. Aunque las madres asiáticas tenían criterios académicos más elevados para sus hijos, también eran más realistas que las madres norteamericanas sobre las características académicas, cognoscitivas y personales de sus pequeños. Ponían más de relieve la importancia del trabajo duro para sus hijos que sus contrapartes estadounidenses quienes ponían mayor acento en la capacidad innata de sus hijos.

La mayoría de las familias norteamericanas tiene expectativas elevadas para sus hijos, pero, evidentemente, eso no es suficiente. Las expectativas no significan mucho si no están respaldadas por la valorización del aprendizaje por parte de los padres. Al creer que los deseos realmente se vuelven realidad, solemos confiar únicamente en el elogio a nuestros pequeños para aumentar su autoestima. ("¡Ese es el dibujo más increíble que he visto!"). Pero un elogio excesivo produce en realidad el efecto inverso sobre la confianza en sí mismo: cuando elogiamos en forma indiscriminada todo lo que hacen nuestros hijos, no aprenden a juzgar sus capacidades en forma realista. Por consiguiente, tienen más tendencia a sentirse decepcionados cuando se encuentran en un ambiente escolar competitivo.

Cuando realmente queremos que nuestros hijos tengan éxito, nos expresamos tanto en acciones como en palabras, y estas, a su vez, reflejan las exigencias de la cultura, especialmente en las escuelas. En Japón, por ejemplo, los niños van a la escuela sesenta días más que en los Estados Unidos (un tercio más de días de clase) y tienen un promedio de cuatro horas diarias de tareas para el hogar frente al promedio norteamericano de cuatro horas semanales. En los Estados Unidos, aunque hablamos de años escolares más prolongados y pautas más elevadas, en general, las exigencias siguen siendo las mismas. El tiempo que realmente le dedicamos a nuestros hijos puede estar decreciendo.

La siguiente es una lista de verificación de las formas en que usted transmite la importancia de la educación a sus hijos. Observe cuántas de estas actividades lleva usted a cabo y cuántas otras puede realizar.

Actividades que muestran cómo los padres enseñan el valor del aprendizaje

_____ Establezca una hora de lectura durante la noche, para que todos los miembros de la familia se sienten juntos y lean en silencio.

_____ Juegue con regularidad juegos de mesa como el Scrabble, u otros que alientan las capacidades verbales y de razonamiento.

_____ Aliente a los niños a leer el periódico y discutir los acontecimientos de actualidad.

_____ Por la noche, discuta acerca de lo que los niños han aprendido en la escuela y piense en maneras de hacer un seguimiento de estos temas.

_____ Planifique visitas regulares o vacaciones familiares que incluyan museos, bibliotecas y lugares de interés histórico.

_____ Haga que las tareas para el hogar sean una prioridad (antes que la TV u otros entretenimientos).

_____ Suscríbase a revistas infantiles.

_____ Lleve a sus hijos a visitar su lugar de trabajo u otros lugares de trabajo que puedan interesarle.

_____ Continúe el aprendizaje de sus hijos durante el verano, a través de campamentos especializados, programas de bibliotecas o proyectos supervisados.

DOMINIO: QUE SIGNIFICA Y QUE NO SIGNIFICA

Según el psicólogo Martin Seligman, podemos transmitir mejor nuestras expectativas ofreciéndoles a nuestros niños las oportunidades de dominar su medio. Cada vez que le pedimos a nuestro hijo que busque una respuesta en lugar de simplemente dársela o que encuentre una forma de ganar dinero para una nueva bicicleta en lugar de decirle que espere hasta el cumpleaños o las vacaciones, le enviamos el mensaje de que puede aprender a confiar en su propia iniciativa.

Basado especialmente en sus estudios sobre el sentido adquirido de impotencia, en los que descubrió que tanto la gente como los animales pueden quedar sin motivaciones e incluso deprimirse cuando se le frustran todas las acciones, Seligman cree que el hecho de brindarles a los niños experiencias de dominio tales como buscar sus propias respuestas o ahorrar para esa ansiada bicicleta fortalece su creencia en sí mismos. Aprenden que sus acciones específicas pueden producir resultados previsibles y que el camino hacia el éxito se construye sobre la base de su propia decisión y perseverancia.

Muchos padres llegan a la conclusión errónea de que establecer una sensación de dominio es lo mismo que dominar nuevas capacidades. Tomando esto en cuenta, pueden conducir a sus hijos hacia una caza frenética de actividades extraprogramáticas —precipitándose de las lecciones de piano, las prácticas de fútbol, a las clases de karate— creando a menudo la sensación de estar controlados por el horario de actividades. Pero paradójicamente, este ritmo agitado en los niños puede perjudicar su aprendizaje de capacidades de realización: la sensación de ser controlados por fuerzas externas conduce a menudo a una falta de motivación.

El dominio —un concepto psicológico— se refiere a una sensación interna de controlar la capacidad de comprender, integrar y responder con efectividad al medio. Esta sensación de tener el control constituye un factor importante para la automotivación y es la característica de los individuos que alcanzan logros elevados.

Brindarles a sus hijos la oportunidad de fijarse sus propias metas es una forma importante de darles este tipo de control. En un estudio que trataba de mejorar las calificaciones de los estudiantes de matemáticas de quinto grado cuyo rendimiento era insatisfactorio, se les pidió a los estudiantes que indicaran con anticipación qué porcentaje de los problemas de la prueba pensaban que podían resolver correctamente en los exámenes semanales. Se pagaba entonces a los estudiantes con dinero del Monopoly sobre la base de la exactitud de sus juicios, haciéndoles ganar o perder dinero según la ubicación que habían alcanzado con respecto a sus propias expectativas, en lugar de hacerlo en base a su desempeño real. Aparentemente, como resultado de este control percibido, la calificación de su desempeño aumentó tres puntos durante el año escolar cuando repentinamente comenzaron a darse cuenta de que hacer su tarea escolar y su tarea en el hogar era el camino seguro para poder satisfacer las expectativas que se habían impuesto a sí mismos.

OFRECERLE OPORTUNIDADES A SU HIJO
PARA DOMINAR SU MUNDO

Para ayudar a su hijo a desarrollar un sentido del dominio y control que, a su vez, conducirá hacia una iniciativa y orientación propia crecientes, espere que su hijo haga más por su propia cuenta. Los padres norteamericanos de clase media tienen una tendencia creciente a darles a sus hijos más y pedirles menos, pero esto no ayuda a enseñarles a tener automotivación y sentido del propósito.

En segundo lugar, reconsidere la forma de recompensar a sus hijos (a través del elogio u otros medios) por cosas que hacen libremente. En una época, se les decía a los padres que el elogio y la atención constantes ayudarían a los hijos a desarrollar una elevada autoestima, pero, en realidad, la verdad es lo opuesto. Ya sea en la escuela o en el hogar, cuando los niños reciben una atención y un refuerzo constante (puntos, tantos, estrellas) por un trabajo que de por sí disfrutan, comienzan a pensar que aprender es sólo una manera de ganar recompensas. Aunque el elogio y las recompensas externas tienen su lugar para motivar a los niños a hacer cosas que les resultan difíciles, el refuerzo pierde su sentido cuando es excesivo. Confíe en el refuerzo cuando es absolutamente necesario y no más.

La autocalificación es otra forma de aumentar la sensación de control de sus hijos sobre su desempeño escolar y mejorar así su motivación. Cuando se les pide a los estudiantes que autocalifiquen su propio trabajo junto con el docente, y su calificación "final" está compuesta por la evaluación promedio del estudiante y el docente, las dos notas suelen ser muy similares. El hecho de saber simplemente que su voz cuenta para algo parece aumentar su interés por lo que los demás piensan de ellos.

Este principio puede funcionar también en su hogar. En lugar de verificar simplemente la tarea para el hogar de su hijo o su éxito en alguna actividad doméstica, pídale que se califique a sí mismo conforme a una escala de cinco puntos, siendo "uno" un trabajo deficiente y "cinco" un trabajo realizado por encima de las expectativas. Dígale a su hijo que usted también calificará su desempeño y luego compare su puntaje una vez completada la tarea, explicándole que debe obtener por parte de su padre una calificación mínima de tres para que la tarea sea aceptable.

Usted podría quedar muy sorprendido al descubrir que sus hijos no sólo son más rápidos para hacer las tareas cuando participan en la evaluación de su resultado, sino que son mucho más conscientes de la forma de hacer el trabajo.

Otra forma de aumentar el control percibido de su hijo sobre su desempeño es enseñarle a fijarse y administrar las metas. Por ejemplo, supóngase que el lunes, el profesor de Eric le asigna un informe sobre un libro que debe ser entregado el viernes. En lugar de confiar en Eric para que establezca su propio programa de trabajo (lo que habitualmente significa que preparará el informe a última hora del jueves) o de establecer y controlar usted mismo su horario (que no ayuda en nada para la autodisciplina del niño), usted podría enseñarle la forma de establecerse diariamente submetas y controlarlas. Ser capaz de dividir una tarea en pasos manejables constituye una importante herramienta de administración y un método que ayuda a mucha gente a mantener la automotivación. Dividir una tarea en pequeños pasos también facilita la realización de tareas difíciles.

Por ejemplo, al principio de mi carrera como psicólogo, dirigía una escuela para niños con discapacidades múltiples, incluyendo niños sordos, ciegos y moderadamente retardados como resultado de una epidemia de rubéola ocurrida en los años sesenta. Utilizando los principios de dividir las tareas en subpasos cada vez más pequeños, nuestro equipo de taller vocacional logró capacitar a estos niños para realizar tareas que nadie hubiera considerado posibles, incluyendo el montaje de tableros de circuitos electrónicos para los satélites de la NASA. Descubrimos que muchas tareas eran realizables mediante la capacitación por subpasos. Los niños a los que previamente se atendía como bebés aprendieron a vestirse por sí solos, a emplear una higiene personal apropiada e incluso a hacer sus camas. Hacer una cama consistía en enseñarles a nuestros clientes más de 200 subpasos, pero una vez aprendidos estos pasos, podían hacer sus camas con la mínima supervisión.

El "Diagrama de realización paso por paso" fue concebido para ayudar a los niños a dividir las tareas en subpasos, a asignar la cantidad de tiempo correcta a cada paso, y a controlar su progreso en la realización de cada paso. Si sus niños tienen menos de diez años necesitarán probablemente de su ayuda para completar esta planilla, pero de todos modos, deberían participar en el proceso. La utilización de esta planilla para una tarea nueva o difícil será un componente importante para enseñarle a su hijo hábitos de trabajo y estudio para toda la vida.

Diagrama de realización paso por paso

Escriba la tarea:

_____

_____

_____

Divida la tarea en subpasos secuenciales lógicos.

_____

_____

_____

Planee cuándo durará cada subpaso y cuándo será realizado.

_____

_____

_____

Haga que su hijo verifique cada subpaso después de realizarlo.

Subpasos	¿Cuánto tiempo llevará cada uno?	Hecho
_____	_____	_____
_____	_____	_____
_____	_____	_____
_____	_____	_____
_____	_____	_____
_____	_____	_____
_____	_____	_____

LOGRAR QUE LA EDUCACION SEA ALGO IMPORTANTE
PARA LOS INTERESES Y EL ESTILO DE APRENDIZAJE DE SU HIJO

David, un niño de once años, era considerado un estudiante brillante pero sin motivación. El hecho de que uno de sus padres fuera asesor psicopedagógico y el otro profesor de inglés en un colegio local hacía aun más evidente su falta de entusiasmo por la escuela. No era que David se opusiera a aprender; de hecho, la lectura era uno de sus mayores placeres. Pero David quería leer lo que le interesaba y esto no solía ser lo que su maestra le encargaba. Devoraba libros sobre la Guerra Civil, el béisbol, la geología y cualquier tipo de ciencia ficción. La mayoría de los amigos de David eran considerados estudiantes "promedio", aunque sus docentes pensaban que podían desempeñarse mejor, una evaluación basada en parte en el conocimiento asombroso de los niños sobre trivialidades deportivas.

Los padres de David le explicaron a su asesor psicopedagógico cómo él y sus amigos pasaban el tiempo nombrando cada jugador de las ligas de béisbol nacional y norteamericana, las posiciones en las que jugaban y sus promedios de golpes. Sin embargo, ni uno solo de ellos sabía la fecha de la firma de la Carta Magna, la primera pregunta de su examen de historia de mediados de semestre y el tema de tres semanas de estudio.

Todos los niños (y los adultos) aprenden más rápidamente cuando perciben que la tarea es importante para sus vidas. Los educadores, particularmente los que son docentes de niños pertenecientes a una minoría, han criticado durante mucho tiempo el programa de estudios escolar estándar justamente por esa razón, preguntándose por qué los niños podrían sentirse motivados de permanecer en la escuela y aprender si no pueden relacionar lo que se les enseña con los problemas de su vida cotidiana. Una premisa básica de la inteligencia emocional es que la falta de sentido de lo que debe aprenderse constituye un factor crítico para que sea realmente asimilado.

Por ejemplo, un estudio sociológico dirigido por Geoffrey Saxe sobre niños de la calle que viven en los suburbios urbanos de Brasil, recalca lo que los niños son capaces de lograr cuando una tarea tiene sentido. Saxe entrevistó a los niños golpeados por la pobreza cuya supervivencia dependía de la venta de golosinas en las esquinas para ganar suficiente dinero para lo elemental de la vida. Descubrió que, aunque dichos niños no tenían una educación formal, creaban su propio sistema aritmético basado en la intuición que les permitía llevar a cabo cálculos complejos para comprar golosinas a precio mayorista y luego revenderlas a un precio diario minorista, tomando en cuenta la inflación brasileña, que superaba el 250 por ciento anual.

Aunque no hay mucha gente que proponga abandonar el contenido del programa básico de estudios escolares simplemente por el hecho de no ser importante para muchos niños, existe una ola creciente de críticas centradas en la forma de enseñanza. El profesor Howard Gardner de Harvard es uno de los críticos más prominentes de las escuelas que aún confían en las teorías pedagógicas del siglo XIX para la enseñanza de los niños. En opinión de Gardner no existe un factor general de inteligencia, tal como lo sugerirían los tests del CI, sino por lo menos siete tipos que definen cómo aprende y se desempeña la gente, incluyendo el verbal, lógico-matemático, espacial, musical, cinestético, interpersonal e intrapersonal. Gardner señala que aunque los niños pueden tener menos capacidad innata en un tipo de inteligencia, pueden tener más en otro. Prescindiendo de la manera de aprender de los niños, la mayoría de las escuelas enseñan utilizando únicamente los dos primeros tipos de inteligencia, el verbal y el matemático.

La teoría de Gardner de la inteligencia múltiple parece ser particularmente importante para los programas "alternativos" concebidos para estudiantes no motivados que, de otro modo, podrían fracasar o abandonar el programa escolar regular. En estos programas, que actualmente se ofrecen en todo el país como parte de una red de seguridad educativa, se enseña el programa académico estándar recurriendo a las siete inteligencias.

El programa CORE (*Creative Opportunities for Restructuring Education* —*Oportunidades creativas para reestructurar la educación*), que actualmente forma parte del Programa de Aprendizaje Alternativo de la Darien High School de Darien, Connecticut, ejemplifica de qué manera puede aplicarse la teoría de la inteligencia múltiple a través de proyectos estudiantiles especializados. Al estudiar una unidad sobre la Segunda Guerra Mundial, los nueve estudiantes del programa de Suzanne Diran convirtieron su aula en un café de los años cuarenta, lleno de obras de arte con temas relacionados con la guerra. Conducida por varios estudiantes con talento musical, la clase escribió canciones que reflejaban el estado de ánimo reinante antes de la guerra y durante la misma. El proyecto culminó con un acto al que fueron invitadas las autoridades de la escuela para beber café y "experimentar" el proyecto. Fueron recibidas y esperadas por estudiantes que aprovecharon para pulir sus capacidades sociales.

El modelo de la inteligencia múltiple subraya la importancia del aprendizaje práctico y de llevar a cabo proyectos, de lograr la participación comunitaria, del aprendizaje grupal con niños de edades diferentes, y la visita a los mentores. En las escuelas de todo el país se utilizan este modelo y programas similares para mantener a los estudiantes en la escuela y llevar sus capacidades al máximo. Sin embargo, en su mayor parte, estos modelos creativos de educación están limitados a un número relativamente reducido de estudiantes —una fracción de los que pueden beneficiarse con ellos— y esto difícilmente pueda cambiar. De todos modos, los docentes individuales y sin duda los padres pueden aprender de estos programas y aplicar por lo menos algunos de sus principios para ayudar a los niños que muestran un desempeño deficiente. El beneficio más importante de los programas de aprendizaje empírico es que los niños se automotivan cuando el material estimula sus inteligencias innatas y despierta y satisface su curiosidad. La curiosidad, a su vez, depende del hecho de ofrecerles a los niños tareas suficientemente complejas como para que los resultados no siempre sean seguros. Las tareas deberían combinar elementos lúdicos, sorpresivos e imaginativos.

COMO PARTICIPAR EN EL APRENDIZAJE DE SU HIJO

Sólo un pequeño porcentaje de los padres participan intensamente en la educación de sus hijos, pero su número parece estar creciendo. El movimiento de la educación en el hogar, por ejemplo, consiste en padres que no dejan que sus hijos asistan a ningún tipo de escuela, proporcionando el cien por cien de sus necesidades educativas. Suele asociarse este movimiento a padres con fuertes creencias religiosas o políticas que creen que las escuelas públicas socavarán los principios básicos que ellos quieren que sus hijos aprendan. Pero proporcionarles a los niños todas las necesidades educativas constituye una posición extrema que resulta impracticable para la mayoría de los padres.

Si consideramos las escuelas y las familias japonesas como modelo para obtener un nivel más elevado de desempeño estudiantil, podemos ver que los padres norteamericanos se quedan cortos en cuanto a la importancia que le atribuyen a la educación de sus hijos y al tiempo que le dedican. Según Merry White de la Universidad de Boston, una experta en el sistema educativo japonés, la forma en que los padres participan en la educación de sus hijos determina realmente la diferencia crítica que existe entre estas dos culturas. Desde un punto de vista económico, los japoneses y norteamericanos gastan aproximadamente la misma cantidad de dinero en la educación de sus hijos (cerca del 7 por ciento del producto bruto nacional), y las aulas japonesas presentan en realidad una proporción docente-estudiante mucho mayor (40:1 frente a cerca de 25:1). Podría resultar sorprendente para muchos pero las escuelas japonesas ofrecen mucho menos acceso a la tecnología en las aulas que la escuela promedio norteamericana, concentrándose en un programa básico y métodos de enseñanza tradicionales. Pero la diferencia significativa es que las madres japonesas consideran la educación de sus hijos como su responsabilidad más importante, mientras que el padre norteamericano típico está más dispuesto a que sean las escuelas las que se ocupen de la educación de sus hijos.

Aunque la mayoría de las familias norteamericanas no pueden realmente emular a la familia japonesa, en la cual las madres se dedican plenamente a sus hijos y las carreras para las mujeres no son bien vistas, aun una pequeña modificación en el énfasis de la familia norteamericana sobre la educación en la casa puede producir un cambio importante. Si pudiéramos dedicar sólo una hora diaria de tiempo activo a la educación de nuestros hijos, esto equivaldría a un 20 a 30 por ciento de aumento en la experiencia educativa de nuestros jóvenes. Gracias a la atención individual que recibirían nuestros hijos, podríamos esperar una aceleración aun mayor de su aprendizaje.

Usted puede comenzar su participación familiarizándose con lo que su hijo está (y no está) aprendiendo en el aula. Si el profesor de su hijo no le da información sobre los conocimientos enseñados cada semana, entonces debería ciertamente solicitar dicha información. Los docentes siguen un programa de estudios estandarizado y elaboran planes de lecciones semanales y diarios. Deberían sentirse felices de darle una copia si usted así lo solicita. Los planes de lecciones suelen incluir objetivos claramente establecidos respecto de lo que debe aprenderse en cualquier unidad de estudio particular y criterios respecto de la forma en que dichos objetivos serán puestos a prueba o medidos. Si el profesor de su hijo no puede proporcionarle este tipo de información, usted debería saber que se encuentra disponible a través de otras fuentes.

La American Education Publishing, por ejemplo, proporciona una serie de libros que cubren los planes de estudios básicos correspondientes de primero a quinto grado. Estos planes respetan estándares válidos en toda la nación y pretenden servir de ayuda a los padres para que sus hijos no caigan en las grietas del sistema educativo. Existen también decenas de programas de computación que pueden ayudarlo a enseñarle a su hijo temas específicos. Uno de mis programas preferidos para los niños más pequeños son los programas "Knowledge Adventure's Jump Start", que ofrece todo un sistema de aprendizaje basado en calificaciones que cubre múltiples temas a través de juegos de computación entretenidos. Por ejemplo, el programa "Jump-Start Second Grade" proporciona veintidós módulos de aprendizaje que cubren el plan de estudios básico del segundo grado, ciencias sociales y escritura. Este programa de treinta y cinco dólares controla el desempeño de su hijo y ajusta el nivel de dificultad automáticamente.

La Internet es otra fuente de información en rápido crecimiento para que usted pueda saber cómo ayudar en la educación de sus hijos.

Existen decenas de direcciones que pueden ayudarlo a participar más en la educación de su hijo y a lograr que el aprendizaje se convierta en una aventura emocionante. Para una lista completa de direcciones de la red ("web sites"), inicie una dirección denominada Internet Educational Resources (www.cts.com/% 7 enetsales/herc/hercoir.html).*

A través de Internet, su hijo puede tener oportunidades innumerables para asistir a clases en el ciberespacio, comunicarse con niños y adultos con intereses similares, visitar museos virtuales, o llevar a cabo proyectos de investigación acudiendo directamente a la fuente. Puede visitar direcciones de la red tales como la Casa Blanca, el Zoológico de San Diego, el Smithsonian Institute de Washington, D.C., y miles de otros lugares de todo el mundo.

PUNTOS DEL CE PARA RECORDAR

- Comience por esperar más de sus hijos. Esperar más de los niños los hace esperar más de sí mismos.
- Exija que trabajen más duro y dediquen más tiempo a las tareas escolares, las domésticas, la lectura y el conocimiento de su mundo.
- Permita que sus hijos controlen aspectos de su propio aprendizaje.
- Enséñeles cómo controlar su tiempo y evaluar el resultado de sus esfuerzos.
- Si sus hijos de edad escolar no se desempeñan de acuerdo con sus capacidades, puede trabajar en forma cooperativa con los docentes para desarrollar un programa educativo que divida el aprendizaje en pequeños pasos, le permita a sus hijos el establecimiento de sus propias metas y la evaluación de su propio progreso, y les enseñe a través de enfoques multisensoriales utilizando el arte, la música y el aprendizaje empírico.
- En lugar de culpar a las escuelas por no hacer lo suficiente, aumente el tiempo que dedica a la educación de sus hijos.
- Las computadoras, y en particular Internet, proporcionan recursos y oportunidades de aprendizaje ilimitados.

---

* Cualquier dirección del correo electrónico o de la World Wide Web citada en este libro está sujeta a cambio.

18

PERSISTENCIA Y ESFUERZO

Idealizamos a la gente que alcanza el éxito a través del trabajo duro y sin embargo tanto los padres como los educadores se muestran inseguros respecto de la forma de infundir en los niños las capacidades del CE relacionadas con la persistencia, diligencia y ambición. Una de las experiencias más inquietantes para los padres es darse cuenta de que sus hijos han dejado de preocuparse por su educación, una situación demasiado común en nuestro país, donde el porcentaje de analfabetos sigue aumentando y el 17 por ciento de los niños no completan el secundario.

La señora Campbell tenía miedo de acudir a la reunión anual de docentes relacionada con su hija, Cindy. Después de todo, ya sabía que Cindy no era una estudiante motivada. No parecía preocuparse en lo más mínimo por sus calificaciones, y sus profesores pensaban que estaba perdiendo un excelente intelecto.

Para empeorar las cosas, los docentes sugerían que la culpa recaía de alguna manera en los Campbell. ¿Pero qué esperaban que hicieran? Suplicaron, castigaron, amenazaron y sobornaron a su hija, todo en vano.

Lo que más perturbó a los padres de Cindy fue la velocidad con la que su hija se convirtió en una estudiante de bajo desempeño. Les parecía increíble que sólo un año antes Cindy amara a su maestra, hiciera siempre sus tareas de la escuela a tiempo y fuera descripta como una estudiante "modelo". Ahora parecía malhumorada, se ausentaba frecuentemente de la clase y su promedio de calificaciones había caído de un "B" sólido a un "C". Para los Campbell y para los docentes, Cindy parecía estar yendo a la deriva. Cómo hacer para recuperarla constituía un enigma.

La historia de Cindy es muy común. Muchos niños a los doce o trece años comienzan a perder interés por la escuela y simultáneamente la influencia de sus padres se debilita. Aunque es sabido que muchos adolescentes se vuelven esclavos de sus hormonas (el estudio queda en segundo lugar cuando se lo compara con el sexo opuesto), los psicólogos del desarrollo señalan que los cambios cognoscitivos son los que en realidad pueden ser los responsables de la falta de motivación en muchos adolescentes.

El psicólogo investigador Martin Covington describe las cuatro etapas cognoscitivas que atraviesan los niños cuando perciben la relación entre el esfuerzo, la capacidad y el logro. Dichas etapas influyen en forma significativa en la motivación de un niño relacionada con el aprendizaje.

Etapa 1: Para los niños de la etapa preescolar y del jardín de infantes, esfuerzo es sinónimo de capacidad. Estos pequeños creen que por el simple hecho de intentarlo con más decisión pueden tener éxito en casi todo. Recuérdese el experimento de la torre mencionado en el Capítulo 1, en el que se le solicitó a un grupo de niños de cuatro años llevar a cabo la tarea casi imposible de elevar una plataforma con una bolita metálica hasta la punta de la torre. Sin embargo, a pesar de sus fracasos repetidos, casi todos los niños pensaban que al final tendrían éxito.

Los niños pequeños no comprenden el concepto de que cada persona posee fuerzas y debilidades innatas. Creen que si una persona quiere ser el mejor corredor o lector, no tienen más que llevar a cabo un mayor esfuerzo. En su libro, *Making the Grade* (Vencer las dificultades), Martin Covington cita una explicación de un alumno de primer grado sobre el tema del trabajo duro: "Estudiar duro permite que tu cerebro crezca". Covington señala que a esa edad "la mayoría de los niños se cree capaz de cualquier hazaña y menosprecia el fracaso".

Etapa 2: Entre la edad de seis y diez años, los niños comienzan a percibir que el esfuerzo sólo constituye un factor de la realización, siendo el otro la capacidad innata, pero, sin embargo, seguirán centrándose en el valor del esfuerzo.

222

La mayoría de los niños en esta etapa ven que existe una correspondencia exacta entre el esfuerzo y el resultado. Para tener éxito, deben trabajar duro.

Etapa 3: Entre la edad de diez y doce años, los niños entienden aún más la relación entre el esfuerzo y la capacidad. En esta etapa son plenamente conscientes de que una persona con menos capacidad puede compensar con mayor esfuerzo y una persona con mayor capacidad necesita menos esfuerzo. La mayoría de los niños sigue siendo optimista respecto de su trabajo escolar, pero algunos parecen tomar a mal el hecho de que su trabajo se vuelve cada vez más duro y exige más tiempo. Estos son los niños que, sin una supervisión adecuada, comenzarán a desarrollar el hábito de postergar su trabajo, o directamente lo evitarán.

Etapa 4: Alrededor de los trece años, o aproximadamente cuando los niños comienzan el colegio secundario, su percepción del esfuerzo como partícipe del éxito cede su lugar a la creencia de que la capacidad sola constituye la condición necesaria para la obtención de determinados logros. La falta de capacidad se convierte en una explicación suficiente para el fracaso. En esta etapa, el desempeño deficiente comienza a difundirse como una epidemia, a medida que un número cada vez mayor de adolescentes adopta una actitud pesimista acerca de sus oportunidades de éxito. Realizar duros esfuerzos y no lograr lo esperado se vuelve una razón suficiente para abandonar todo intento. Demasiados adolescentes buscan entonces el camino de la menor resistencia, pasando por el colegio con el esfuerzo mínimo y contentándose con la mediocridad.

Aunque estas etapas del desarrollo influyen en los niños a medida que crecen, es evidente que no todos los niños reaccionan de la misma manera. Muchos desarrollan buenos hábitos de trabajo y un entusiasmo desenfrenado por aprender que no disminuye en la adolescencia. Como con las otras capacidades del CE, estos atributos son más fáciles de estimular cuando los niños son jóvenes.

QUE PUEDE HACER PARA AYUDAR A SU HIJO
A PERCIBIR EL VALOR DEL ESFUERZO PERSISTENTE

El hecho de que no todos los niños y adolescentes caigan presa de la constatación gradual de que incluso sus mayores esfuerzos no garantizarán el éxito, indica que usted puede hacer mucho por mantener la actitud optimista de su hijo acerca del valor de aprender por el solo hecho de hacerlo.

La educación de los hijos para que valoren el esfuerzo a lo largo de toda su vida debería comenzar lo antes posible. Aunque la mayoría de los norteamericanos criticarían a los padres japoneses que contratan a tutores para que sus hijos de tres años puedan tener buenas calificaciones en el test de admisión preescolar, lo cierto es que gracias al acento puesto en la importancia del esfuerzo en los primeros años de vida el analfabetismo casi ha desaparecido en Japón, y se puede comparar un diploma otorgado por un colegio secundario japonés con un título de muchos establecimientos terciarios norteamericanos.

William Damon, en su libro *Greater Expectations: Overcoming the Culture of Indulgence in Our Homes and Schools* (Mayores expectativas: superar la cultura de la indulgencia en nuestros hogares y escuelas), critica a los que le dan un toque romántico a la niñez describiéndola como un período en el que los niños deberían desarrollarse en una atmósfera libre de desafíos y exigencias. Al respecto escribe lo siguiente: "Los niños necesitan participar no sólo en actividades que parecen fáciles y divertidas, sino también en las que plantean desafíos que los puede ayudar a destacarse. A fin de adquirir capacidades creativas, los niños necesitan un *feedback* y una recompensa extrínseca de la misma manera en que necesitan llevar a cabo trabajos que resulten intrínsecamente interesantes. Deben aprender a sostener su esfuerzo aun cuando las cosas se vuelvan difíciles o aburridas. Los niños se desempeñan mejor a largo plazo cuando están preparados para enfrentar la frustración y el trabajo fatigoso que es una parte inevitable del trabajo creativo".

Tomando en cuenta esta advertencia, usted puede comenzar hoy pidiéndole más a su hijo: más tareas domésticas, más tareas para la escuela, más servicio comunitario. Aunque suelo elogiar personalmente las virtudes de la utilización de computadoras en todas las formas de aprendizaje, también reconozco el peligro que traen las computadoras en términos de ofrecerles a los niños aún más gratificaciones instantáneas. Resulta razonable encontrar un equilibrio entre nuestro imperativo cultural actual de entretener a nuestros hijos a cada momento del día y el deber de enseñarles la necesidad y el valor de perseverar en las tareas que no son intrínsecamente gratificantes o estimulantes.

COMO ADMINISTRAR EL TIEMPO

Una forma de crear un equilibrio es enseñarles a sus hijos algunas de las capacidades de administración del tiempo utilizadas por casi todo adulto que debe sentarse frente a su escritorio y enfrentar un montón de trabajo diario. Su hijo puede aprender a administrar su tiempo incluso antes de que sepa decir la hora, si usted refuerza una conciencia del tiempo. Cuando usted le dice a su pequeño que debe acostarse a los ocho, eso significa que ese es el momento en que debe estar debajo de las cobijas. Si el niño se da cuenta de que puede frenar el momento o manipularlo para que usted lo deje "sólo unos minutos más", entonces usted le estará transmitiendo el mensaje de que los límites temporales externos no son importantes y que él puede dejar que sus propias necesidades determinen el horario del hogar.

Usted puede introducir a los niños de apenas seis años en los rudimentos de la administración del tiempo utilizando una ficha como la que figura en el cuadro siguiente. Esta ficha, que usted tendrá que llenar junto con sus hijos más pequeños, los ayudará a percibir la importancia de atribuir prioridades en las tareas, estimar el tiempo necesario para realizar una tarea, trabajar hasta terminarla y evaluar su resultado. Recuerde que la buena administración del tiempo es una capacidad que debe enseñarse. No puede esperar que sus hijos más pequeños la comprendan la primera vez o que los niños mayores la adopten de inmediato. Pero reforzar estas capacidades una y otra vez las convertirá en hábitos de toda la vida. Según nuestra comprensión de la inteligencia emocional y del desarrollo del cerebro, su hijo comenzará literalmente a desarrollar caminos neurológicos que convertirán el esfuerzo persistente en una parte de su repertorio de conductas.

Cómo administrar su tiempo y su trabajo

Haga una lista de todas las cosas que tiene que hacer entre las____ horas y las ____ horas.

Haga ahora una lista de prioridades, poniendo en primer lugar la tarea más importante y, en último lugar, lo menos importante. Luego estime cuánto tiempo necesita para completar cada tarea, de modo que sea realizada correctamente. Asegúrese de tener suficiente tiempo para realizar las tareas más importantes. Si no lo tiene, no demore tanto en las tareas menos importantes o vuelva a calcular el tiempo que estas le llevan.

Cuando haya terminado cada tarea, verifique la columna "terminadas" y escriba cuánto tiempo le llevó terminarla. Luego puntúe la calidad de cada tarea en una escala del 1 al 3, siendo 1 = aceptable, 2 = bastante bien y 3 = perfecto. Recuerde que diferentes tareas requieren diferentes niveles de precisión. Está bien tender la cama de una manera aceptable (una calificación de 1) pero la tarea para el hogar debería estar perfecta (una calificación de 3).

TAREAS A REALIZAR

Tareas en orden de prioridad	Terminadas	Tiempo	Calificación
_____	_____	_____	_____
_____	_____	_____	_____
_____	_____	_____	_____
_____	_____	_____	_____
_____	_____	_____	_____
_____	_____	_____	_____
_____	_____	_____	_____

EL VALOR DE LOS HOBBYS

Las capacidades de administración del tiempo ayudan a los niños a aprender a obtener logros estimulando la neocorteza. Pero usted también puede reforzar estas mismas capacidades a través de actividades que utilizan el sistema límbico. Enseñar a través del centro emocional del cerebro es por definición algo más placentero para sus hijos, pero eso no significa que no puede ser muy efectivo para cambiar la forma en que estos aprenden los hábitos de trabajo.

¿Puede recordar un momento en el que usted haya estado trabajando duro y disfrutándolo tanto que no se haya dado cuenta del paso del tiempo? Cuando esto ocurre, usted no lo considera realmente como un trabajo. Muchas personas experimentan esta "zona" cuando están dedicadas a un hobby (o, como dicen algunos, cuando su trabajo es su hobby). Anna Freud fue una de las primeras personas que percibió la importancia que tienen los hobbys para el desarrollo de los niños y la forma en que les enseñan a crear hábitos de trabajo. Como otros teóricos del desarrollo, Anna Freud creía que los niños deberían realizar ciertas tareas a cierta edad a fin de progresar en el desarrollo de su personalidad. Explicó que los hobbys eran tareas de desarrollo importantes para los niños que acudían a la escuela primaria porque estaban a medio camino entre el juego y el trabajo, compartiendo características de ambos. Como los juegos, los hobbys son placenteros, comparativamente libres de presiones externas, y están alejados (pero no demasiado) de los impulsos básicos del niño. Como el trabajo, los hobbys requieren de importantes capacidades cognoscitivas y sociales, incluyendo la planificación, el retraso en la gratificación, el intercambio de información con los demás, y así sucesivamente.

Observar el entusiasmo de su hijo para buscar información sobre dinosaurios, construir cuidadosamente un coche de carrera motorizado, o aprender a usar un torno de alfarero, ayuda a los padres a percibir el potencial que este muestra para el éxito cuando se encuentra alejado de las presiones competitivas de la escuela y el desempeño académico. Los hobbys les dan a sus hijos un sentido del orgullo y la realización, a veces incorporado por primera vez, y al servirles para conectarse con otros que tienen intereses similares, refuerzan el valor del conocimiento. Quizá más importante aún, los hobbys ofrecen una zona neutral de aprendizaje en la que los niños pueden centrarse en el proceso de investigación y explicación sin el obstáculo de ser juzgados.

Muchos tipos de hobbys sirven para aprender las capacidades del CE que asociamos a la automotivación y la realización, pero la mayoría de ellos recaen en cuatro grandes categorías: coleccionar, los hobbys de destreza, los hobbys relacionados con la ciencia (incluyendo las computadoras), y los hobbys de desempeño. Aunque muchos niños buscan hobbys similares a los de sus padres, algunos seleccionan hobbys basados en los que son interesantes para sus amigos, y otros simplemente se despiertan un día con un interés único.

Los pasatiempos, que están justo a mitad de camino entre el juego y el trabajo, son una buena manera de aprender la persistencia. Aliente a sus hijos a dedicarse a pasatiempos que les interesen, por lo menos durante un período de seis meses.

ES MAGIA

Para comprender de qué manera los hobbys enseñan capacidades del CE, analicemos uno de ellos que suelo recomendar a los niños que acuden a mi consultorio (y que es mi hobby personal preferido): la magia.

La magia puede abarcar las cuatro categorías de hobbys, según la forma en que se la aborde. Algunos niños disfrutan coleccionando trucos, mientras que otros pueden llegar a interesarse en la invención de sus propios trucos (lo que no es una mala idea, ya que este hobby puede volverse caro). Dado que muchos trucos se basan en fórmulas matemáticas y la ciencia de la ilusión, este hobby es también una buena forma no académica de introducir estos conocimientos. Más que nada, la magia implica la actuación, ya sea que su hijo prepare un espectáculo para usted, un amigo o para un espectáculo de talentos de la clase. Los aspectos sociales de la magia ofrecen algunas de las oportunidades más importantes para aprender capacidades de realización.

Los hobbys deberían proporcionarles a los niños un sentido casi inmediato de realización. Lo mismo vale para la magia. Cuando un niño domina un truco, siente que sabe algo que los demás no saben, y esto añade una nueva dimensión a su concepción de sí mismo. Los trucos de magia pueden ser desde "trucos que funcionan por sí mismos" que se aprenden fácilmente y ofrecen una satisfacción inmediata, a trucos que necesitan mucha habilidad y destreza, que requieren una considerable memorización y prestidigitación. Como la mayoría de los hobbys, tanto el novato como el experto obtienen el mismo placer. De todos modos, aprender un truco requiere de un esfuerzo sostenido, practicándolo hasta que parezca natural y aprendiendo una historia (una plática) que se ajuste a cada truco.

La magia es un excelente hobby para los niños impulsivos. Requiere que coordinen sus pensamientos con sus acciones y que desarrollen un sentido del tiempo y la oportunidad del que, por definición, estos niños carecen. Cuando se lleva a cabo un truco, el niño impulsivo aprende a atraer la atención en las formas apropiadas, desarrollando una agudeza que compromete y a la vez divierte a la otra persona.

Sin embargo, desde un punto de vista psicológico, me alejo de la antigua tradición de magos que juran no revelar nunca un secreto. Debido a que utilizo la magia para ayudar a los niños que suelen tener problemas sociales, les digo que revelen siempre el secreto al final de un truco. Esto evita colocarlos en la posición de ocultarle algo importante a un amigo potencial. El secreto se convierte en un regalo compartido. Saber que el secreto será finalmente revelado también quita presión al niño para actuar sin cometer errores. Les digo a los pequeños que informen a sus espectadores lo siguiente: "les mostraré cómo funciona cuando termine". Esto dispone a los espectadores (habitualmente uno o más niños) a sentirse como colaboradores y no como adversarios. Si el truco falla o los otros niños adivinan el secreto, el mago no queda mal: de todos modos estaba dispuesto a revelarlo.

SU PARTICIPACION EN LOS HOBBYS DE SU HIJO

La utilización de los hobbys para la enseñanza de capacidades sociales y emocionales requerirá de usted una orientación y un grado de participación levemente diferentes, en particular si su hijo presenta un corto período de atención, baja motivación u otros problemas asociados a una capacidad de realización deficiente. En primer lugar, deberá asegurarse de que el hobby se sitúe en el nivel adecuado para su hijo. La mayoría de los niños perderán interés si el hobby es demasiado difícil y se convierte en algo parecido a una tarea escolar. Por otra parte, los hobbys que no plantean desafíos difícilmente le interesen a su hijo durante mucho tiempo.

En segundo lugar, deberá establecer un tiempo específico para dedicarle al hobby junto a su hijo. El tiempo que usted le dedica a su hijo para enseñarle capacidades del CE es realmente muy importante. Si usted quiere que aprenda la importancia de la persistencia y otras capacidades relacionadas con el trabajo, es importante que usted dé el ejemplo mostrando su propio interés, sentido de responsabilidad y orientación.

Por ejemplo, si quiere ayudar a su hijo a aprender un truco de magia, apréndalo usted mismo antes y luego enséñeselo a él, alentándolo a practicar tanto el truco como la presentación. Con un niño de más edad, podría acudir a la biblioteca para encontrar un libro de magia o sobre magos, alquilar y ver una película sobre Harry Houdini, ayudarlo a construir una mesa de magia para actuar, o ayudarlo a explorar el mundo de los foros de magia y las páginas de Internet en la materia (un buen lugar para comenzar es *Dodd's Magic Locator* en www.netdepot.com/~gargoyle/magic/links.html).

Finalmente, un punto muy importante: deberá reforzar la paciencia y el esfuerzo persistente de su hijo con el elogio y aliento. Si se aburre o se siente frustrado, tal como sin duda ocurrirá en algún momento, sugiera que haga una pausa de cinco minutos, pero luego retome el trabajo. Es difícil no proyectar sus propios niveles de estrés y agotamiento en sus hijos sugiriendo que "abandonen por hoy" o que hagan algo más interesante. Pero los niños nacen duros y adaptables; usted podría debilitar estos atributos positivos al mostrarse indulgente cuando ellos se sienten frustrados.

Aliente a su hijo a persistir con ese hobby aun cuando se sienta atraído por otra cosa o algún aspecto se vuelva frustrante. Para ser efectivo en la enseñanza de las capacidades del CE, un hobby debería durar por lo menos seis meses y, con optimismo, mucho más tiempo. Tomarse el tiempo para guiar a su hijo en la selección de un hobby y descubrir uno que los entusiasme a ambos es la mejor manera de asegurar su compromiso con la enseñanza del valor del esfuerzo persistente.

Alentar a su hijo a tener un hobby es sólo una de las numerosas formas de reforzar la importancia de la persistencia. El éxito en la enseñanza de esta importante capacidad del CE comienza con un cambio en su manera de pensar, una tarea nada fácil en una cultura que se preocupa por la gratificación inmediata y soluciones rápidas. Tendrá que transmitirle a su hijo la importancia de la rigurosidad (existe una diferencia entre una habitación ordenada y una habitación realmente limpia), la paciencia para dominar una tarea difícil (si el profesor de piano le dice que practique las escalas durante veinte minutos, no permita que su hijo se detenga después de cinco), el vigor (demuéstrelo con ejercicio físico, a la mayoría de los niños les vendría bien hacer más ejercicio), y determinación (una vez fijada una meta, insista en que sea alcanzada).

PUNTOS DEL CE PARA RECORDAR

- La percepción del esfuerzo y la capacidad por parte de los niños cambia a medida que crecen. El optimismo de los niños en cuanto a tener éxito a través de sus esfuerzos puede desvanecerse en la adolescencia, cuando comienzan a percibir que aquellos que tienen una mayor capacidad serán siempre los que tienen más éxito. Usted puede compensar esta tendencia en el desarrollo enseñándoles a sus hijos a valorar el esfuerzo persistente por el simple hecho de realizarlo.
- Las capacidades para administrar el tiempo son aspectos importantes de la inteligencia emocional que les resultarán útiles a sus hijos a lo largo de toda la vida. Nunca es demasiado pronto para enseñar estas capacidades.
- Los hobbys son una forma única de enseñar el valor del esfuerzo porque incluyen elementos tanto del juego como del trabajo.

19

COMO ENFRENTAR Y SUPERAR
EL FRACASO

La máxima de Thomas Edison que afirma que el genio es un 1 por ciento de inspiración y 99 por ciento de transpiración no resulta popular entre una generación criada con cenas preparadas con tres minutos de microondas, acceso a noventa y nueve canales de cable y sueños de riquezas instantáneas a través del azar. Con la posible excepción de los niños criados en pequeñas granjas tradicionales, pocos niños tienen la oportunidad de percibir la relación causa-efecto entre el trabajo duro y el éxito. Es más probable que los niños idolatren celebridades que parecen haber alcanzado su condición eminente gracias a su apariencia o su talento natural. Aun cuando el trabajo duro y la persistencia casi siempre formen parte de su éxito, pocas veces son tomados en cuenta por nuestra preocupación cultural que se centra en una celebridad sin esfuerzos.

Nuestra glorificación de las celebridades transmite dos mensajes a nuestros hijos que se oponen a su aprendizaje de las capacidades de realización del CE. No sólo los niños aprenden a desvalorizar el papel del esfuerzo, sino que no entienden la importancia de fracasar y aprender a partir de los propios errores.

Su hijo no puede aprender a ser persistente si no acepta el fracaso. Según cuenta la leyenda, la búsqueda de Thomas Edison para encontrar un filamento adecuado para su primera bombilla de luz dio como resultado mil errores antes de que tuviera éxito. Cuando Jonas Salk estaba investigando una vacuna para la polio, una enfermedad que antes de 1954 paralizó y mató a miles de niños, pasó el 98 por ciento de su tiempo documentando pruebas que no funcionaron. Paul Ehrlich, que descubrió una droga que podía curar la sífilis a principios de este siglo, llamó a su fórmula final Nº 606, después del fracaso de los 605 experimentos anteriores. Pero pocas veces contamos estas historias —y miles como ellas— a nuestros hijos.

La mayoría de los fracasos producen una mezcla de emociones perturbadoras, incluyendo la angustia, la tristeza y la ira, pero su hijo debe aprender a tolerar estas emociones a fin de alcanzar el éxito. Tal como lo escribe Martin Seligman en su libro, *The Optimistic Child* (El niño optimista): "Para que su hijo experimente el control, es necesario que fracase, se sienta mal y lo intente nuevamente en forma repetida hasta alcanzar el éxito. Ninguno de estos pasos puede evitarse. El fracaso y el sentirse mal constituyen la base del éxito y del sentirse bien".

LAS RAICES DEL DESEMPEÑO DEFICIENTE

Lamentablemente, a muchos de los niños de hoy no se les enseña a tolerar las emociones negativas asociadas al fracaso. Y si debemos creer en la teoría del desarrollo de la automotivación, tampoco pueden soportar el hecho de haber fracasado debido a cierta falta de capacidad innata. Martin Covington, profesor de psicología de Berkeley señala que muchos niños de más de trece años creen que es más doloroso ser considerados "tontos" que enfrentar realmente las consecuencias sociales de ser considerado un fracaso.

Considérense, por ejemplo, las maniobras muy frecuentes utilizadas por los niños de más edad y los adolescentes para evitar la vergüenza de ser sorprendidos sin preparación por las preguntas de un profesor.

Una vez más, Billy, de trece años, no había completado su tarea escolar. Había pasado la tarde y la noche del día anterior practicando su salto en redondo y mirando *Terminator* por quinta vez. Les dijo a sus padres que había hecho su tarea en la sala de estudios pero no les dijo que no la había terminado. Ahora, frente a la señora Stevens, su profesora de historia de séptimo grado, había llegado el momento de un arreglo de cuentas.

—¿Quién puede mencionar algunas de las causas de la Gran Depresión? —le preguntó la señora Stevens a la clase. Tres de los habituales estudiantes aplicados levantaron las manos, pero los otros veinticinco estudiantes permanecieron en silencio.

Para evitar ser llamado, Billy, sin pensarlo, dejó caer su lápiz al piso y se inclinó lentamente para levantarlo, esperando desaparecer de la vista de la señora Stevens. Pero a pesar de sus movimientos lentos y deliberados para recoger su lápiz, cuando finalmente volvió a quedar sentado la señora Stevens seguía buscando un voluntario. Rápidamente comenzó una segunda maniobra, frotándose los ojos vigorosamente como si tuviera polvo en ellos. Pero su profesora seguía mirando en su dirección. Cuando ya no pudo seguir frotándose los ojos, Billy adoptó la táctica de "la mirada fija sobre una hoja de papel", tratando de mostrar que acababa de descubrir el sentido de la vida oculto en alguna parte entre una mancha y un garabato.

En la fila siguiente, Ellen adoptó una actitud más directa: la mirada burlona. Acodada sobre su mesa, le dirigió a la señora Stevens su mejor mirada de "me encantaría darle una respuesta pero sigo reflexionando sobre el sentido de la vida", suponiendo que la señora Stevens percibiría su comprensible confusión y que si la llamaba interrumpiría sus meditaciones.

Un tercer estudiante, Tommy, era conocido por tener nervios de acero. Aunque no tenía la menor idea de cuál era la respuesta (en realidad ni siquiera había escuchado la pregunta), decidió utilizar algo de psicología "inversa". Levantó la mano ampulosamente, suponiendo que su profesora nunca llamaría a alguien que se mostraba tan obviamente deseoso de intervenir.

Pero la señora Stevens eligió finalmente a Billy, aunque aún no estaba preparado para confesar que simplemente no sabía la respuesta. Comenzó con una maniobra dilatoria, volviendo a formular la pregunta:

—¿Usted quiere saber las causas de la Gran Depresión? —preguntó en forma retórica.

—Así es, Billy —respondió la señora Stevens con un tono de paciencia infinita.

—¿Se refiere a la Depresión de los años 30? —preguntó Billy, mostrando que por lo menos sabía algunos datos.

—Así es —dijo su profesora—, las causas de la Gran Depresión de los años 30.

La señora Stevens estaba familiarizada con este juego del "gato y el ratón" jugado por sus estudiantes cuando no sabían una respuesta. Levantando su voz sólo uno o dos decibeles, preguntó directamente:

—Billy, ¿conoces la respuesta a la pregunta o no?

Como toda respuesta, Billy dejó caer su cabeza y no dijo nada, recurriendo finalmente a la antigua sabiduría que indicaba que era mejor permanecer en silencio y ser considerado un tonto que abrir la boca y confirmar el hecho.

Los niños más grandes elaboran trucos para que no los consideren tontos. Los padres pueden enseñar a sus hijos que el esfuerzo es más importante que la capacidad y, que equivocarse, e incluso fracasar, es parte del camino del éxito.

La mayoría de nosotros ha probado una si no todas estas estrategias tradicionales para evitar que los profesores nos consideraran tontos o poco preparados. Los estudiantes copian los informes directamente de una enciclopedia, simulan un dolor de estómago o una fiebre el día de una prueba importante o bien, en los casos más graves, dejan de trabajar completamente basándose en la lógica errónea de que no pueden fracasar si ni siquiera lo intentan. Pero con demasiados niños, esto se convierte en una pauta contraproducente de desempeño deficiente.

La postergación es otro sutil disfraz del miedo al fracaso. Existen tantas formas de postergar como actividades en las que los niños participan. Los postergadores dedicados pueden encontrar incluso formas de no hacer nada mientras parecen estar trabajando muy duro. ¿Alguna vez no le dedicó más tiempo a la tapa de un informe sobre un libro que a escribirlo realmente? ¿O a escribir y volver a escribir la primera oración de una composición sin tener idea de lo que realmente quiere decir?

Evitar el trabajo a fin de esquivar el fracaso es una característica de los que se desempeñan en forma más deficiente. Según Covington, "los que se desempeñan en forma deficiente crónicamente evitan cualquier test de su capacidad negándose a trabajar, manteniendo así una opinión inflada de sí mismos. A fin de justificar esta excusa engañosa, los que se desempeñan en forma deficiente a menudo convierten la falta de intento en una virtud. Pueden mostrar un orgullo perverso en su renuencia a realizar algo disminuyendo la importancia del trabajo que se niegan a hacer, o atacando a los que sí lo intentan calificándolos de hipócritas, tontos o estúpidos. Los que se desempeñan en forma deficiente pueden convencerse a sí mismos de que el fracaso es una marca de inconformidad y la prueba de su individualidad".

En circunstancias extremas, los niños se pondrán trabas a sí mismos en forma intencional a fin de evitar el fracaso escolar. Pueden desarrollar angustias e inclusive fobias que desvían su atención del miedo de no ser capaces de satisfacer las expectativas de sus padres, docentes y pares. En la adolescencia, el abuso de alcohol y drogas es la forma más común de enmascarar el miedo al fracaso. No es una coincidencia que en un período en que la consideración de sus pares resulta particularmente importante para los niños, comiencen a beber alcohol o tomar drogas.

Esta forma de ponerse trabas a sí mismos es una de las formas más lamentables en que los niños suelen evitar el fracaso, ya que virtualmente asegura un ciclo descendente en el afecto y las expectativas del adulto y una conducta irresponsable.

LA UTILIZACION DE JUEGOS COOPERATIVOS PARA AYUDAR A SU HIJO A APRENDER A ENFRENTAR Y SUPERAR EL FRACASO

El sistema educativo norteamericano, en realidad la cultura norteamericana en sí misma, hace que a muchos niños les resulte difícil enfrentar la posibilidad de "perder". La competencia es tan norteamericana como el pastel de manzanas y aunque elogiamos los rasgos de generosidad, caridad y bondad, la gente que gana es la que realmente admiramos. Desde la infancia transmitimos a nuestros niños el mensaje de que la vida es como una contienda con ganadores y perdedores, dividiendo a la gente entre los que son los "mejores" y todos los demás que "no son los mejores". Arrullamos a nuestros bebés diciéndoles: "¿Quién es la niñita *más bonita* del mundo?". Exclamamos en forma efusiva ante los garabatos de nuestro pequeños: "¡Qué maravilla! ¡Es el dibujo *más lindo* que he visto!" Pegamos sobre la heladera las pruebas con un "10", colocamos los trofeos sobre la repisa, los certificados, las cintas y los recortes de periódicos en el álbum familiar.

A pesar de nuestra preocupación por la competencia, según muchos educadores no existe la llamada competencia "sana". Citan estudios que sugieren que la introducción de cualquier tipo de incentivos competitivos disminuye el éxito escolar. La lógica es simple: cuando los estudiantes están ocupados en evitar el fracaso, no se comprometen realmente con la tarea. Cuando la meta es ganar, ya no es aprender.

Tampoco existen pruebas de que la competencia forme el carácter. Terry Orlick, un pionero del movimiento de juegos cooperativos, piensa que la competencia alienta a los niños a hacer trampas, mentir, convertirse en saboteadores y a agruparse para impedir que otros ganen.

Enseñarles a sus hijos a valorar el esfuerzo cooperativo y la realización grupal constituye una forma importante de compensar nuestra tendencia cultural de percibir el mundo en términos de ganadores y perdedores. Aunque los bebés y niños pequeños son conocidos por su egocentrismo y posesividad, entre la edad de dieciocho y treinta meses los niños atraviesan una transformación en su capacidad de participar en conductas prosociales, volviéndose mucho más cooperativos, serviciales y dispuestos a compartir.

Muchos estudios han descubierto también que la conducta cooperativa y prosocial representa una de las características más importantes de la aceptación social de los niños pequeños. Al observar a los niños de la etapa preescolar en un patio de juegos al principio, a mediados y al final del año escolar, el investigador Gary Ladd y sus asociados descubrieron que los que mostraban conductas más cooperativas aumentaban su reconocimiento social, mientras que los niños no cooperativos eran menos queridos y eran elegidos con menor frecuencia como compañeros de juego.

Los juegos cooperativos son la forma primaria con la que los educadores enseñan esta capacidad social importante. En realidad, surge de los estudios que las capacidades cooperativas aprendidas en una situación lúdica se generalizarán a otras actividades con los pares. En un estudio sobre la forma en que los juegos cooperativos pueden ser utilizados para modificar las conductas agresivas en los niños pequeños, April Bay-Hintz y sus colegas de la Universidad de Nevada, en Reno, escriben que la colaboración no agresiva con los demás es "una de las metas más fundamentales del desarrollo y proporciona una base para tener éxito en la amistad, el matrimonio y las carreras profesionales". Observan que la enseñanza de juegos y actividades cooperativas ha provocado en los niños un aumento en la aceptación de los pares, la participación, la aceptación de las diferencias entre otros niños y relaciones más positivas entre pares.

La enseñanza de juegos cooperativos para los niños los ayuda a establecer la base para enfrentar con más éxito los distintos aspectos de la realización en un mundo extremadamente competitivo, ayudándolos a considerar la realización como parte de un proceso grupal. Además, los juegos y las actividades cooperativos les enseñan a los niños que le temen al fracaso la importancia del esfuerzo sostenido. El fracaso individual en una verdadera actividad cooperativa no existe: o todos ganan o todos pierden. Los siguientes son algunos ejemplos de diferentes juegos cooperativos que son divertidos de jugar. Una vez que usted los pruebe descubrirá que a los niños les gustan en igual medida, si no más, que los juegos competitivos tradicionales.

El robot cooperativo

Este es un juego divertido para tres personas. Me gusta recomendarlo a las familias en las que existe una gran rivalidad entre hermanos o en las que los niños están atravesando una etapa particularmente "no cooperativa". El jugador más joven comienza en el medio y le da la mano a los otros dos jugadores que están a su lado. Ahora los tres jugadores deben funcionar como uno solo. El jugador del medio es el "cerebro", y los jugadores a su lado deben coordinar sus manos para hacer lo que el cerebro quiere. Pruebe las siguientes actividades:

1. Preparar un sándwich con manteca y mermelada y hacer que las tres cabezas lo coman. ¡Asegúrese de tener un vaso de leche a mano para acompañarlo!
2. Utilizando un espejo, hacer un dibujo del aspecto que tienen todos juntos y cortar la imagen.
3. Llevar a cabo una simple tarea doméstica como barrer la cocina y hacer una cama.

Voleibol cooperativo

Este juego puede jugarse con un grupo de cualquier tamaño, pero lo mejor es hacerlo con un grupo de tres a cinco jugadores. Comience inflando un gran globo. Los jugadores deben mantener el globo en el aire la mayor cantidad de tiempo posible, pero nadie puede golpearlo hasta que todos lo hayan golpeado una vez. ¡El equipo debería tratar de romper su propio récord!

Acercarse un poco más

Este juego es una adaptación del que juegan los niños indios de Guatemala. Necesitará una pequeña caja y diez pelotas de tenis. Todas las pelotas deben tener el mismo tamaño, pero una debe ser de color diferente o estar marcada con lápiz de color y debe denominarse la pelota "más cerca". Coloque una línea de partida a un metro y medio aproximadamente de la meta. El primer jugador arroja la pelota "más cerca" desde atrás de la línea y trata de ubicarla lo más cerca posible de la meta. Los otros jugadores hacen rodar por turnos las otras pelotas desde detrás de la línea para tocar ligeramente la pelota "más cerca" hasta que esta toque la caja. El juego continúa hasta que la pelota "más cerca" toca el costado de la caja-meta.

Hockey de aire cooperativo

Este juego para dos jugadores fue inspirado por Jim Deacove, otro pionero del movimiento de juegos cooperativos y un prolífico inventor de juegos. Se necesitan ocho lápices, una taza, dos pajitas y un pequeño rollo de papel.

Comience haciendo un "cuadrado doble" con los lápices tal como puede observarse en la figura de la página siguiente. Cada jugador toma una pajita y, trabajando en forma cooperativa, los jugadores deben tratar de soplar el rollo de papel alrededor del cuadrado dos veces. Dado que el flujo de aire es unidireccional, resulta extremadamente difícil hacer mover el rollo sin la ayuda del otro jugador. Después de hacerlo dar vueltas dos veces, los jugadores deben soplar el rollo de papel dentro la taza. Para agregarle emoción al juego, exija que la meta sea alcanzada en dos minutos o menos o añada más lápices y haga más complicado el laberinto.

Una vez que los niños comprenden el principio que subyace a los juegos cooperativos (todos ganan cooperando o todos pierden), es casi

240

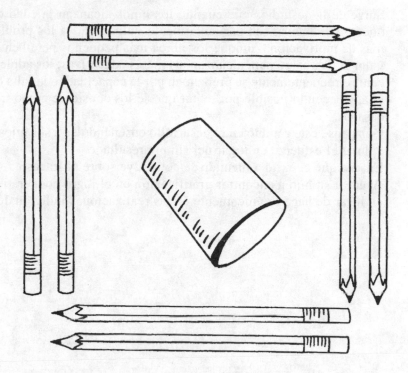

imposible jugarlos en forma equivocada. Y dado que son divertidos, resultan autogratificantes. Los niños querrán jugarlos una y otra vez.

Nunca es demasiado tarde para aprender a jugar juegos cooperativos o el valor del esfuerzo cooperativo, y nunca es demasiado tarde para aprender a enfrentar los fracasos, valorar la persistencia o adoptar las otras cualidades que asociamos a la automotivación y el logro. De todos modos, deberíamos recordar que los niños más jóvenes aprenden mejor las capacidades del CE y que todas las capacidades del CE están interrelacionadas. Si usted se preocupa por la motivación y el éxito de su hijo en la escuela, comience efectuando un solo cambio en su estilo de ser padre y asegúrese de mostrarse resuelto en su decisión de que dicho cambio sea permanente. Recuerde la regla más importante de motivación tanto para los niños como para los padres: el éxito engendra el éxito.

PUNTOS DEL CE PARA RECORDAR

- Surge de los estudios que cuando los niños alcanzan la edad de doce o trece años, son particularmente vulnerables a los problemas de motivación. Aunque los niños más pequeños perciben el valor del esfuerzo para alcanzar sus metas educativas, los adolescentes frecuentemente se preocupan por la capacidad, o la falta de ella, y hacen lo posible por evitar que se los considere como fracasados.
- Compense este cambio en el desarrollo enseñándoles a sus hijos a valorar el esfuerzo en lugar del simple resultado.
- Enseñe que el éxito a menudo se construye sobre el fracaso.
- Ayude a su hijo a encontrar gratificación en el logro cooperativo en lugar de hacerlo únicamente en las realizaciones individuales.

Séptima Parte

EL PODER DE LAS EMOCIONES

En *When Elephants Weep* (Cuando los elefantes lloran), un libro fascinante de Jeffrey Masson y Susan McCarthy, estos describen innumerables ejemplos sobre la forma en que los animales expresan las emociones que alguna vez fueron consideradas la diferencia decisiva entre el hombre y la bestia.

Congo, un chimpancé criado por seres humanos, odiaba ser trasladado a una nueva jaula del zoológico, pero se desquitaba con los otros monos. Les pedía a los visitantes del zoológico cigarrillos encendidos y los utilizaba para perseguir a los otros animales alrededor de la jaula tratando de quemarlos. Cuando María y Misha, dos huskys, fueron separados, María estaba atenta todos los días al regreso de Misha pero finalmente, dándose cuenta de que no regresaría, se volvió indiferente, irritable y deprimido.

Wela, un delfín hocico de botella, mordió una vez la mano de su entrenador en forma accidental y, horriblemente turbado, nadó hasta el fondo del tanque y permaneció allí malhumorado hasta que su entrenador consiguió sacarlo con paciencia.

Mason y McCarthy señalan cómo diferentes especies parecen manifestar más de un tipo de emoción que otras: los loros son irritables y parecen mostrar rencor sin ninguna razón; los gansos, cisnes y patos mandarines son famosos por la devoción por sus parejas; los elefantes parecen sentirse particularmente afectados por la muerte de uno de los suyos, mostrando un interés intenso por los huesos de elefantes, pero no por los huesos de otros animales, y posiblemente reconozcan el olor de un compañero amado después de su muerte.

A través del estudio de otras especies, así como del desarrollo evolutivo de las emociones humanas, sabemos que las emociones cumplen propósitos determinados para que un niño se desarrolle hasta convertirse en un adulto feliz y con éxito. Pero también sabemos que el desarrollo emocional de un niño puede llegar a desviarse, haciéndolo sufrir una amplia variedad de problemas personales y sociales.

La mayoría de los teóricos están de acuerdo en que existe un conjunto de emociones básicas —incluyendo el amor, el odio, el miedo, el dolor, y la culpa— y todas las otras emociones surgen de esta base emocional, como cuando se utilizan los colores primarios para formar una serie casi infinita de tonalidades.

En tanto que seres humanos, somos capaces de mostrar cientos de matices de emociones y, sin embargo, no son las emociones mismas las que nos distinguen de otros animales. Lo que en realidad nos ubica en la cima de la escala evolutiva es nuestra capacidad de reconocerlas y de pensar en ellas. En la Parte VII examinaremos las capacidades del CE que usted puede enseñarle a su hijo, quien no sólo aprovechará sus emociones para enfrentar las exigencias cambiantes de una sociedad tecnológica sino que utilizará realmente su nueva comprensión de las emociones para llevar una vida más satisfactoria, exitosa e incluso saludable.

20

CONCIENCIA Y COMUNICACION
EMOCIONAL

La psicoterapia tradicional promueve la conciencia emocional como el vehículo primario para el cambio de vida. Los pacientes hablan de lo que los hace sentir enojados, tristes o culpables, y trabajan para transformar las situaciones que han causado estos sentimientos. Los pacientes también hablan de lo que les produce alegría, placer y orgullo, y buscan formas de aumentar estos sentimientos. Hablar de sus sentimientos es la forma más directa de comprenderlos y controlarlos.

La corteza, o cerebro pensante, nos permite tener sentimientos sobre nuestros sentimientos, expresar dichos sentimientos a los demás y observar y aprender a partir de la forma en que estos reaccionan ante ellos. Enseñarles a los niños a comprender y comunicar sus emociones afectará muchos aspectos de su desarrollo y éxito en la vida. Asimismo, si uno no les enseña a los niños a comprender y comunicar sus emociones estos podrían volverse innecesariamente vulnerables a los conflictos de los demás.

Tomemos por ejemplo a Martin, un niño de seis años cuyos padres estaban atravesando un proceso de divorcio particularmente nocivo. El padre de Martin insistía en que él volara para ir a visitarlo a Boston todos los fines de semana, mientras su madre mantenía la custodia durante la semana en Richmond, Virginia. Martin apenas profería palabra durante el viaje de ida de dos horas y media e insistía en irse a la cama en cuanto llegaba a cualquiera de sus dos casas. Después de dos meses de este arreglo, Martin comenzó a quejarse de dolores de estómago y su maestra señaló que pocas veces hablaba con alguien en la escuela.

Durante la audiencia de custodia, el abogado de Martin le preguntó:

—¿Cómo te sientes visitando a tu padre todos los fines de semana?

—No sé —respondió Martin.

—Bueno, ¿estás contento de ver a tu padre cuando llegas a Boston? —preguntó su abogado, controlando sus propias emociones y tratando de no guiar a Martin hacia una u otra respuesta.

—No sé —volvió a responder Martin, con un tono monótono apenas audible.

—¿Qué me dices de tu madre? ¿Estás contento de vivir con ella durante la semana? —inquirió el abogado, dándose cuenta de que obtendría una sola respuesta de Martin durante el procedimiento.

—No sé —dijo Martin una vez más, y nada en su comportamiento sugería que sí lo sabía.

La capacidad de su hijo para traducir sus emociones en palabras constituye una parte vital de la satisfacción de sus necesidades básicas. Cuando su niño de dos años se enoja porque usted está hablando con un amigo en la tienda y él quiere ir a casa y comer algo, puede tener un berrinche, porque esa parece ser la forma más rápida de satisfacer sus necesidades. Pero su hijo de cinco años será capaz de reconocer que tiene hambre y está aburrido y expresará esto en palabras. Es probable que usted satisfaga sus necesidades ofreciéndole algún tentempié del carrito del supermercado. Su niño de diez años debería ser capaz de identificar una docena o más de estados emocionales. Cuando le preguntamos cuál es su reacción sobre un próximo viaje o el funeral de su abuela, puede recurrir a un banco de memoria de experiencias emocionales y anticipar cómo reaccionará ante estos acontecimientos.

Las palabras que describen sus emociones —feliz, entusiasmado, triste, preocupado, angustiado— también están conectadas con los sentimientos mismos. Cuando responde que se siente angustiado por tener que asistir al funeral y ver a su abuela en un ataúd, se produce una conexión instantánea de sus centros del habla con su cerebro emocional, dando lugar a las sutiles respuestas fisiológicas que asociamos con la angustia: una leve aceleración del pulso, un leve aumento de la presión sanguínea, una tensión del cuerpo.

Cuando su adolescente cumple los dieciséis años y la parte pensante de su cerebro ya está completamente desarrollada, debería estar en condiciones de hablar de los matices sutiles de las emociones. Puede describir los sentimientos a través de metáforas e imágenes explicando que "está feliz como una alondra" o que "se siente como si estuviera sentado en un rincón oscuro del sótano sin que nadie sepa que está allí". También puede articular sus asociaciones físicas con diferentes emociones, utilizando frases tales como "una sensación de aprensión en la boca del estómago" o la sensación de "sentirse atado". Las descripciones fisiológicas de nuestros estados emocionales se han convertido en una parte de nuestro vocabulario común, y resultan particularmente efectivas para transmitir el grado en el cual experimentamos una emoción. Cuando escuchamos una descripción fisiológica de un sentimiento y percibimos las pistas verbales relacionadas con dicho sentimiento en el rostro o la postura de la persona que las expresa (enrojece, empalidece, se tensiona, y así sucesivamente), nosotros mismos solemos reflejar sutilmente la respuesta fisiológica.

LA NATURALEZA DE LA COMUNICACION EMOCIONAL

Tal como lo hemos visto, a un niño que comienza a andar y que no ha desarrollado aún las capacidades del lenguaje le resultará difícil traducir sus sentimientos en palabras y muchas veces tendrá berrinches. Un niño de cinco años ha adquirido el lenguaje necesario y tiene por la tanto la capacidad de utilizar palabras. La capacidad de nuestro hijos de mostrar una conciencia emocional y hablar de sus sentimientos se produce en la neocorteza y de esta manera siguen el desarrollo cognoscitivo.

Pero como muchas otras capacidades del CE, la disposición de nuestros niños para comprender y comunicar los sentimientos y su capacidad para hacerlo son dos cosas distintas. Aunque su capacidad para hablar sobre las emociones está integrada en el cerebro (en una especie de preprogramación del desarrollo), el hecho de que sean realmente capaces de utilizar dicha capacidad depende en gran medida de la cultura en donde se crían y, en particular, de la forma en que usted interactúa con ellos y que interactúan entre sí.

En las familias donde los sentimientos se expresan y examinan abiertamente, los niños desarrollan el vocabulario para pensar en sus emociones y comunicarlas. En las familias donde se suprimen los sentimientos y se evita la comunicación emocional, es más probable que los niños sean emocionalmente mudos. Aunque la psicoterapia ha demostrado que la gente puede aprender el "lenguaje" de la emociones a cualquier edad, como ocurre con los otros lenguajes, los que hablan con más claridad son los que aprenden mientras son jóvenes.

Aprender a identificar y transmitir las emociones es una parte importante de la comunicación y, tal como lo veremos, un aspecto vital del control emocional. Pero apreciar las emociones de los demás constituye una capacidad del CE igualmente importante, particularmente para el desarrollo de relaciones íntimas y satisfactorias.

Los terapeutas y asesores psicológicos han descubierto que podría ser más importante desarrollarse como una persona que sabe escuchar desde el punto de vista emocional, que ser alguien que habla con claridad en lo que se refiere a la comunicación emocional. Una "persona que sabe escuchar" es a la vez paciente y capaz de ponerse en sintonía con las necesidades emocionales del que habla, quien, a su vez, interpreta esta atención como una forma importante de estímulo emocional. Aunque los consejeros matrimoniales han exaltado durante mucho tiempo los beneficios de una escucha emocional activa en las relaciones íntimas, los investigadores están descubriendo ahora que esta capacidad del CE es igualmente importante en el lugar de trabajo. Por ejemplo, los supervisores describen a los directivos de empresa formados para escuchar activamente, como personas más inclinadas a prestar su apoyo.

A lo largo de toda la adolescencia y a través de cada etapa de la adultez, la persona considerada como emocionalmente educada es la más valorada como compañero, colega y receptor del amor y la confianza de los demás.

QUE PUEDE HACER PARA CRIAR HIJOS QUE EXPRESEN SUS SENTIMIENTOS

Una de las cosas más simples y útiles que usted puede hacer para promover la educación emocional es aumentar el vocabulario emocional de su hijo. Elabore un "diccionario de sentimientos" para sus hijos pidiéndoles que nombren todos los sentimientos que se les ocurran. Escríbalos en orden alfabético en un anotador en blanco, un sentimiento por página. Una buena manera de generar una lista de sentimientos es hojear revistas de noticias que muestran fotografías instantáneas (en lugar de fotos posadas) y pedirles a sus hijos que describan lo que, según ellos, está sintiendo cada persona. Luego, escriba una emoción diferente sobre la parte superior de cada página del diccionario, pidiendo que su hijo le dé un ejemplo de un momento en que haya experimentado ese sentimiento. Si su hijo considera que este ejercicio es difícil, ofrezca ejemplos de su propia experiencia de vida a modo de ilustración. Los niños más pequeños también disfrutarán haciendo dibujos de cada emoción. Los más grandes pueden preferir tomar una fotografía de sí mismos o de otra persona para utilizarla como recordatorio visual de cada emoción.

En casi veinte años como terapeuta ayudando a niños y a sus familias, a menudo he recomendado juegos para alentar a los niños y a sus padres a desarrollar un lenguaje de las emociones. En un caso conmovedor, estaba trabajando con una madre y sus dos hijos, de nueve y once años, para ayudarlos con su sentido de pérdida relacionado con la súbita muerte del padre de los niños. Los dos pequeños se mostraban taciturnos y poco comunicativos, manifestando cada vez más signos de depresión a medida que pasaban los meses. Los numerosos intentos de Jane para conseguir que sus hijos hablaran de sus sentimientos parecían terminar siempre en una frustración. "Y además —explicó—, tengo dos empleos para poder mantenernos ahora, ¡y no sé cuándo se supone que tenga tiempo para sentarme y hablar con ellos!"

Habitualmente, cuando recomiendo un juego, mi primera preocupación es determinar cuándo y dónde deberá jugarse. Si una madre me dice que apenas tiene tiempo para llevar a cabo las tareas domésticas básicas, sin siquiera tener tiempo para sí misma, sé que no resulta muy realista pedirle que se haga tiempo para añadir otra actividad, aun cuando sea en beneficio de sus hijos.

Pensar en el momento y el lugar en que esta familia podría jugar un juego del CE para ayudarlos a expresar con más facilidad sus sentimientos me llevó a tener una idea para una actividad cuyo extraño nombre es *Matrículas de Sentimientos*. Yo sabía que la familia empleaba por lo menos cuarenta y cinco minutos para viajar diariamente a la escuela y a otros lugares, y recordé cómo les gusta a la mayoría de los niños durante los viajes largos observar las letras o el nombre del estado de las matrículas de los automóviles que pasan.

En la sesión siguiente les pregunté a Jane y a sus hijos si alguna vez habían jugado a este tipo de juegos y si estarían interesados en aprender un nuevo juego para el coche. "El objeto del juego —expliqué—, es observar una matrícula con dos letras de una palabra que designe un sentimiento y luego contar la ocasión en que ha sido experimentado. Por ejemplo, una matrícula con las letras 'A' y 'M' podría ser usada para formar la palabra 'amor'." Señalé que se trataba de un juego cooperativo y que toda la familia obtendría un punto cada vez que una matrícula fuera observada y que pudiera mencionarse un sentimiento. Si obtenían veinte puntos entre el lunes y el viernes, ganarían una comida en un restaurante de comidas rápidas, y les entregué tres cupones que conservaba como incentivos para este tipo de ocasiones.

A la sesión siguiente, observé un mejoramiento significativo en el humor de la familia. Habían jugado el juego, obtenido un puntaje de treinta y cinco y disfrutado de su comida (particularmente por el hecho de que yo la hubiese pagado). Les pedí que jugaran una segunda semana, con un incentivo diferente (esta vez Jane llevó a los pequeños al cine), y la vez siguiente observé nuevamente un estado de ánimo más relajado en la familia. En particular, los niños se habían vuelto más conversadores.

Cuando hablé con Jane en privado me contó cómo, después de jugar a este juego, sus hijos habían comenzado a hablar de muchos sentimientos y habían revelado, en varias ocasiones, su tristeza y su ira ante la pérdida del padre. Esta familia estaba ahora bien encaminada para usar la comunicación emocional como una manera de poder seguir adelante con su vidas, de modo que sugerí hacer una pausa de aproximadamente un mes en la terapia. Una vez por semana haría un control telefónico con ellos.

Durante la segunda llamada, supe que el juego de la comunicación de los sentimientos había alcanzado su propósito cuando Jane me explicó: "Sabe, Dr. Shapiro, esta semana jugamos a las *Matrículas de Sentimientos*, pero por alguna razón no obtuvimos suficientes puntos y todos queríamos realmente salir e ir al cine juntos. De modo que el viernes a la noche, tuve que conducir por los alredededores durante una hora más para buscar matrículas que nos permitieran hablar de nuestros sentimientos".

COMO AYUDAR A QUE SUS HIJOS SE CONVIERTAN EN PERSONAS QUE SABEN ESCUCHAR

Así como podemos enseñarles a nuestros hijos a mejorar en la expresión de sus emociones a través de juegos, del mismo modo podemos ayudarlos a convertirse en personas que saben escuchar desde el punto de vista emocional. En una conversación normal, los niños se muestran naturalmente interesados por expresar sus opiniones acerca de lo que se habla, buscando oportunidades para expresar su acuerdo o desacuerdo. Pero cuando "escuchan en forma activa" se centran completamente en la otra persona sin interponer sus opiniones o sentimientos en la conversación. A partir de los diez años, usted puede enseñarles a los niños capacidades para escuchar en forma activa, similares a las que utilizan los terapeutas profesionales. Esta capacidad del CE fue una parte importante de la capacitación en muchos de los programas de resolución de conflictos para escuelas, así como en varias formas de asesoramiento familiar. Al jugar al juego de *Escuchar en forma activa* usted mismo puede enseñarle esta capacidad a su hijo.

El juego de escuchar en forma activa

Comience haciendo con su hijo pequeño (de diez años o más) o adolescente, dos listas de por lo menos seis preocupaciones: una para usted y otra para él. Esta lista podría contener cualquier cosa que pueda molestarle a usted o a su hijo, pero habitualmente es mejor comenzar con problemas o conflictos relativamente fáciles. Luego tome cuatro fichas y escriba las siguientes capacidades de escuchar en forma activa:

1. Vuelva a formular lo que dijo la otra persona ("Así que lo que me estás diciendo es...").
2. Aclare lo que ha dicho la otra persona ("Puedes decirme algo más acerca de...").
3. Muestre interés por lo que la otra persona está diciendo (a través del gesto, el tono de la voz, el contacto visual, y así sucesivamente).
4. Califique o describa lo que la otra persona parece estar sintiendo ("Me parece que estás enojado porque...").

Para jugar, cada uno de ustedes selecciona una preocupación o un problema sobre el que hablarán durante tres minutos. Podría ser un problema que está experimentando con otra persona o una decisión difícil que debe tomar. Mientras uno de ustedes habla, el otro muestra las cuatro capacidades del que escucha en forma activa, utilizando las cuatro fichas como recordatorios. Al final de cada "vuelta", el que habla le atribuye al que escucha un punto por usar cada capacidad y dos puntos adicionales si el que escuchó no emitió juicio alguno. Luego el que habla y el que escucha intercambian los papeles y juegan la siguiente vuelta.

El juego continúa durante seis vueltas, abordando en cada una de ellas un tema diferente de preocupación que figura en las listas. Al final del juego, se combinan los puntos de los dos jugadores y si el total supera treinta (de una posibilidad de treinta y seis) ambos son declarados ganadores y pueden darse una recompensa adecuada.

PUNTOS DEL CE PARA RECORDAR

*   Aliente a sus hijos a verbalizar sus sentimientos como una forma de enfrentar sus conflictos y preocupaciones y satisfacer sus necesidades.
*   Enséñeles a sus hijos las capacidades para escuchar en forma activa a fin de ayudarlos a desarrollar relaciones emocionalmente gratificantes en la actualidad y en el futuro.

21

LA COMUNICACION MAS ALLA
DE LAS PALABRAS

Aunque resulta importante enseñarles a sus hijos a hablar sobre sus sentimientos y escuchar atentamente los sentimientos expresados por los demás, las investigaciones han descubierto que las palabras representan en realidad sólo una pequeña parte de la comunicación emocional. En una serie de estudios, el psicólogo Albert Mehrabian mostró que en las interacciones cara a cara, el 55 por ciento del significado emocional de un mensaje se expresa a través de señales no verbales tales como la expresión facial, la postura y el gesto, y un 38 por ciento se transmite a través del tono de voz. Sólo el 7 por ciento del significado emocional se expresa a través de las palabras.

LA IMPORTANCIA DE LAS SEÑALES NO VERBALES

En su libro, *Helping the Child Who Doesn't Fit In* (Ayudar al niño que no se adapta), los psicólogos Stephen Nowicki y Marshall Duke señalan que los problemas en la comunicación no verbal inhibirán a menudo las interacciones sociales de un niño mucho más de lo que él realmente dice en palabras. Observan lo siguiente:

"Los errores en la comunicación verbal inducirán a que los demás consideren al niño que comete el error como alguien sin educación y/o inteligencia. Por otra parte, los errores en la comunicación no verbal inducirán a que un niño sea calificado de raro o extraño. Cuando una persona comete un error en la comunicación verbal, emitimos juicios sobre sus capacidades intelectuales. Por el contrario, cuando una persona comete un error en la comunicación no verbal nos sentimos inclinados a emitir juicios acerca de la estabilidad mental. Una cosa es estar con alguien a quien consideramos poco educado y otra cosa muy distinta es estar cerca de alguien a quien percibimos como una persona inestable. Personas así atentan contra nuestros sentimientos de seguridad y estabilidad..."

A diferencia de la conducta verbal que comienza y se detiene, el comportamiento no verbal es continuo. Los niños (y también los adultos) siempre se están comunicando a través del lenguaje del cuerpo y las expresiones faciales, ya sea que estén o no conscientes de ello.

Aunque no se suele explicitar a los niños norteamericanos cuáles son las reglas de la comunicación no verbal, poseemos algunas normas implícitas muy específicas. Esto se vuelve evidente cuando dichas reglas se quiebran. Nowicki y Duke señalan la norma del ascensor. Imagínese viajar en un ascensor con un niño de nueve años que se enfrenta a la parte posterior del ascensor en lugar de mirar hacia la puerta, que lo mira fijamente o se para muy cerca de usted aun cuando haya espacio suficiente en el ascensor. Inmediatamente usted tendrá la impresión de que hay algo "poco usual" en este niño aunque difícilmente pueda decir exactamente qué es.

Nuestro conocimiento de la reglas de la conducta no verbal parece residir en las partes emocionales de nuestro cerebro, normalmente fuera del alcance de nuestra comprensión cognoscitiva, y sin embargo disponibles para ser analizadas cuando reconocemos la importancia de este tipo de comunicación. Si comprendemos el poder de la comunicación no verbal podremos ayudar a nuestro hijo a que desarrolle capacidades de liderazgo, se vuelva seguro de sí mismo y muestre empatía respecto de las necesidades y los problemas de los demás.

AREAS DE DIFICULTAD EN LA COMUNICACION NO VERBAL

Nowicki y Duke enuncian seis áreas de comunicación no verbal en las que los niños suelen experimentar dificultades, lo que hace que a menudo se los considere "diferentes" y que experimenten varios grados de rechazo social:

Comprender el lenguaje no verbal de las emociones es una forma importante de ayudar a los niños con sus problemas. Si uno se acerca de frente y con una postura rígida y severa a un niño que está enfadado, casi seguro habrá enfrentamiento. Acercarse a un niño enojado por el costado y evitando el contacto visual directo es una manera mucho más apropiada de ayudarlo a calmarse.

1.   *La pauta y el ritmo del discurso fuera de "sincronización" con respecto a otro niño.* Imagine a un niño de la ciudad de Nueva York hablándole a otro niño de Baton Rouge, Louisiana. Cada uno de los niños percibirá que el otro habla en forma extraña y pueden incluso tener dificultades para entenderse.

2.   *El espacio interpersonal.* Pararse demasiado cerca o demasiado lejos de otro niño o tocar a otro niño en forma inadecuada los hace sentir incómodos.

3.   *Gesto y postura.* Los gestos son una parte importante de la forma en que los niños comunican el contenido emocional de sus palabras. Una postura desgarbada o demasiado casual comunica a menudo una falta de respeto o de interés, aun cuando estos podrían no ser los verdaderos sentimientos del niño.

4.   *El contacto visual.* Durante una conversación, el individuo promedio pasa entre el 30 y el 60 por ciento del tiempo mirando el

rostro de la otra persona. Las diferencias en cualquier aspecto de esta norma pueden interpretarse como inapropiadas.

5. *El sonido del discurso.* Todos los aspectos del sonido que comunican emoción, ya sea en el habla (el tono de voz, la intensidad y el volumen) o en otros sonidos (silbidos, murmuraciones, etc.) son importantes. Casi un tercio del significado emocional de un niño se transmite a través del llamado paralenguaje. Nowicki y Duke observan que un hábito tan insignificante como aclarar la voz constantemente puede conducir al rechazo social.

6. *Los objetos.* Los niños, al igual que los adultos, utilizan los objetos como la ropa, las joyas y los peinados para transmitir un significado social. Mientras algunos niños se preocupan por su apariencia como forma de comunicar su condición social o identidad grupal, otros parecen despreocuparse por los mensajes transmitidos por su apariencia. Los niños, y particularmente los adolescentes, que no tienen conciencia de hasta qué punto su apariencia afecta a los demás pueden ser más vulnerables al rechazo social.

Nowicki y Duke presentan una argumentación convincente para que los padres tomen conciencia de la forma en que los niños se comunican en forma no verbal si estos están experimentando un rechazo social, particularmente si sus hijos presentan una discapacidad de aprendizaje u otro problema psicológico que pueda contribuir al rechazo de los pares. En realidad, todos los niños se beneficiarán con el aprendizaje de la comunicación emocional no verbal.

COMO ENSEÑARLE A SU HIJO LAS CAPACIDADES DE LA COMUNICACION NO VERBAL

Los juegos siguientes fueron inspirados por decenas de actividades sugeridas por Nowicki y Duke para enseñar capacidades específicas de comunicación no verbal.

El juego del "sonido apagado" (entre los siete y doce años)

Para jugar este juego, grabe en vídeo un programa apropiado para la edad y muéstreselo a su hijo con el volumen apagado. Pídale que describa cómo se siente cada persona del vídeo. Detenga la cinta cada vez que él quiera y otórguele un punto si puede describir de qué manera una expresión facial, un gesto o una postura revela la forma en que puede estar sintiéndose el actor. Luego rebobine la cinta y véala con sonido para poder verificar sus respuestas. Permita que el niño acumule quince puntos en quince minutos.

Las charadas de sentimientos (desde los seis años)

Con un grupo de tres o más niños o miembros de la familia, forme un mazo con unas veinte tarjetas de sentimientos escribiendo diferentes emociones sobre dichas tarjetas. Que el miembro más joven del grupo comience primero, escogiendo una tarjeta y luego representando el sentimiento sin palabras en tres minutos o menos. La persona que adivina el sentimiento correctamente conserva la tarjeta y sigue jugando. La persona que obtenga la mayor cantidad de tarjetas al final del juego es el ganador.

Si existe una amplia variedad en el grupo o disparidad en la destreza de los jugadores, establezca turnos para representar las charadas de modo tal que cada persona tenga una oportunidad de aprender cómo pueden comunicarse los sentimientos sin palabras. Cuando los niños aumenten su destreza en este juego, añada al mazo sentimientos nuevos y más sutiles.

Adivina el sentimiento (entre los cinco y diez años)

Lea una oración simple en un grabador cinco veces, pero cada vez que la lea, cambie el tono de voz para reflejar un nuevo sentimiento. Por ejemplo, diga la oración: "Dejé mis valijas en el coche", como si estuviera contento, triste, furioso, atemorizado y preocupado. Otorgue a su hijo un punto cada vez que identifique la emoción correctamente. Luego indíquele a su hijo que lea una nueva oración cinco veces, tratando de transmitir diferentes sentimientos a través del tono de voz. Nuevamente, otórguele un punto por cada esfuerzo que tenga éxito.

Descríbase con sentimientos (entre los cinco a los doce años)

En esta actividad, los niños aprenden a explorar sus propios sentimientos y a expresarlos a través del rostro y el cuerpo creando un diccionario sobre cómo se expresan las emociones en forma no verbal. Necesitará una cámara de fotos instantáneas. También necesitará hojas sueltas de papel y una carpeta.

Comience pidiéndole a su hijo que haga una mueca expresando un sentimiento particular. Si le cuesta hacerlo, pídale que piense en algo que lo hace sentir esa emoción específica, como por ejemplo: "Te pones furioso cuando Tommy te molesta, ¿no es cierto? ¿Cómo crees que te ves cuando te molesta?". Algunos niños seguirán teniendo dificultades con esto. Pueden pensar que parecen furiosos, pero no resulta algo evidente. Si ocurre esto, pídale a su hijo que se mire en el espejo y le dé literalmente forma a su rostro con los dedos o a través de sus sugerencias (dígale que levante los párpados, frunza la nariz, y así sucesivamente). Ahora aleje el espejo y tome una foto. Coloque la foto en la carpeta y pídale a su hijo que escriba todas las veces que experimentó ese sentimiento particular.

Ahora repita el proceso tomándole una fotografía a su hijo mostrando una postura que exprese ese sentimiento. Una vez más, usted podría verse obligado a mover literalmente su cuerpo para ayudarlo a comprender de qué manera las posturas cambian con emociones diferentes. Podría incluir a otros niños en las fotos para mostrar sentimientos más sutiles como el afecto, los celos o el orgullo.

Haga una sección en la carpeta para cada sentimiento. Utilícela periódicamente como un diario para ayudar a los niños a registrar sus sentimientos, anotando cuándo y por qué se producen y qué pueden hacer con los sentimientos problemáticos.

PUNTOS DEL CE PARA RECORDAR

- Ayude a su hijo a desarrollar la capacidad de comprender los matices de la comunicación emocional enseñándole a leer el lenguaje no verbal de las emociones.
- La comunicación emocional incluye tener conciencia de la conducta no verbal de los demás (gestos, lenguaje corporal, expresiones faciales, tono de voz, y así sucesivamente), y de la comunicación no verbal de sus hijos. Algo tan simple como volver consciente a un niño de su postura cuando se sienta ante su escritorio puede crear una mejor idea de él en sus docentes.
- La comunicación emocional también se transmite a través de la forma en que la gente habla. Algunos niños necesitan más ayuda que otros para comprender de qué manera las emociones se transmiten a través del tono de voz, la velocidad del discurso, y así sucesivamente.

22

EL CONTROL EMOCIONAL

A principios de este siglo, Sigmund Freud especuló que el aprendizaje del control emocional constituía el punto de referencia del desarrollo de la personalidad que definía al hombre civilizado. Freud pensaba que la personalidad de un niño en desarrollo se formaba a través de dos fuerzas poderosas, una que busca el placer, y otra que trata de evitar el dolor y el displacer. Los instintos primarios de vida, representados por una estructura teórica que él denominó el Ello, eran controlados por un centro moral, el Superyó, que era en realidad la internalización de la autoridad paterna. Cuando los impulsos del Ello de un niño le dicen que vaya a tomar una golosina del escaparate, su Superyó le recuerda que tomar cosas sin autorización es algo malo. Si de todos modos toma la golosina, su Superyó responderá castigándolo con culpa por sus acciones, lo que podría manifestarse en formas espantosas indecibles, como pesadillas, enfermedades psicosomáticas y ataques de pánico. ¡Pero el niño de todos modos seguía queriendo la golosina!

Para negociar entre sus impulsos y la amenaza de castigo, Freud postuló que el niño desarrolla un Yo, un intermediario o administrador emocional. El Yo se convirtió en la voz de la razón de un niño en desarrollo, una fuerza de adaptación que le permitiría obtener lo que él quisiera en una forma socialmente adecuada que no ofendería al mundo exterior ni a su mundo interior de normas y sanciones. Para obtener su golosina, el niño podría esperar hasta la cena y pedir la golosina como postre, llevar a cabo una tarea doméstica inesperada y esperar su recompensa, o simplemente pedir lo que quiere y explicarles a sus padres que una golosina podría mejorar un poco su día. Freud creía que cuanto más un niño pudiera tener conciencia de sus diversas opciones y ponderarlas, tanto más probabilidad tendría de tener éxito en sus metas a través de una componenda.

Los terapeutas y asesores que ayudan a los niños a desarrollar el control emocional siguen tratándolos sobre la base de estas mismas suposiciones, a saber, que para ayudar a un niño a dominar sus pasiones inconscientes, uno debe ayudarlo a desarrollar mecanismos de control del Yo, incluyendo el *insight*, la planificación, el retraso en la gratificación y la conciencia de los demás. Desde nuestro punto de vista de la inteligencia emocional y la neuroanatomía, dichas técnicas parecen seguir siendo apropiadas para la enseñanza del control emocional, pero hemos desarrollado también una comprensión mucho más avanzada sobre cómo se desarrollan nuestras emociones y por qué dichas técnicas funcionan.

LA NEUROCIENCIA DEL CONTROL EMOCIONAL

Los neurocientíficos creen ahora que nuestras emociones se transmiten y controlan a través de un sistema de comunicación en el cerebro que tiene la velocidad del rayo y está dominado por el tálamo, la amígdala y los lóbulos frontales de la corteza, con el apoyo de una variedad de otras estructuras cerebrales y glándulas que envían información en forma de elementos bioquímicos al resto del cuerpo. Judith Hooper y Dick Jeresi, en su libro *The 3-Pound Universe* (El universo de tres libras), comparan el tálamo con el centro de control de vuelos del aeropuerto de O'Hare. Escriben: "Ninguna señal de los ojos, oídos u otros órganos sensoriales puede alcanzar la corteza sin pasar a través de él". La información sensorial, ya sea en la forma de una voz dura o seductora, es canalizada por el tálamo hacia diferentes áreas de nuestro centro cerebral más elevado, la corteza, donde le damos algún sentido. Los lóbulos frontales de la corteza parecen ser particularmente importantes en el control emocional, y muchos científicos creen que ese es el sitio de la conciencia de sí mismo.

Pero no toda la información pasa directamente del tálamo a la parte pensante del cerebro. Una parte de ella también va a la amígdala, el administrador residente del cerebro emocional. La amígdala interpreta una información sensorial variada y reacciona ante ella mucho más rápidamente (y con menos precisión) que la corteza, y puede provocar una respuesta emocional mucho antes de que el cerebro pensante haya resuelto qué hacer.

En situaciones emocionales intensas, como aquella en la que un niño enfrenta el feroz ladrido de un perro enojado o el estrés de un examen, la amígdala activa un nervio conectado con la glándula suprarrenal que secreta las hormonas epinefrina y norepinefrina para poner el cuerpo en estado de alerta. Estas hormonas, a su vez, activan el nervio vago el cual envía señales nuevamente hacia la amígdala.

La amígdala es capaz de experimentar el aprendizaje emocional y la memoria emocional, que pueden ser algo totalmente aparte del aprendizaje consciente y la memoria consciente que se producen en la corteza. Los neurocientíficos como Joseph LeDoux creen que la memoria emocional del cerebro, que es distinta de la memoria cognoscitiva más familiar, puede explicar la razón por la que los traumas de la infancia pueden afectarnos como adultos, aun cuando no podamos recordarlos en forma consciente. Los recuerdos emocionales, tales como sentirnos abandonados cuando nuestros llantos no eran respondidos con la suficiente rapidez, se encuentran almacenados en la amígdala sin el beneficio de las palabras o incluso de las imágenes conscientes pero, de todos modos, pueden desempeñar un papel importante en nuestra forma de sentir y actuar.

El hecho de comprender los aspectos neuroanatómicos de las emociones nos permiten darnos cuenta de que en realidad existen dos sistemas por medio de los cuales los niños aprenden el control emocional. Aunque la teoría de Freud reflejaba su comprensión intuitiva de cómo la parte pensante del cerebro maneja las emociones, no percibió el significado del cerebro emocional, que es capaz de pasar por alto completamente la parte pensante. De esta manera, cuando estimulamos lo que Freud denominaba las fuerzas del Yo del niño, lo que realmente activamos son funciones corticales (pensantes) del cerebro, pero descuidamos el sistema complejo del cerebro emocional, que desempeña un papel mucho más significativo en el manejo de emociones fuertes.

Lo que todo esto implica para la enseñanza del control emocional en los niños es que el hecho de hablarles para ayudarlos a desarrollar la percepción de sus sentimientos —ya sea en una reunión familiar, en la oficina del director de la escuela, o en una sesión terapéutica— sin duda no resulta suficiente. Hablar pone en marcha los centros de control en la parte pensante del cerebro, pero produce un impacto relativamente reducido sobre el control emocional. Intuitivamente, todos los padres saben que esto es verdad. ¿Alguna vez intentó disuadir a un niño de tener miedo poco antes de que el médico le diera una inyección? ¿Alguna vez trató de decirle a una adolescente que el hecho de que le haya salido un sarpullido justo antes de un cita con un muchacho no tiene mayor importancia ya que la belleza, después de todo, es sólo algo superficial? ¿O alguna vez trató de decirle a un adulto que está aterrorizado de volar, que está más seguro en un avión que en su coche?

A través de estos ejemplos y muchos más, sabemos que cuando las emociones predominan, la razón fracasa.

Para ayudar a los niños con el control emocional, debemos combatir fuego con fuego, proporcionando soluciones emocionales para problemas emocionales. Debemos educar al cerebro emocional así como al cerebro pensante.

COMO ENSEÑARLE A SU HIJO
EL CONTROL EMOCIONAL

Sin lugar a dudas, el problema emocional más común que enfrentan los niños en la actualidad está relacionado con el control de la ira. Los niños caracterizados como iracundos, agresivos o discutidores representan un 40 a un 50 por ciento de todas las derivaciones clínicas. Podríamos especular durante numerosas páginas sobre la razón por la que los niños parecen experimentar mayores dificultades en controlar su ira ahora más que en ninguna otra época, pero la pregunta real es qué podemos hacer para ayudarlos a dominar sus monstruos iracundos. La respuesta reside en la reeducación emocional. El siguiente es un ejemplo ocurrido en mi consultorio durante un acalorado juego de *Mantén la calma*:

Billy se concentró con todas sus fuerzas, su mano temblaba levemente cuando alcanzó la barrita roja justo debajo de la verde. Si sólo pudiese mover apenas la barrita roja sin mover la amarilla, entonces podría sacarla.

En ese momento Peter le sopló en la oreja a Billy. Hizo un ruido como un pato y comenzó a llamar a Billy con distintos nombres como "cara de pedo", "cara de traste" y "aliento pestilente".

Billy ignoró a su hermano, respirando profunda y lentamente, manteniendo la flexibilidad de sus músculos y la mirada concentrada en su tarea. Sabía que para ganar este juego, tenía que ignorar las bufonadas de su hermano. Concéntrate, se dijo a sí mismo, toma una barrita y luego la otra. Sólo préstale atención a lo que está frente a ti. Y tomó la barrita roja sin mover ninguna de las otras.

Billy y Peter estaban jugando al juego de *Mantén la calma* en mi consultorio para ayudarlos a enfrentar las burlas. La forma habitual de jugar a este juego exige que cada jugador quite una barrita de madera por vez de una pila sin mover ninguna de las otras. Es un juego simple que requiere concentración y una fina coordinación motora. Pero en este juego del CE, concebido para enseñar el control emocional, mientras Billy intentaba tomar las barritas, Peter estaba autorizado a hacerle burlas en cualquier forma que quisiera, siempre que no lo tocara. Cada jugador obtenía un punto por cada barrita que tomaba y dos puntos si no mostraba ningún tipo de reacción a las burlas.

Juegos como *Mantén la calma* contribuyen mucho a la enseñanza del control emocional. La educación emocional, o lo que algunos educadores denominan "alfabetización emocional", debe orientarse hacia la parte emocional y pensante del cerebro. El hecho de que los niños hablen sobre lo que deberían hacer cuando son el blanco de burlas no resulta suficiente; deben practicar realmente el control su genio mientras reciben las burlas.

Tal como lo hemos visto anteriormente, nuestra comunicación emocional no verbal es más significativa que las palabras que decimos. Debemos entrenar a nuestros hijos a reconocer los primeros signos físicos de sus reacciones emocionales a fin de que aprendan a controlarse a sí mismos. Cuando su hijo se enoja, su rostro enrojece, su cuerpo se tensa y cae en un estado de hiperagudeza, evidente en la postura corporal, la expresión facial y los gestos. Una formación satisfactoria en el control de la ira les enseña a sus hijos a tener conciencia de los cambios de su cuerpo y a responder calmándose a sí mismos, respirando profundamente o distrayéndose (por ejemplo, contando hacia atrás). Usted puede llevar a cabo este entrenamiento actuando determinadas situaciones como en el juego *Mantén la calma*, donde sus hijos quedan expuestos a situaciones que podrían molestarlos, pero en las que practican técnicas que los ayuda a calmarse a sí mismos.

Una forma particularmente efectiva de alentar el control emocional es grabar estas escena cn vídeo. Sabemos desde hace mucho tiempo que los niños imitan las conductas negativas que ven en la televisión o las películas, pero también existen pruebas que indican que imitan también, en forma inconsciente, las imágenes positivas. Después de que sus hijos responden con éxito a las provocaciones a través del control de sí mismos, miran luego sus reacciones en la televisión. Cuando se ven a sí mismos ignorando las mofas verbales y respondiendo con una postura relajada en lugar de hacerlo con una respuesta combativa, reciben una imagen visual positiva de ellos mismos mientras controlan con éxito sus emociones. Cuando ven dicho vídeo varias veces, particularmente con usted u otras personas importantes para reforzar su control emocional, este ejercicio del CE puede ser extremadamente efectivo.

Usted puede enseñar también el autocontrol del cerebro emocional proporcionando una amplia variedad de experiencias que evocan reacciones emocionales positivas. Los programas de desafío físico, en los que se alienta a los adolescentes a llevar a cabo una variedad de actividades de alto riesgo (con total seguridad), han adquirido popularidad ya que ayudan a los jóvenes agresivos y delincuentes a crear confianza y apoyo grupal a través de desafíos físicos que estimulan respuestas emocionales positivas. Durante un día en este programa, se les puede exigir a los niños de más edad y a los adolescentes que trepen hasta la cima de un poste de veinte pies, y se balanceen sobre un pie una vez arriba, o bien que se trasladen en una cuerda de la punta de un árbol alto a otro. Cuando llevan a cabo estas maniobras arriesgadas se ponen un arnés de seguridad. Asesores capacitados los apoyan durante estos desafíos físicos. Este tipo de experiencia podría llamarse "trauma positivo", dado que el cerebro emocional del adolescente queda marcado por una sensación de confianza hacia los demás y la cooperación grupal mientras emergen sus emociones más básicas de supervivencia.

A través de otras técnicas más directas se enseña a los niños y adolescentes a controlar sus emociones mediante la utilización de nuevas capacidades cognoscitivas. Por ejemplo, en muchas escuelas de todo el país, los niños aprenden capacidades de resolución de conflictos, incluyendo la negociación y mediación de pares, para enfrentar una ola creciente de agresión entre los estudiantes y docentes, y los estudiantes entre sí. Como resultado de los programas como el que fue concebido por el New York City Board of Education —puesto en práctica en más de 100 escuelas— los docentes constataron una disminución significativa de los actos de agresión y violencia. Programas similares se enseñan a las familias como una forma de disminuir las peleas entre hermanos o los conflictos entre padres e hijos.

Enseñarles a los niños a negociar en lugar de discutir o pelear incluye cinco pasos:

1. Los niños deberían sentarse frente a frente y convenir en trabajar juntos para resolver un conflicto. También deberían ponerse de acuerdo en respetar la opinión de otra persona y evitar los insultos y las humillaciones.

2. Cada persona debería expresar su punto de vista (qué quiere y por qué), y luego expresar el punto de vista de la otra persona. No puede producirse una negociación con éxito sin que se haya convenido en que cada uno tiene derecho a su propio punto de vista.

3. El aspecto más esencial de la negociación es crear soluciones favorables para todos. Los dos niños deberían ponerse de acuerdo en por lo menos tres soluciones posibles que son concesiones pero que permiten que cada niño obtenga algo importante.

4. Los dos niños evalúan entonces cada opción. En este punto, están

ahora del mismo lado, buscando un resultado que logre satisfacer a ambos.

5.　Finalmente, los niños deberían crear un acuerdo o plan de acción para poner en práctica la mejor solución. Dicho acuerdo debería detallar quién, qué, cuándo, dónde y cómo la solución será puesta en práctica.

Dado que los niños y adolescentes pueden tener dificultades en llevar a cabo este tipo de negociaciones solos, los programas de resolución de conflictos a menudo forman a determinados estudiantes como mediadores de sus pares. Estos mediadores suelen ser mucho más efectivos que los adultos para alentar a los niños a respetar las normas y alcanzar un acuerdo. Los niños de nueve o diez años ya pueden ser capacitados para actuar como mediadores efectivos. Curiosamente, muchos programas han descubierto que los pequeños que previamente habían mostrado un control deficiente y solían buscar problemas podían ser capacitados para convertirse en mediadores extremadamente efectivos. Al asumir este papel, su propia conducta mejoró drásticamente.

Sorprendentemente, resulta fácil enseñar a los niños las capacidades de negociación y mediación entre pares. Estas capacidades del CE son eficaces para controlar problemas de agresión, tanto en la casa como en la escuela.

PUNTOS DEL CE PARA RECORDAR

- El control emocional, particularmente el control de la ira y la agresividad, constituyen los problemas emocionales más comunes de los niños de hoy.
- Desde un punto de vista evolutivo, nuestra capacidad para enojarnos rápidamente y pelearnos ferozmente ha asegurado nuestra supervivencia como especie, pero en estos tiempos en que 105.000 niños de los Estados Unidos llevan armas a la escuela diariamente, la ira y su expresión se han convertido en una alternativa emocional peligrosa.
- Afortunadamente, existen muchas formas de estimular la parte pensante del cerebro a fin de ayudar a los niños a inhibir y controlar su ira.
- Las técnicas de resolución de conflictos enseñan capacidades como la negociación y la mediación, y deberían formar parte de la educación de todos los niños.

23

La curacion emocional de la mente y el cuerpo

Tal vez los descubrimientos más significativos en el área de la inteligencia emocional hayan provenido de una nueva comprensión del poder de curación de nuestro cerebro emocional. Estas técnicas son muy diferentes de las "terapias de conversación" que tratan de ayudar a los niños y adolescentes a desarrollar la percepción de sus problemas. Toman en consideración los problemas emocionales más graves de los niños desde un punto de vista bioquímico.

Por ejemplo, Megan Gunmar, un psicobiólogo del desarrollo de la Universidad de Minnesota, cree que, además de las reacciones físicas al trauma más obvias, como el aumento de la presión sanguínea y del ritmo cardíaco, el cuerpo libera una cantidad excesiva de hormona cortisol que normalmente ayuda a responder al peligro. Demasiado cortisol puede ocasionar un daño temporario o permanente de una parte del cerebro emocional denominada hipocampo, provocando fallos de la memoria, angustia e incapacidad para controlar las explosiones emocionales, la agresión y la impulsividad.

Aun más preocupantes son las pruebas de que los niños expuestos a un trauma continuo, tales como el abuso o la negligencia, pueden tener un daño permanente en la parte del cerebro donde se produce la resolución de problemas y se desarrolla el lenguaje. El psiquiatra Bruce Perry del Baylor College of Medicine descubrió que un grupo de niños descuidados presentaban áreas corticales con un desarrollo un 20 por ciento inferior que el de los niños de un grupo de control. Un área cortical más pequeña conduce a un CI y CE inferiores.

INTERVENCIONES QUE CURAN LA MENTE

Ciertas técnicas desarrolladas recientemente sugieren que la química cerebral causada por el trauma puede cambiarse a través de intervenciones relativamente simples. Tradicionalmente, el tratamiento para un joven niño traumatizado consistía en una terapia de juego donde el niño podía jugar con una variedad de juguetes mientras el terapeuta observaba pacientemente y reflexionaba sobre su elección de objetos y la forma en que los utilizaba. Se suponía que en su juego, los niños representarían aspectos del trauma, permitiéndoles adquirir cierto control sobre los recuerdos emocionales dolorosos mientras el cerebro cognoscitivo ponía en palabras y daba significado a las impresiones perturbadoras del cerebro emocional; el niño conseguía entonces distanciarse del trauma original. Los niños de más de diez u once años, que pueden ser demasiado grandes para expresarse a través del juego, se beneficiaban con una relación más directa con el terapeuta que creaba una atmósfera más acogedora donde los niños de más edad y los adolescentes podían aprender lentamente a confiar de nuevo.

Pero aunque estos modelos han probado tener éxito en muchos casos de niños y adolescentes, este tipo de terapia de juego sólo resulta accesible para un puñado de niños y adolescentes. Sólo un 20 por ciento de los niños que podrían beneficiarse con este tipo de terapia pueden obtener la ayuda que necesitan. La terapia de juego suele llevarse a cabo por terapeutas y asesores pedagógicos con años de formación, y la terapia misma puede llevar entre seis meses y varios años.

En estos últimos años, técnicas cognoscitivas y de conducta, incluyendo muchas de las capacidades "pensantes" del CE descriptas en la Parte III del presente libro, han sido utilizadas para ayudar a los niños que han experimentado varios tipos de traumas. Dichas técnicas parecen ayudar a disminuir parte del impacto emocional del trauma, y simultáneamente dan a los niños la oportunidad de organizar sus sentimientos de un modo que la parte pensante de sus cerebros puede controlar.

Los juegos terapéuticos han probado tener éxito particularmente en cuanto a estimular la parte pensante del cerebro para que enfrente el trauma emocional. Por ejemplo, el Dr. Toni Cavanaugh Johnson, un psicólogo que se especializa en tratar a niños que han sufrido abusos, desarrolló un juego de cartas denominado *Hablemos de tocar* que debe ser jugado por los psicoterapeutas y otros profesionales de la salud mental con los niños víctimas de abuso sexual. Utilizando el formato de simples juegos de cartas, los niños responden preguntas directas sobre sus sentimientos actuales y el trauma real, aprendiendo formas de enfrentar estos acontecimientos y de asegurarse de que no vuelvan a ocurrir. Este enfoque franco y directo sorprende e incluso conmociona a muchos adultos, pero los niños parecen sentirse atraídos hacia ese tipo de juegos. Hablar del trauma abiertamente y sin vergüenza puede desensibilizar al niño respecto del trauma emocional. Estimula cambios en el cerebro pensante para que este pueda organizarse mejor y desactivar los recuerdos emocionales traumáticos.

El formato del juego se presta en sí mismo a la curación emocional gracias a la repetición inherente que encontramos en él. Aun los asesores psicológicos se muestran sorprendidos por el hecho de que los niños traumatizados soliciten a menudo participar en estos juegos una y otra vez, lo que permite una repetición esencial para el desarrollo de nuevos caminos neurales desde el cerebro pensante al cerebro emocional. Actualmente, los juegos terapéuticos de este tipo son utilizados en países desgarrados por la guerra como Bosnia, Kuwait y Sudáfrica para ayudar a los niños a enfrentar sin demora la violencia del pasado y las incertidumbres del futuro.

QUE PUEDE HACER PARA AYUDAR A SU HIJO A ENFRENTAR UN TRAUMA

Aunque el sentido común dicta que todos los niños que experimentan traumas graves sean derivados a los profesionales para una ayuda inmediata, a menudo resulta difícil saber qué constituye un trauma "grave" para un niño. Algunos niños quedan traumatizados por acontecimientos individuales tales como ser testigos de situaciones de violencia; perder su hogar debido a un huracán, una inundación, un incendio o un temblor de tierra; la muerte de un miembro de la familia; o la estadía en un hospital. Otros viven en países desgarrados por la guerra, y están expuestos diariamente a bombardeos y privaciones, y sin embargo se muestran relativamente flexibles. Unos pocos profesionales, sin embargo, no estarían de acuerdo en que los niños de los que se abusa sexual o físicamente deberían ser tratados siempre por un profesional de la salud mental por el trauma.

Si su hijo ha sido expuesto a un acontecimiento traumático, resulta prudente evaluar el alcance del daño emocional que se ha producido y estimular sus mecanismos naturales de defensa. Lo primero puede llevarse a cabo utilizando una lista de verificación rápida de síntomas como la que aparece más abajo. Si un síntoma persiste durante más de un mes después del trauma, recurra a la consulta profesional.

Lista de verificación de síntomas para niños expuestos a situaciones traumáticas

_____   El niño expresa temores o ansiedad que no existían antes del trauma, sin razón aparente.

_____   El niño se aparta de otras personas y muestra marcadas señales de desconfianza.

_____   El niño muestra enojo y agresividad en un grado inexistente antes del trauma.

_____   El niño muestra conductas poco habituales o extrañas como tics, tartamudeo o gestos peculiares.

_____   El niño muestra signos constantes de depresión, como tristeza, letargo, irritabilidad y exceso de actividad (a veces los niños deprimidos muestran conductas opuestas a las de los adultos deprimidos).

_____   El niño hace afirmaciones que expresan culpa o se acusa a sí mismo.

_____   El niño se queja en exceso de problemas físicos, tales como dolores de estómago persistentes, dolores de cabeza y molestias que no tienen aplicación.

_____   El niño se desinteresa imprevistamente de la escuela y las tareas escolares.

_____   Cambian de manera notable los hábitos de sueño y alimentarios del niño.

_____   El niño se vuelve autodestructivo o propenso a los accidentes.

_____   El niño actúa como un bebé y expresa el deseo de ser tratado como tal.

Las nuevas formas de tratar a los niños traumatizados a través del estímulo de la parte pensante del cerebro indican que podemos reducir los efectos a largo plazo del trauma interviniendo de inmediato después de que se haya producido el acontecimiento y, a partir de allí, durante por lo menos varias semanas. Las siguientes son algunas técnicas que usted puede poner en práctica fácilmente:

- Procure que su hijo hable de lo que ha sucedido. Usted puede pensar que debería dejarlo tranquilo después de un trauma, particularmente si no parece estar perturbado, pero la calma que a veces se observa en los niños que han experimentado un trauma es en realidad un estado de shock. Detrás de su exterior plácido, pueden encontrarse en un estado de alerta emocional. Al principio, lograr que los niños describan la experiencia y califiquen sus sentimientos puede perturbarlos más, pero a largo plazo los ayudará a enfrentar y disminuir las posibilidades de desarrollar síntomas relacionados con el trauma.
- Haga que su hijo repita declaraciones positivas que refuercen su creencia de que ha sobrevivido al trauma y que puede enfrentar las consecuencias, tales como:

Estoy bien y no he sido dañado por _____ (el trauma).

Puedo seguir adelante con mi vida a pesar de _____ (el trauma).

Puedo obtener apoyo de la gente que se preocupa por mí si lo necesito.

- Ayude a su hijo a tomar conciencia de los signos de aflicción en su cuerpo llevando a cabo una "exploración corporal" diaria. Déjelo que revise mentalmente su cuerpo desde la cabeza hacia abajo, tomando conciencia de la tensión en el cuello, hombros, brazos, tronco y piernas.
- Aliente a su hijo a practicar técnicas de relajación diarias. Esto resulta particularmente importante si él revela estrés, tensión e inquietud, pero es también importante para desarrollar los elementos bioquímicos relacionados con la cura emocional. Quince a veinte minutos diarios de ejercicios de relajación, supervisados por un adulto atento, pueden ser el único camino para aliviar problemas futuros.

PSICONEUROINMUNOLOGIA:
UN ENFOQUE EMOCIONAL QUE PUEDE AYUDAR
A CURAR EL CUERPO DE SU HIJO, HOY
Y EN EL FUTURO

No existe otro aspecto de la inteligencia emocional más fascinante que las investigaciones actuales que muestran de qué manera podemos entrenar a nuestras mentes para impedir y superar la enfermedad. Decenas de estudiantes y cientos de casos anecdóticos han mostrado que las capacidades emocionales y sociales pueden ser factores importantes para luchar incluso contra enfermedades que amenazan la vida, tales como el cáncer y la enfermedad del corazón. Si estas investigaciones prueban ser aunque sea parcialmente ciertas, sería una inconciencia no enseñarles a los niños las capacidades del CE que podrían alguna vez prolongar sus vidas.

Este nuevo campo de la investigación sobre el poder curativo de las emociones se denomina psiconeuroinmunología, o PNI. Este término se refiere al estudio de la conexión entre la mente y las emociones: el sistema nervioso central, el sistema nervioso autónomo, y el sistema inmunológico. La premisa básica de esta investigación es que la mente puede producir substancias químicas que protegen el cuerpo de la enfermedad y puede, en algunos casos, llegar a invertir el proceso de enfermedad.

Para comprender las consecuencias de esta nueva ciencia, comenzamos por renunciar a nuestros conceptos de "mente" y "cuerpo" y a considerarlos como un sistema neurológico. El sistema nervioso está compuesto no sólo por el cerebro, sino por la médula dorsal, los nervios y los ganglios. Este sistema puede dividirse a su vez en los sistemas nerviosos centrales, periféricos y autónomos. Hemos escuchado hablar de este sistema "integrado" desde los primeros días de la medicina moderna, pero hace apenas una década que hemos comprendido que existe también un segundo sistema que el neurocientífico Dr. Candace Pert, un pionero en este campo, denomina "red de comunicación psicosomática", que desempeña un papel importante en la inteligencia emocional.

Este sistema químico, que consiste en neuropéptidos (cadenas de aminoácidos) y sus receptores, es teóricamente el correlato bioquímico de la emociones. Según el Dr. Pert, estos neuropéptidos y receptores se encuentran en las partes del cerebro asociadas a la emoción y son enviados por el cerebro para decirle al cuerpo cómo debe responder.

Pert observa que cada neuropéptido es como un ladrillo utilizado para construir una casa "que puede usarse en el sótano o en el desván: cumple diferentes funciones en diferentes ubicaciones, pero es el mismo ladrillo". Un neuropéptido individual coordina cada aspecto de este

272

cuerpo para satisfacer esa única necesidad, como en el caso de la angiotensina, donde cada aspecto del funcionamiento de los animales grita: "Quiero agua, quiero ahorrar agua, no quiero que se pierda ni una gota de agua".

El descubrimiento de este sistema de elementos bioquímicos emocionales que está compuesto por neuropéptidos y sus receptores, presenta ciertas consecuencias fascinantes para la salud preventiva e inclusive la cura. Aunque los mecanismos exactos de la forma en que podrían funcionar estos mensajeros biológicos de la emoción siguen siendo materia de especulación, las consecuencias podrían causar una revolución en nuestra interpretación occidental de la salud.

Lo que sorprende a los neurocientíficos es que muchas de las capacidades del CE que he mencionado no sólo presentan efectos inmediatos observables que vuelven a un niño más feliz y exitoso, sino que producen también efectos biológicos sutiles con consecuencias importantes a largo plazo. Tómese por ejemplo, la capacidad del CE del humor y su importancia para el éxito social de un niño. Los científicos están descubriendo ahora que el humor desempeña también un papel importante en el sistema inmunológico, y quizá debería formar parte de un receta de bienestar para cada niño.

Aunque no sorprende descubrir que el humor es un reductor natural del estrés —al relajar los músculos, disminuir nuestra conciencia del dolor, y disminuir la presión sanguínea— los cambios bioquímicos que experimentamos cuando nos reímos son sin duda asombrosos. En experimentos de laboratorio donde los científicos les contaban bromas a determinados sujetos y les mostraban vídeos divertidos, un estudio descubrió que se reducían las hormonas asociadas al estrés y se realzaban aspectos claves del sistema inmunológico. En realidad, las respuestas del sistema inmunológico al humor, algunas de las cuales resultaban medibles hasta un día después, eran particularmente impactantes. Se producían aumentos en:

- Las células agresivas naturales que atacan a los virus y tumores.

- Las células T que organizan el sistema inmunológico.

- La inmunoglobina de anticuerpos A, que combate la infección respiratoria.

- El interferon gamma, una hormona que pone en funcionamiento el sistema inmunológico, combate los virus y regula el crecimiento de la células.

- Las células B, que producen anticuerpos contra microorganismos nocivos.

273

Como resultado de estos descubrimientos, en los sagrados recintos de la medicina pueden resonar pronto risitas, carcajadas y risotadas. El Morton Plant Hospital de Clearwater, Florida, posee una escuela de payasos en el lugar mismo y sus graduados recorren los pasillos buscando una carcajada. En el Fox Chase Cancer Center de Philadelphia, un voluntario empuja un carrito con un payaso de seis pies, pasa vídeos cómicos, y hace todo tipo de burlas. Muchas unidades pediátricas de todo el país reciben la visita de payasos y otros comediantes, reconociendo que la risa y la alegría pueden convertirse en medicina seria. Tal como lo señaló el Dr. Lee Berk, un investigador conocido en materia de humor y salud: "No es medicina alternativa. Es medicina real".

LAS CAPACIDADES DEL CE QUE PUEDE ENSEÑAR A SUS HIJOS PARA MEJORAR SU SALUD FISICA

Comprender la integración de la mente y el cuerpo nos ayuda a percibir por qué enseñarles a los niños virtualmente cualquier capacidad del CE los ayudará desde el punto de vista físico y por qué cualquier cosa que ayuda a un niño a permanecer saludable ayudará también emocionalmente. Por ejemplo, enseñarle a un niño la capacidad psicológica de calmarse a sí mismo, es una forma importante de abordar una amplia variedad de problemas emocionales, desde los berrinches, pasando por la angustia ante los exámenes, hasta el miedo a los perros. Todo adulto preocupado por ayudar a los niños a enfrentar las emociones difíciles debería incluir alguna forma de técnica de relajación en sus esfuerzos.

Técnicas de relajación

Las técnicas de relajación o de calmarse a sí mismo son algunas de las capacidades psicológicas más importantes que su hijo puede aprender. Además de ser un antídoto para situaciones específicas de tensión, la relajación progresiva puede permitir que los niños, adolescentes y adultos se sientan más renovados, más relajados e incluso más vigorizados. Estos "sentimientos" positivos no están sólo en la mente, sino también en el cuerpo. En un libro clásico, *The Relaxation Response* (La respuesta de la relajación), que ayudó a traer los beneficios de la meditación desde el "ashram" hasta la sala de reuniones del directorio de una empresa, el profesor de Harvard, Dr. Herbert Benson, explicó que la relajación produce los efectos inmediatos de reducir nuestra necesidad de oxígeno, aumentando nuestras ondas cerebrales alfa (asociadas a la creatividad), disminuyendo nuestro lactato sanguíneo (una substancia producida por el metabolismo de los músculos esqueléticos y asociada a la angustia), y disminuyendo nuestro ritmo cardíaco.

El Dr. Dean Ornish, un defensor más reciente de los beneficios de las técnicas de relajación, las considera uno de los cinco componentes esenciales de su hoy famoso *Life Choice Program* (Programa de elección de vida). El Dr. Ornish ha mostrado que incluso una grave enfermedad cardíaca coronaria puede revertirse atendiendo tanto las necesidades psicológicas como físicas del paciente (los otros componentes son hacer una dieta de bajas substancias grasas, ejercicio moderado, no fumar y recibir un apoyo emocional).

Durante el entrenamiento de la relajación, su hijo se sentará en silencio sobre una silla cómoda y relajará lentamente cada músculo del cuerpo, comenzando habitualmente por el centro del cuerpo hacia la parte exterior (los músculos del torso, luego los músculos del estómago, los músculos posteriores, los brazos, las piernas, las manos, los pies, y así sucesivamente). Mientras está relajando cada grupo muscular, déle instrucciones para que respire profunda y lentamente y se vea a sí mismo en un lugar familiar calmo y tranquilo, como por ejemplo yaciendo en un campo de pasto mirando fijamente las nubes. Utilice todos los sentidos. La descripción de la brisa fresca, el olor del pasto, y la sensación del rocío sobre la piel lo distraerá de sus preocupaciones diarias y colocará su cuerpo en un estado de reposo.

Muchos terapeutas creen que el calmarse solos, es capacidad del CE más importante para enseñarle a los niños. No sólo ayuda a lograr control emocional, sino que también es posible que estimule el sistema inmunológico para proteger a los niños de enfermedades físicas.

Después de varias semanas de entrenamiento en la relajación, los niños de más de diez años deberían estar en condiciones de utilizar esta capacidad cuando comiencen a sentir que sus cuerpos responden al estrés o a un estado emocional no deseado.

Reducir los efectos del estrés

Los elementos de tensión asociados a la vida moderna parecen infligir una pérdida emocional cada vez mayor y sin embargo, en general, no les enseñamos a nuestros niños la importancia de enfrentar el estrés. Tal como lo escribe Michael Norden en su libro, *Beyond Prozac* (Más allá del Prozac): "Lamentablemente, ahora que necesitamos más tolerancia al estrés, nuestros cerebros son menos capaces de enfrentarlo. Las pruebas muestran que nuestros estilos de vida modernos y los ambientes artificiales infligen un daño importante. La forma en que dormimos, comemos, inclusive el aire que respiramos disminuyen el "escudo contra el estrés" neuroquímico específico reforzado por el Prozac: el elemento neuroquímico vital conocido como serotonina. En cierto sentido, nuestros estilos de vida nos han convertido en "Prozac deficientes" o, más exactamente, en "serotonina deficientes".

Norden sigue exaltando los beneficios de la serotonina, la cual, como otros neurotransmisores, hace cosas diferentes en distintos lugares del cuerpo, según el receptor. Los científicos han identificado por lo menos doce lugares de recepción distintos que responden a la serotonina. Estos lugares producen efectos positivos diversos, desde regular funciones corporales tan importantes como la temperatura y la presión sanguínea a controlar los impulsos psicológicos e inhibir la angustia.

Aunque que el Dr. Norden cree que muchos problemas emocionales son causados por una deficiencia de serotonina, explica también que esto no implica que todo el mundo debería tomar Prozac. Señala más bien que existen muchas formas naturales de aumentar la producción corporal de serotonina, entre ellas:

- Un aumento del ejercicio (noventa minutos de ejercicio vigoroso pueden triplicar la cantidad de serotonina en el cerebro).
- Una dieta de bajas calorías y grasas con no más de cinco horas de distancia entre las comidas (excepto durante el sueño).
- Exposición a la luz durante los meses oscuros del invierno.
- Una cantidad apropiada de sueño (la privación de sueño puede provocar una disminución del 20 por ciento de la serotonina cerebral).

¿Cree usted que el estilo de vida actual de su hijo puede provocar un aumento en su capacidad de producir los elementos bioquímicos necesarios para su bienestar emocional, éxito social e incluso su salud física?

El sentido común nos dice que un cuerpo saludable nos conduce a una mente saludable, y sin embargo la vida moderna nos ha alejado mucho de los dictados de la razón. Ante el típico niño norteamericano que mira demasiada televisión, hace muy poco ejercicio y tiene una dieta demasiado elevada en calorías y grasas, ¿deberíamos realmente sorprendernos de tener que enfrentar una crisis en la salud mental de nuestros hijos? Paradójicamente, aun cuando miremos hacia el futuro en busca de investigaciones científicas que nos ayuden a educar a un hijo con un CE elevado, sabemos que muchas de las máximas del pasado eran en realidad ciertas después de todo, como por ejemplo la máxima de Ben Franklin: "Acostarse temprano, levantarse temprano hace que un hombre sea feliz, saludable y sabio". ¿Pero podemos tomar las lecciones que hemos aprendido del pasado y aplicarlas al futuro de los niños en el siguiente milenio? ¿O seguiremos permitiendo que nuestra marcha hacia el progreso siga perjudicando emocionalmente a nuestros hijos?

En el capítulo siguiente, veremos de qué manera la tecnología puede ayudarlo a enseñarle a sus hijos muchas capacidades diferentes del CE, sin dejar de prestarle atención a la creación de un estilo de vida más sensato en el que pueda criarlos.

PUNTOS DEL CE PARA RECORDAR

* El poder curador de nuestros cerebros casi no ha sido aprovechado.
* Nuevas investigaciones muestran que se les pueden enseñar a los niños varias formas de curación mental y física estimulando elementos bioquímicos específicos producidos en el cerebro.
* La creación de un estilo de vida para sus hijos que fortalezca el sistema inmunológico de sus cuerpos los ayudará ahora y en las décadas futuras.

Octava Parte

Las computadoras y el CE: Una combinacion sorprendentemente buena

Nos encontramos en medio de una verdadera revolución en la forma de educar a nuestros hijos, y sólo estamos comenzando a comprender de qué manera puede esto afectarlos cuando alcancen la edad adulta. Tal como lo escribe Peter Drucker en su libro *Post Capitalist Society* (La sociedad poscapitalista): "Cada doscientos o trescientos años en la historia occidental se produce una transformación aguda. En unas pocas décadas, la sociedad se modifica a sí misma y su punto de vista sobre el mundo, sus valores básicos, su estructura social y política, sus artes y sus instituciones claves... Y la gente nacida entonces no puede siquiera imaginar el mundo en el que nacieron sus padres".

Resulta difícil creerlo, pero hace sólo una década, los científicos sociales lamentaron la introducción y popularidad inmediata de los juegos electrónicos como Nintendo, temiendo que las cualidades adictivas de esta nueva forma de entretenimiento privarían a los niños de las alegrías simples de arrojar una bola o construir un fuerte en la nieve. En esa época sólo unos pocos visionarios pudieron percibir de qué manera esta misma tecnología podía ser usada para enseñar matemáticas y lectura, para colocar una enciclopedia entera en un disco tan grueso como una moneda; o que más que aislar a los niños entre sí, este nuevo medio digital podía reunirlos.

Aunque la comunidad psicológica sigue mostrando resistencias para usar las computadoras como un medio accesorio al tratamiento, y mucho más para recetar actividades relacionadas con la computación para que los niños realicen en su casa, resulta difícil ignorar el potencial de las computadoras para el progreso del desarrollo emocional y social de los niños. Con un progreso tecnológico que avanza a un ritmo tan veloz, los únicos límites reales son los de nuestra imaginación.

Con respecto a la tecnología, muchos padres están muy adelantados respecto de numerosos docentes y terapeutas infantiles que se resisten a emplear lo que consideran un medio frío y difícil. Con una computadora en casi uno de cada dos hogares, y un número creciente de bibliotecas públicas que ofrecen un centro de computación en conexión con Internet, la mayoría de los niños norteamericanos tendrá pronto acceso a una asombrosa serie de progresos tecnológicos. La importancia de estos progresos para el bienestar de los niños es fundamental. En la campaña del presidente Clinton para su reelección de 1996, se incluyó el acceso a Internet como uno de los tres objetivos educativos más importantes para los niños (los otros dos eran la alfabetización universal para los niños de ocho años y la oportunidad de una educación universitaria para los muchachos de dieciocho años).

En esta sección, pondré de relieve algunas de las formas en que pueden utilizarse las computadoras para enseñar muchas de las capacidades del CE que ya han sido analizadas en el presente libro, y cómo pueden hacerlo con más rapidez, efectividad y menos gasto de lo que cualquiera habría pensado que fuera posible.

COMPUTADORAS AL RESCATE

Norman Schwarzkopf y Stephen Spielberg son nombres que no suelen asociarse a los progresos de la salud mental o la medicina infantil. Sin embargo, el productor de películas mundialmente famoso y el comandante militar unieron sus fuerzas recientemente para mostrar la forma ingeniosa en que pueden utilizarse las computadoras para ayudar a los niños gravemente enfermos a combatir la soledad y el aislamiento, e incluso para reunir las fuerzas del CE necesarias para combatir las enfermedades que amenazan la vida.

La historia comenzó cuando el general Schwarzkopf se sintió afligido por la soledad y el aislamiento de una niña al visitarla en un pabellón para transplantes de médula de un hospital de Jacksonville, Florida. Le pareció entonces que el estrés psicológico causado por su hospitalización afectaría en forma adversa las posibilidades de supervivencia de esta niña. Al comunicarle a Spielberg esta preocupación, ambos fundaron Starbright World, una red de computación que conecta las unidades pediátricas de los hospitales a través de modems y permite que los niños gravemente enfermos de todo el país interactúen entre sí como si estuvieran del otro lado del pasillo.

Incluso un niño que se esté recuperando de una quimioterapia o cirugía puede visitar mundos extraños y mágicos desde su lecho con el simple "click" del mouse de una computadora. En el programa de *Starbright World*, los niños pueden visitar tres áreas separadas: el mundo de una caverna con lugares secretos ocultos, un mundo celeste donde los niños pueden volar, y un mundo tropical repleto de sonidos de pájaros exóticos y cascadas. Los niños son representados en esos mundos por personajes animados llamados "avatares", a quienes controlan. Mientras viajan por esos mundos, los niños se encuentran con personajes de otros pequeños de distintos hospitales en forma de avatares. Cuando hacen un "click" sobre otro personaje, pueden jugar un juego con ese niño o mantener una conversación.

El programa está ahora en vigencia en seis hospitales del país y, por supuesto, ha sido un éxito instantáneo, reduciendo el dolor, el estrés y la angustia de los niños que finalmente pueden hablar con otra persona que realmente comprende lo que están sufriendo. En el Mt. Sinai Hospital de Nueva York, los investigadores también están investigando si este programa reduciría la duración de la estadía hospitalaria de los niños con cáncer, suponiendo que, a medida que los pequeños enfermos participen activamente en una vida social cibernética, necesitarán menos medicación para el dolor lo que, a su vez, dará como resultado más apetito y más energía para curarse.

Lo que resulta casi tan interesante como esta historia de innovación es observar la rapidez y el bajo costo con los que tecnología se está desarrollando para un consumo amplio. La misma tecnología que sirve de base para el programa *Starbright World*, concebida en 1994 y cuya instalación costó miles de dólares, se encuentra actualmente disponible para cualquiera que tenga una computadora con multimedia, un modem de alta velocidad y acceso a Internet.

DE QUE MANERA LA COMPUTADORA PUEDE AUMENTAR LA INTELIGENCIA EMOCIONAL DE SU HIJO

A diferencia de cualquier otra herramienta educativa o psicológica, casi todos los niños se sienten atraídos hacia las computadoras. Con la nueva generación de software multimedia y la capacidad aparentemente ilimitada de Internet, las computadoras satisfacen todas las exigencias más importantes de la enseñanza de las capacidades del CE:

- Estimulan tanto la parte emocional como la parte pensante del cerebro.
- Proporcionan la repetición necesaria para desarrollar nuevas vías neurales.
- Logran que la enseñanza sea interactiva, de modo que se ajuste a la perfección al estilo de aprendizaje preferido del niño.
- Proporcionan un refuerzo intrínseco.

Para sorpresa de muchos, las computadoras no han servido para aislar a los niños, sino más bien para enseñarles una amplia variedad de capacidades sociales.

Los programas de computación estimulan la parte emocional del cerebro combinando la animación, las voces, la música, las imágenes de vídeo, el color y una miríada de sorpresas. En comparación, los libros tradicionales parecen tan chatos y arcaicos como las pinturas rupestres. Tómese, por ejemplo, un programa recientemente publicado, denominado *Pajama Sam in No Need to Hide When It's Dark Outside* (Pajama Sam no necesita esconderse cuando afuera está oscuro), diseñado para entretener a los niños mientras los ayuda a enfrentar el miedo común a la oscuridad. El programa se inicia con una animación, música y discurso completos, no muy distintos de un dibujo animado de la televisión. Sam está leyendo una historieta sobre su superhéroe favorito, Pajama Man. Cuando su madre le dice que es tiempo de ir a dormir, Sam debe enfrentar su miedo a la oscuridad. Sam explica que la "oscuridad" se está ocultando en el mundo mágico detrás de su ropero, y decide asumir la personalidad de su superhéroe para ir a buscarla. A partir de allí, el niño que usa el programa debe ayudar a Sam a descubrir varios objetos que lo ayuden en su viaje, a decidir qué dirección tomar y a enfrentar los problemas planteados por árboles que hablan y extrañas criaturas. Este tipo de programas presenta un ambiente ideal para estimular simultáneamente al cerebro emocional y al cerebro pensante. Cuando el dibujo animado hace penetrar al niño dentro del mundo oscuro y levemente atemorizante que se encuentra detrás del ropero de Sam, debe usar continuamente su capacidad de resolver problemas y de tranquilizarse para poder proceder con la historia y ayudar a Sam en su búsqueda.

Los mejores programas de computación para enseñar las capacidades del CE incluyen juegos que motivan a su hijo a jugarlos una y otra vez. Sabemos que para desarrollar nuevas vías neurales en el cerebro, una actividad debe repetirse innumerables veces, y las computadoras son el medio ideal para la repetición. A diferencia de los seres humanos, nunca se cansan de leer una historia, explicar un hecho o jugar a un juego. Ninguno de nosotros puede tener la paciencia y la resistencia de una computadora, ni podemos ser entretenidos día y noche, con el simple "click" de un mouse.

En algunos informes se sugiere incluso que la computadora puede ser el primer oponente serio para el poder aparentemente invencible de la televisión. Un estudio descubrió que los niños con computadoras nuevas en la casa miran un 20 por ciento menos de televisión que antes de comprarla. Recientemente, una madre me dijo que su hijo con dificultades de aprendizaje, que odiaba ir a la escuela, ahora insiste en pasar dos horas diarias en la biblioteca local jugando con juegos educativos e intercambiando mensajes con compañeros de Internet. Y hasta empezó a ayudar en el centro de computación de la escuela a los otros niños (y a los docentes) a asentar sus conocimientos de computación.

A diferencia de la televisión, que en el mejor de los casos incluye un aprendizaje estrictamente pasivo, las computadoras exigen que sus hijos interactúen, piensen, resuelvan problemas y se comporten en formas que podrían rechazar. Por ejemplo, un programa denominado *The Lie* (La mentira) cuenta la historia de Suzie que le miente a la madre cuando esta le pregunta si tiene que hacer tarea escolar durante el fin de semana. Suzie miente y dice que "no". Pero a medida que la historia avanza, la mentira de Suzie en forma de pequeño monstruo verde crece cada vez más, causando cada vez más daño.

Cuando el monstruo desordena la habitación de Suzie, antes de poder pasar a la fase siguiente su hijo debe ordenar los juguetes y los libros que el monstruo ha arrojado por los alrededores haciendo un "click" sobre cada objeto y llevándolo a su lugar adecuado. Si su hijo coloca el objeto equivocado en el lugar equivocado, Suzie lo corrige con frases como: "No, tonto, ¡eso va en el armario!". Cuando lleva una vestimenta al armario, la computadora se lo cuelga apropiadamente.

Cuando jugué este juego por primera vez, me sentí ansioso por saber de qué manera terminaría la historia. Estaba impaciente por descubrir de qué manera enfrentaría Suzie el inconveniente creciente causado por la mentira. Para ser sincero, no tenía ganas de ordenar la habitación de Suzie, pero tuve que hacerlo para proceder con la historia. Junté paciencia y ordené cada objeto, aunque no me sentía entonces con humor de limpiar. En realidad, quedé sorprendido al notar que estaba pensando como un niño, preguntándome en voz alta cuál era el sentido de las reglas de ordenamiento ("¿Por qué este juguete va sobre la repisa en lugar de ir en el canasto de juguetes? ¿Acaso esta computadora no se da cuenta de que es un lugar mejor? Quizás el canasto de juguetes esté demasiado lleno. Lo colocaré sobre la repisa"). Juntando paciencia, aprendí la lección de la historia: mentir causa más inconvenientes.

BENEFICIOS INESPERADOS

Quizá la forma más sorprendente en que las computadoras aumentan el aprendizaje de las capacidades del CE es su manera de reunir gente. Los detractores de la tecnología perciben un mundo de niños encerrados en sus habitaciones mirando fijamente la pantalla de una computadora, evitando cualquier contacto humano que pueda alejarlos de la atracción magnética de su teclado y mouse. Pero no parece estar sucediendo eso. Tal como lo hemos visto en los Capítulos 14 y 15, los niños son naturalmente sociables cuando se les dan las oportunidades apropiadas desde el punto de vista del desarrollo. Aman compartir sus experiencias, tanto con otros niños como con los adultos, y cuando se ubica a las computadoras en una habitación privada o en la sala, a menudo se convierten en el centro de la actividad familiar.

Muchos padres están descubriendo que en realidad las computadoras aumentan el tiempo que pasan con sus hijos en actividades educativas. Resulta particularmente significativo observar que los padres parecen ser los más inclinados a llevar una computadora a la casa y explorar sus numerosos usos con sus hijos. Este es un cambio importante en los roles familiares ya que, aun con todos los cambios en los papeles sexuales que se han producido en los últimos veinticinco años, los padres siguen dedicando menos tiempo que las madres en promocionar la educación de sus hijos. Las computadoras pueden comenzar a equilibrar esta tendencia y a ofrecerles a los niños (particularmente a los varones) la oportunidad de beneficiarse con un modelo de conducta masculino al aprender capacidades del CE.

Otro beneficio social imprevisto de darles a los niños acceso a las computadoras es que promocionan experiencias sociales a través de servicios *on-line* y la Internet. Exploraremos más adelante de qué manera la comunicación electrónica producirá un impacto en la vida de nuestros hijos, pero antes examinaremos hasta qué punto el software de computación disponible, que cuesta menos que la mayoría de los juegos de vídeo, puede adaptarse a la enseñanza de una variedad de capacidades del CE.

24

SOFTWARE QUE PUEDE
AUMENTAR LA
INTELIGENCIA EMOCIONAL

Un estudio de 1996 llevado a cabo por la revista *Family PC* descubrió que existían unos 3.000 programas de computación diseñados para los niños, y cerca de un tercio de ellos concebidos para propósitos educativos. En los próximos años, con el número creciente de computadoras en los hogares y las escuelas, podemos esperar que estas cifras se dupliquen y tripliquen anualmente. El software se tornará más sofisticado al combinar elementos educativos con el entretenimiento. Aunque el número de programas diseñados para enseñar capacidades del CE es aún reducido, existen muchas formas en que usted puede adaptar el software popular para enseñar las capacidades que constituyen la inteligencia emocional de su hijo.

El grupo más importante de software para la enseñanza de capacidades del CE ayuda a los niños a expresarse en forma creativa. Estos programas permiten que los niños desde los cuatro años hasta la adolescencia puedan crear e imprimir sus propios libros, libros de historietas, obras de teatro y dibujos animados, y comunicar sus pensamientos y sentimientos sin restricción alguna.

SOFTWARE PARA NARRAR CUENTOS

Narrar cuentos, escribir y desarrollar actividades artísticas han sido durante mucho tiempo herramientas utilizadas por los profesionales de la salud mental para ayudar a los niños a aprender muchas de las capacidades del CE abordadas en este libro, incluyendo el pensamiento realista, la resolución de problemas y la expresión emocional. En las sesiones terapéuticas, los niños hacen dibujos y escriben cuentos que reflejan sus problemas o preocupaciones y descubren que al expresarse, pueden encontrar nuevas formas de pensar y enfrentar las situaciones. A través de programas de computación multimedia, estas actividades se han vuelto tan atractivas para los jóvenes que a menudo las eligen dejando de lado los videojuegos. Usted, junto con los docentes de sus hijos (los profesionales en salud mental) pueden ofrecer con facilidad una guía de apoyo para que dichas actividades cobren sentido desde el punto de vista emocional.

Tal como podrán recordarlo del Capítulo 6, las historias con modelos positivos son una forma efectiva de ayudar a sus hijos a desarrollar el pensamiento realista y abordar las capacidades que, a su vez, los ayudarán a enfrentar una amplia variedad de problemas, desde el divorcio o la pérdida de un padre hasta lidiar con algún compañero pendenciero o manejar sus propias enfermedades. El principio detrás de una historia de modelo positivo es mostrarles a sus hijos formas realistas y apropiadas para la edad de pensar en un problema y luego elegir un curso responsable de acción.

Por ejemplo, Sally se mudó a un nuevo vecindario a los seis años y se encontró con que sus compañeros de clase le hacían el vacío. Regresaba a casa de la escuela todos los días quejándose de que nadie quería sentarse con ella para almorzar ni hablarle en los recreos.

Desde nuestra comprensión —desde el punto de vista del desarrollo— de la forma en que los niños se hacen amigos, sabemos que el rechazo social por ser nuevo en una escuela es algo común, y puede durar hasta seis meses. También sabemos desde nuestra misma perspectiva que los niños a esa edad tienen más probabilidades de tener éxito socialmente trabando una amistad individual con alguien similar a ellos o que vive cerca de ellos.

Este conocimiento constituye entonces la base para que los padres de Sally escriban con ella un cuento en la computadora acerca de un niña que, como ella, se siente sola y sin amigos. Al componer el cuento, los padres de Sally la alentaron a pensar en formas en que la protagonista (llamada Sarah) pudiese encontrar un nuevo amigo. Una vez escrito, Sally imprimió su cuento en forma de libro, y sus padres se lo leían todas las noches. El libro tranquilizó a Sally permitiéndole ver que había cosas específicas que ella podía hacer para que su futuro fuera menos solitario (como por ejemplo, invitar a una compañera al cine, acudir a clases de danza, practicar formas de unirse a otros niños en su juego, y así sucesivamente).

Sally y sus padres utilizaron un programa llamado *My Own Story* (Mi propia historia) para crear el libro (actualmente existen más de una docena de programas diferentes). Este programa les permite a los niños escoger diferentes escenas, personas y objetos, y luego trasladarlos y darles un nuevo tamaño para hacer ilustraciones de aspecto profesional para cada página. Cuando cada dibujo estaba listo en el libro de Sally, sus padres escribían la historia, sobre la base de su conversación con Sally, en la parte inferior de la página. Cuando estaban todos satisfechos con los resultados de una página, Sally pasaba a la siguiente página y creaba un nuevo dibujo para continuar la historia.

Cuando terminaron el libro, imprimieron un ejemplar de aspecto impecable que podría haber sido creado por un escritor o artista profesional. Otros programas, como el popular *Kidswork*, leerán en voz alta los cuentos escritos por los niños. Una vez mecanografiada la historia, uno sólo debe presionar el botón del sonido y la computadora leerá la historia con una voz masculina o femenina, en inglés o español.

Los niños de más edad probablemente prefieran programas como el *Comic Maker* (Hacedor de historietas), que permite crear a los niños de más de ocho años sus propias historietas cómicas con superhéroes, seleccionando entre decenas de héroes y villanos, y una multitud de escenarios. Una vez seleccionadas las escenas, los niños pueden añadir al libro de historietas las voces, mediante globitos, y celdas cómicas para que se parezcan a las revistas que compran. La única diferencia es que su libro de historietas es sobre superhéroes que solucionan problemas similares a los que ellos enfrentan en la vida diaria. Los villanos pueden representar a los pendencieros, los miedos o los dolores físicos de una enfermedad, y los héroes utilizarán los superpoderes del CE para salvar la situación.

SOFTWARE QUE AYUDA A LOS NIÑOS A APRENDER NUEVAS FORMAS DE PENSAR

Durante los últimos años, los progresos realizados en los programas de multimedia han llevado la posibilidad de narrar cuentos a un nivel nuevo y fascinante, permitiendo que los niños de más edad y los adolescentes puedan crear dibujos animados y obras donde los personajes se mueven, hablan e interactúan. Estos programas ofrecen una nueva forma encantadora de enseñar capacidades del CE, en particular las capacidades cognoscitivas de la corteza cerebral que requieren de más repetición de lo que las técnicas tradicionales pueden ofrecer habitualmente.

En el Capítulo 3, por ejemplo, describí de qué manera el *Penn Prevention Program de Philadelphia* ayuda a los niños en peligro de caer en la depresión a cambiar su diálogo interno (la forma en que se hablan a sí mismos), aprendiendo a pensar con un optimismo más realista. Los programas de este tipo suelen usar muñecos para los niños más pequeños y la representación de papeles y ejercicios escritos para los niños de más edad.

Pero muchos niños se cansan de estas técnicas y, sin una práctica continua, dejan de trabajar. Allí es donde las computadoras pueden ayudar. Los programas como *Hollywood* para los niños de ocho a doce años y *Hollywood High* para adolescentes permiten que los niños aprendan nuevas formas de pensar creando dibujos animados. Los niños pueden mecanografiar pensamientos o declaraciones para una variedad de personajes, los cuales dicen entonces exactamente lo que se ha mecanografiado. Cuando crean dibujos animados, escribiendo un diálogo que refleja las nuevas capacidades de pensamiento, resolución de problemas y decisión que han aprendido, también pueden seleccionar el estado de ánimo de un personaje (el cual cambia de expresión facial), su postura, sus gestos y su voz. Tal como lo hemos visto en el Capítulo 21, aprender estas señales no verbales constituye un aspecto crítico en la educación del CE de un niño.

SOFTWARE QUE ENSEÑA VALORES

Desde el principio, una de las mayores preocupaciones relacionadas con los juegos de vídeo y computación ha sido su contenido violento, y pocos discutirían que dicha preocupación está justificada. Aunque existen ahora muchas alternativas, los juegos violentos siguen siendo populares entre los niños, y el realismo de la violencia mostrada sigue creciendo. Por ejemplo, en el muy popular juego *Doom* (Condena) las víctimas del armamento del jugador gritan, mientras son decapitados o desmembrados, yaciendo en charcos de sangre.

¿Estos juegos hacen que los niños se vuelvan más violentos y agresivos? Es probable que no. ¿Desensibilizan a los niños respecto de los sentimientos de los demás y la violencia real que existe en el mundo? Sin duda. Si debemos reconocer el potencial de las computadoras para ayudar a los niños a aprender capacidades del CE, también debemos percibir su potencial para hacer daño. La mayoría de los programas de computación llevan la indicación de la edad para la que han sido diseñados. Lo juegos violentos contienen advertencias en el envase. Resulta prudente tener conocimiento de los juegos con los que sus hijos juegan y desalentarlos activamente de jugar con los juegos que tengan un contenido muy violento.

Afortunadamente, existe un número creciente de juegos no violentos que imitan los desafíos de los juegos electrónicos más populares, pero evitan el contenido violento y enseñan incluso la cooperación. Por ejemplo, *Alien Arcade* (Arcada Alien), diseñado para niños de cuatro a seis años, tiene el mismo juego básico de apuntar, disparar y esquivar que encontramos en los juegos electrónicos, pero en lugar de hacer explotar a las naves espaciales, su niño arroja bananas a los Quasar Klutzes para sacarlos de su nave y elimina ciertos hongos que pueden dificultar el funcionamiento de la nave. En otro juego, los niños convierten las Serpientes Pestilentes en Caritas Felices.

También existe un número creciente de libros de historias animadas que les enseñan valores a los pequeños. Como en el caso de *The Lie*, estos libros de cuentos se leerán solos para los niños que no saben leer aún y los estimulan a interactuar con el cuento en una forma en que los libros tradicionales no podrían hacerlo nunca. Algunos títulos adicionales incluyen: *The Berenstain Bears Get in a Fight* (Los osos Berenstain se pelean), una historia de rivalidad entre hermanos; *Why Do We Have To?* (¿Por qué tenemos que hacer eso?), una historia acerca de la importancia de las reglas; y *The Safety Scavenger Hunt* (La búsqueda para la seguridad), donde los niños recorren una casa y encuentran objetos poco seguros en cada habitación, convirtiendo la casa en un lugar seguro para poder jugar en ella. Estos libros de cuentos ofrecen oportunidades continuas para que los niños tomen decisiones respecto de determinados valores y vean las consecuencias de dichas decisiones a medida que la historia avanza. Se aconseja a los padres que jueguen con sus hijos para reforzar los valores que se enseñan.

PROGRAMAS DE REALIDAD VIRTUAL

Otro tipo de software que presenta una promesa seductora para enseñar inteligencia emocional crea un mundo virtual para que los niños adquieran y practiquen capacidades del CE. Durante varios años, los psicólogos de todo el país han utilizado computadoras para crear un mundo tridimensional tan cercano a la realidad que de la impresión de que uno está "virtualmente allí". La gente con fobias tales como el miedo a pasar por encima de un puente o el temor a volar han sido los usuarios primarios de estos programas. Con la ayuda de unos anteojos especiales que están conectados a una computadora, los terapeutas hacen que sus pacientes tengan la sensación de que están cruzando el puente Golden Gate o abordando un avión 747, y los pacientes se desensibilizan gradualmente de sus angustias y temores.

Aunque no son tan realistas, una nueva generación de programas de computación también les dan a niños y adolescentes una sensación de "estar allí". A pesar de que dichos programas han sido desarrollados para entretenimiento y para técnicas psicológicas, su valor para la enseñanza de capacidades del CE es obvio. Por ejemplo, *Graham Wilson's Haunted House* (La casa encantada de Graham Wilson) podría utilizarse para desensibilizar a un niño temeroso, del mismo modo que los tratamientos más avanzados para adultos. Con este programa los niños recorren una casa embrujada realmente espantosa, repleta de fantasmas, música misteriosa y luces deslumbrantes. Mientras los niños tratan de descubrir trece llaves ocultas en la casa embrujada, pueden ser perseguidos por una serie de monstruos que tratan de hechizarlos. Los jugadores disponen de una variedad de formas de escapar o combatir, alentando a los niños de más edad a enfrentar y superar sus miedos.

Otro programa llamado *Who Do You Think You Are?* (¿Quién te crees que eres?) utiliza vídeo clips de gente real para enseñar capacidades del CE. Este programa, que resultaría apropiado para adolescentes y jóvenes adultos, enseña al usuario a comprender su propia personalidad sobre la base de la Berkeley Scale, que mide cinco dimensiones de la personalidad. Una parte del programa llamada "Primeras impresiones", le muestra al adolescente segmentos de vídeo de doce individuos que hablan sobre sí mismos. El usuario de la computadora califica entonces a la persona del vídeo según las cinco dimensiones de la escala de personalidad, basando sus juicios en el tono de voz, los gestos, las frases, y así sucesivamente. Un preceptor enseña incluso al jugador a buscar los diversos indicadores del carácter de una persona, volviendo a pasar aspectos específicos del vídeo para demostrar una argumentación.

A diferencia de otros medios, la computadora permite entonces que el usuario practique sus capacidades de observación una y otra vez con sólo hacer un "click" con el mouse.

PUNTOS DEL CE PARA RECORDAR

- Los programas de computación pueden enseñar una variedad de capacidades del CE estimulando en forma espontánea las partes emocionales y pensantes del cerebro.
- Los programas de computación son particularmente efectivos para

enseñarles a los niños capacidades del CE, porque mantienen su interés proporcionando al mismo tiempo la repetición necesaria para enseñar varios tipos de capacidades emocionales.

• Aunque sólo existen unos pocos programas de computación diseñados para enseñar capacidades del CE, existe un número creciente de programas que estimulan la creatividad y el pensamiento realista. También existen muchos programas que enseñan valores e incluso pueden darles a los niños una "experiencia virtual" para ayudarlos a enfrentar sus problemas.

25

LA INTELIGENCIA EMOCIONAL
EN EL CIBERESPACIO

Imagínese que sus hijos pudieran visitar un enorme parque de diversiones, en cualquier momento del día. Un pase de veinte dólares les daría acceso ilimitado durante un mes. Y mientras se divierten, aprenden Al pasear en los teleféricos, observan carteles que explican cómo funciona el corazón humano (una página de Internet encontrada en http://sin.fi.edu/biosci/heart.html permite que los niños escuchen el latido del corazón, sigan el recorrido de la sangre a través de los vasos e incluso observen una cirugía a corazón abierto) o por qué esas molestas cucarachas son tan difíciles de eliminar (la página más asquerosa de Internet está totalmente dedicada a las cucarachas y puede encontrarse en http://www.nj.com/yucky). Mientras recorren el parque, podrían visitar la Casa Blanca (en http://www.whitehouse.gov/ los niños pueden recorrer la mansión del presidente y enviar mensajes por correo electrónico a los líderes del mundo). Si buscan compañía mientras beben una gaseosa, podrían ir a una aldea global, donde todos tienen entre diez y quince años (puede encontrarse una página de conversación en tiempo real utilizada por los niños en todo el mundo en http://www.kidlink.org/IRC). Ahora imagine un parque de diversiones mil veces más grande, más interesante y más educativo que cualquier otro que haya conocido, y podrá sentir la emoción de Internet.

El potencial de desarrollo de las capacidades del CE en Internet es casi inimaginable. Internet motiva a los niños a aprender, los reúne en proyectos cooperativos y les da la oportunidad de hacerse amigos en todo el país y el mundo, rompiendo con los estereotipos y prejuicios. Convierte el aprendizaje en una experiencia multisensorial e interactiva con infinitas posibilidades. A juzgar por la velocidad con la que se ha desarrollado y ha sido aceptada, Internet —y en particular su componente visual, la World Wide Web— puede ser una de las nuevas influencias más importantes para el desarrollo de su hijo.

Hasta hace poco, relativamente pocos padres y educadores percibían hasta qué punto Internet podía afectar la educación de sus niños, al permitirles el acceso a bibliotecas, periódicos, revistas desarrolladas para niños, o museos "virtuales". Aún menos gente podía comprender de qué manera Internet puede estimular la inteligencia emocional: a través de la enseñanza de capacidades sociales y la motivación para los que muestran un aprendizaje deficiente, dándoles a los niños un sentido de dominio y poder real.

De lo que no nos dimos cuenta fue de la rapidez con la que un medio "exclusivamente de textos", fundamentalmente utilizado por los científicos y los militares, podía lograr que una computadora cobrara vida con gráficos coloridos, animación, voces e imágenes de vídeo. Tampoco nos percatamos de la rapidez con la que esta tecnología resultaría accesible. Hacia el final del siglo, habrá conexiones de Internet en casi todas las escuelas, bibliotecas y entre el 40 y 50 por ciento de todos los hogares. En la primera década del siglo XXI, es muy probable que nuestros niños lleven pequeñas computadoras portátiles en sus mochilas con acceso instantáneo a Internet o servicios similares. Los métodos de aprendizaje utilizados actualmente por las escuelas se volverán obsoletos. Los padres, educadores y profesionales de la salud mental actuales deben indicar el camino a seguir.

CONEXION *ON-LINE*

La conexión con Internet se está volviendo más fácil cada mes. Si usted compra hoy una computadora, posiblemente esté "preparada para Internet" e incluirá un modem de alta velocidad y un software preinstalado que puede conectarlo con la Red en menos de media hora. Si ya tiene una computadora, necesitará un modem de alta velocidad para conectarlo a una línea telefónica y un servicio *on-line* para conectar la Red. Usted puede comunicarse con la Red a través de un servicio popular como Prodigy, American Online y CompuServe. También existe un número creciente de servicios que lo conectarán directamente con Internet y la World Wide Web. La mayoría de los servicios cobran una tarifa mensual fija de u$s 20 o menos, probablemente menos de lo que usted gastaría para llevar a la familia al cine y a cenar a un restaurante de comidas rápidas.

Aunque explicar cómo puede uno conectarse con la Red está fuera del alcance de este libro, créame que es el instrumento de los niños. En realidad, si usted se desanima con toda esta jerga técnica y se siente abrumado por las posibilidades de Internet, quizá quiera leer un libro escrito para niños, como por ejemplo *Cybersurfer*, de Nyla Ahmad.

LA CONEXION CON LOS DEMAS

Cuando mi hija fue a un campamento de verano a los nueve años, probablemente le escribí tres o cuatro veces en las seis semanas que estuvo ausente. Tenía la intención de escribirle más veces, pero trabajo mucho durante los veranos y el tiempo parecía escapárseme de las manos. Es probable que ella me haya escrito aproximadamente la misma cantidad de veces. Ahora tiene diecinueve años y está en la universidad y mantenemos una correspondencia casi diaria. ¿La diferencia? El correo electrónico.

Cuando voy a la oficina cada mañana, enciendo mi computadora y verifico qué hay en el correo electrónico. Siempre hay una nota breve de Jessica. Le escribo uno o dos párrafos, respondiendo a sus preguntas, haciendo bromas, contándole acerca de mi trabajo o mis viajes. Luego oprimo el botón que dice "Respuesta" y el mensaje es enviado a 500 kilómetros de distancia en un instante. Jessica verifica su correo electrónico y me responde después de terminar sus clases y antes de comenzar sus tareas de la tarde.

Este tipo de rituales se repiten en todo el país con los niños de todas las edades. Un padre de Oregon le escribe un mensaje en el correo electrónico a su hija de diez años que se encuentra en Minnesota, donde vive con su madre. Una mujer de negocios de Manhattan les pide a sus dos hijos que están en New Jersey que le manden un mensaje cuando regresan de la escuela. La saludan, le cuentan lo que hicieron en una oración o dos y cuál es su tarea. Ella les dice por el correo electrónico a qué hora estarán de regreso ella y su marido y qué comerán en la cena.

El correo electrónico, alguna vez considerado un método frío si no frígido de comunicación, es la forma más común en la que la gente usa la Internet y los servicios *on-line*. No sólo los padres y sus hijos utilizan este medio para mantenerse en contacto, sino que los docentes también usan el correo electrónico para enviarles a los padres notas de observación, los asesores psicopedagógicos y psicólogos para dar sus consejos y, tal vez más importante aún, los niños lo usan para mantener correspondencia con otros niños de intereses similares.

El uso más popular de los servicios *on-line* con los niños de más edad y adolescentes se denomina *chat rooms* (habitaciones para conversar), un tipo de correo electrónico en vivo o "tiempo real". Existen miles de habitaciones para conversar para niños y adolescentes que acuden a ellas en busca de intereses comunes o simplemente para socializar. En una habitación para conversar, dos a veinticinco niños o adolescentes se envían mensajes entre sí. La computadora muestra el mensaje en la pantalla de cada persona cuando una nueva persona ingresa o abandona la habitación. Son conversaciones abiertas, ya que cada uno lee lo que están diciendo los demás, aunque también pueden mantenerse conversaciones privadas si las dos partes se ponen de acuerdo.

Para muchos niños, y particularmente para los adolescentes, las habitaciones para conversar son una manera ideal de socializar y enfrentar numerosos desafíos sociales apropiados para la edad ya descritos en los Capítulos 14 y 15. Muchos adolescentes se sienten atraídos hacia estas habitaciones para conversar por el beneficio imprevisto que ofrece la comunicación en el ciberespacio: el carácter anónimo del contacto. Cuando usted se está comunicando a través de un servicio *on-line* o de Internet, no importa que sea petiso o alto, gordo o flaco, blanco, negro o púrpura. En una sociedad en la que la apariencia física es tan importante para la forma en que se juzga a los demás, esta túnica electrónica de invisibilidad permite que muchos niños y adolescentes puedan expresarse. En una habitación para conversar, lo único que cuenta son sus palabras y pensamientos.

En un artículo de *USA Today* sobre la forma en que los niños están usando Internet, Lindsey, un muchacho de diecisiete años, explica: "Es como si fuera un mundo alternativo. Es como tener un gran grupo de amigos, pero uno no ve cuál es el aspecto de cada uno de ellos. Es como el ideal del que todo el mundo habla cuando se dice que uno no debería juzgar a la gente por su raza, edad o sexo". Otros adolescentes describen de qué manera son discriminados en la escuela debido a su forma de vestir o su apariencia, pero en el ciberespacio, las características superficiales no tienen importancia. Tal como lo explica Wayne, un muchacho de quince años de Winnipeg, Manitoba, el ciberespacio puede ser un refugio para los adolescentes que son tímidos y se sienten rechazados: "Antes de que estuviera *on-line,* debo decir que era un niño perdido. Si he crecido tanto es porque he podido hablar abiertamente con la gente. Nadie que esté *on-line* piensa en tu edad o en tu color de ojos o piel o nada. Te ven desde el interior".

La oportunidad para los niños de hablar con otros niños sobre problemas y preocupaciones comunes, como lo niños enfermos que participan en el programa *Starbright World* de Schwarzkopf y Spielberg, ha introducido un nuevo significado al concepto de los grupos de autoayuda. Existen habitaciones para conversar *on-line* para niños con problemas de aprendizaje, niños con desórdenes de falta de atención, niños adoptados y muchos más. En estos grupos, que pueden encontrarse más fácilmente a través de los diversos foros sobre los servicios *on-line* más importantes, los niños y adolescentes se encuentran bajo la silenciosa supervisión de un operador adulto de sistemas y se intercambian ideas, experiencias y apoyo. Existen muchos grupos como este en Internet, tales como el *Ability OnLine Network*, dirigido por el Dr. Arlette Levfebre, que pone en contacto niños enfermos y discapacitados de todo el país y el mundo (http://www.ablelink.org).

Según el psicólogo Sherry Turkle del Massachusetts Institute of Technology, la explosiva popularidad de la comunicación electrónica es comprensible cuando nos damos cuenta de que los años de la adolescencia son "una época de probar nuevas cosas, experimentar con la identidad y las ideas, y mantener amistades apasionadas. Si uno tuviera que imaginar un medio hecho a medida para abordar algunas de estas necesidades y exigencias, no habría nada mejor".

Es más probable que los niños más pequeños se sientan atraídos hacia las páginas de Internet que incluyan algo más que la posibilidad de conversar. Existen cientos si no miles de páginas en las que pueden conocer a otros niños de todo el mundo para divertirse y jugar, así como proyectos educativos e incluso el servicio comunitario. El *Computer Clubhouse* (@) el *Computer Museum* (http://www.net.org/clubhouse/index.html) es un lugar donde los niños pueden desarrollar sus propios proyectos, incluyendo árboles familiares y una galería de arte *on-line*. *Earth Force* (gopher://gopher.earthforce.org:7007/) es una organización de niños que quieren trabajar juntos para salvar el ambiente.

Existen oportunidades casi ilimitadas para que los niños se eduquen en Internet. Desde nuestra interpretación del CE, este medio parece adecuarse especialmente a las formas de aprendizaje preferidas por los niños. Cuando "navegan" por la *World Wide Web*, automáticamente toman el control de su aprendizaje. Suelen comenzar en un lugar de la red donde pueden encontrar conexiones con páginas populares para niños y también llevan a cabo búsquedas de lugares con un interés particular. Por ejemplo, *Yahooligans!* (Http://www.yahooligans.com), la versión para niños de la página popular para adultos *Yahoo!* conecta a los niños con juegos, educación, ciencia, deportes, noticias y clubes, y con "nuevos lugares de onda".

Cuando los niños siguen sus intereses naturales, el tema de la importancia educativa se vuelve intrascendente. Con la libertad para explorar, buscan satisfacer su curiosidad e imaginación natural, y lo que encuentran rivaliza cada vez más con el software más fascinante. A lo largo de los próximos años, casi todas las páginas de la red para niños los harán participar a través de la música, la animación y mundos interactivos en 3D.

PELIGROS DE LA AUTOPISTA DE INFORMACION

Internet abrirá inevitablemente un mundo nuevo para enseñarles a los niños capacidades cognoscitivas, emocionales y sociales, pero debemos estar atentos a los baches principales de la superautopista de la información. Afortunadamente, han aparecido rápidamente soluciones para abordar las preocupaciones más serias de los padres.

Nuestra primera preocupación estuvo naturalmente relacionada con la seguridad de nuestros niños. Los periódicos han informado rápidamente acerca de niños engañados por un amigo del ciberespacio que los incitó a abandonar el hogar, o que fueron expuestos a la pornografía. Para abordar esta preocupación, varios programas de software tales como *CyberPatrol* han sido desarrollados para que los padres puedan bloquear el acceso a páginas específicas e impedir la búsqueda basada en palabras específicas. Los investigadores de la red, tales como el *Internet Explorer de Microsoft*, se están volviendo cada vez más accesibles con sistemas de tarifa y bloqueo incorporados.

Aunque es probable que la seguridad y la intimidad sean siempre un tema en danza, en su mayor parte Internet quizá sea mucho más segura que el centro comercial de su vecindario, donde deberían tomarse muchas de las mismas precauciones, según la edad de su hijo.

Una segunda preocupación es que las computadoras pueden ofrecer demasiado. Ya se han formado grupos de adultos "adictos a la computadora", y algunos temen que los niños cuelguen sus guantes de béisbol o abandonen sus bicicletas para convertirse en esclavos de la terminal. Pero, una vez más, la tecnología ha tenido éxito hasta el momento en resolver problemas casi con la misma rapidez con la que los crea. Muchos programas como *CyberPatrol* presentan relojes que permiten a los padres limitar el acceso a la computadora a través de un código sólo conocido por ellos. Cuando el tiempo asignado a la computadora se agota, el programa se interrumpe.

Pero nada puede reemplazar la supervisión de los padres. Los expertos aconsejan que usted se siente a la computadora con sus hijos y descubra las páginas adecuadas para ellos. En su libro *Childproof Internet: A Parent's Guide to Safe and Secure Online Access* (Internet a prueba de niños: una guía para padres para un acceso *on-line* seguro), Matt Carlson sugiere crear un acuerdo con sus hijos que determine un tiempo con la computadora para trabajar, otro para jugar, qué tipo de información pueden introducir en la máquina (por ejemplo, los niños no deberían divulgar sus nombres y direcciones sin su conocimiento) y, en caso de ser apropiado, cuánto dinero está usted dispuesto a gastar en servicios *on-line* (algunas páginas tienen tarifas).

Asimismo, dado que esta es una forma realmente nueva de interacción para la gente, enséñeles a sus hijos ciertas normas para que las usen en los servicios *on-line* (por ejemplo, escribir todo en mayúsculas equivale a gritar). Enséñeles a sus hijos a manejar situaciones desagradables, explique los peligros reales que existen y otras normas de conducta.

Sin embargo, en mi opinión el peligro mayor es que los niños no tengan acceso a Internet. El único problema importante que la revolución de la computación podría causar es que los niños de pocos medios y en peligro queden aún más marginados de la sociedad. Si la tecnología está únicamente a disposición de las familias de clase media y alta, entonces la brecha en nuestra sociedad se ampliará en términos de conocimiento, capacidades laborales e incluso de alfabetización. Los grupos de defensa de los niños como el *Children's Partnership* sostienen que esto sólo puede evitarse a través de empresas conjuntas entre el sector público y privado, que comprometan ingresos para la instalación de computadoras en las escuelas, las bibliotecas y los centros vecinales más pobres.

EL FUTURO DE CRIAR NIÑOS CON UN CE ELEVADO

Alguien señaló hace poco que mi enfoque orientado a la enseñanza de la inteligencia emocional para niños era como mirar hacia atrás y hacia adelante al mismo tiempo. Los científicos sociales han observado cada vez más los cambios que se han producido en la educación de los niños durante los últimos treinta años y han sacado la conclusión de que, a pesar de nuestras mejores intenciones, nuestros hijos parecen haber empeorado. Aunque les damos mucho más, pasamos mucho menos tiempo interactuando realmente con ellos. Al tiempo que hemos intentado aumentar la autoestima de nuestros hijos a través del elogio y la atención, nos hemos vuelto demasiado permisivos en nuestra disciplina y esperamos demasiado poco de ellos. Al tratar de crear un mundo al estilo Disney de inocencia de la niñez, no nos hemos dado cuenta de que el estrés y la inquietud forman tanto parte de nuestra experiencia humana como el amor y el cuidado. Cuando tratamos de eliminar todos los obstáculos impedimos que nuestros niños tengan la oportunidad de aprender capacidades importantes para poder enfrentar los desafíos y las decepciones inevitables del crecimiento.

No podemos hacer retroceder el reloj, y tampoco debiéramos hacerlo. Aunque existen lecciones del pasado que deben ser aprendidas, empalidecen a la luz del futuro que les espera a nuestros hijos en el siglo próximo. La revolución tecnológica que se está produciendo moldeará las vidas de nuestros hijos en formas que apenas podemos imaginar, tal como ocurrió con la gente del siglo XIX que no logró prever hasta qué punto los avances de nuestro siglo —como por ejemplo, el automóvil, el teléfono, la televisión o el descubrimiento de los antibióticos— afectarían completamente nuestras vidas. El futuro será sorprendente y las oportunidades de educar niños emocionalmente inteligentes en formas nuevas y estimulantes serán infinitas. Si aprendemos las lecciones del pasado y adoptamos los cambios que se producirán sin duda en el futuro, lograremos educar a nuestros hijos para que tengan éxito en el siglo XXI.

PUNTOS DEL CE PARA RECORDAR

- Los servicios de Internet y *on-line* han abierto nuevos caminos para que los niños aprendan y se comuniquen. En lugar de aislar a los niños de los demás, los avances en la tecnología parecen reunir a la gente, derribando barreras de lugar y prejuicios.
- Aunque los padres deberían tomar algunos recaudos si sus hijos pasan demasiado tiempo en el ciberespacio, los beneficios de este nuevo medio superan ampliamente los problemas.
- El peligro más grave recae en los niños que pudieran quedar atrás por no tener acceso a las computadoras y las nuevas tecnologías.

Index

P

Paternidad, 23-40, 69-75, 136-137.
Pensamiento realista, 89-98.
Personalidad, características de la, 23-24.
Pert, Candace, 272.
Pesimismo, 99-103.
Piaget, Jean, 133, 154.
Pippin, Turk, 177.

Q

Química del cerebro, 15-16, 30-35, 110-113, 121, 123-124, 147-149, 225, 260-262.

R

Radke-Yarrow, 61.
Recompensas, 213.
Relajación, técnicas de, 274-277.
Religión y desarrollo moral, 62-63.
Reprimendas, 44-45.
Robinson, David, 77-78.
Rogers, Carl, 79.
Rubin, Zick, 160-161, 180, 182.
Russek, Linda, 42.

S

Salovey, Peter, 24.
Saxe, Geoffrey, 216.
Schwartz, Gary, 42.
Schwartz, Jeffrey, 112.
Seligman, Martin, 29, 79, 100, 102-103, 211-212, 234.

Shure, Myrna, 150, 159.
Socialización, 159-161.
Spivak, David, 141.
Spock, Benjamin, 78-79, 200.
Stevenson, Harold W., 210.
Stipek, Deborah, 24.
Strayhorn, Joseph, Jr., 95, 97.
Swanson, Guy, 83.

T

Televisión, adicción psicológica a la, 47-49.
Teresi, Dick, 32.
Thornton, Stephanie, 133, 148, 154.
Trauma, 269-271.

V

Valores, enseñanza de los, 289-291.
Vygotsky, Lev, 155.

W

Wallerstein, Judith, 91-92.
White, Michael, 114-115.
White, Merry, 218.
Wood, David, 155.

Z

Zahn-Waxler, A., 61.
Zajonc, Robert, 16.